顾海艳 黄步根 张璇 郭向民 熊道泉 编著

# 网络安全执法概论

清華大学出版社
北京

## 内 容 简 介

近年来新型网络犯罪形式不断出现，国家相关部委出台了很多涉及网络犯罪的新法律法规。为此，结合网络安全新形势、新任务、新要求，在已有教学实践的基础上编写了《网络安全执法概论》。全书共6章，主要内容包括网络安全与执法概述、网络安全管理法律法规、网络安全管理、互联网信息巡查与舆情导控、电子数据取证和网络犯罪侦查。

本书学科特色鲜明，内容新颖，体系合理，通俗易懂，实用性强，既可作为网络安全与执法专业的教材，也可作为公安类其他专业学生学习网络安全保卫知识的参考教材和公安机关进行网络安全保卫培训的辅助教材。



**图书在版编目(CIP)数据**

网络安全执法概论/顾海艳等编著. —北京：清华大学出版社，2021.8(2025.1重印)
ISBN 978-7-302-58769-9

Ⅰ. ①网… Ⅱ. ①顾… Ⅲ. ①计算机网络－网络安全－科学技术管理法规－中国－教材
Ⅳ. ①D922.17

中国版本图书馆 CIP 数据核字(2021)第 143961 号

**责任编辑**：袁勤勇　郭　赛
**封面设计**：常雪影
**责任校对**：郝美丽
**责任印制**：刘海龙

**出版发行**：清华大学出版社
**网　　址**：https://www.tup.com.cn，https://www.wqxuetang.com
**地　　址**：北京清华大学学研大厦 A 座　　**邮　　编**：100084
**社 总 机**：010-83470000　　**邮　　购**：010-62786544
**投稿与读者服务**：010-62776969，c-service@tup.tsinghua.edu.cn
**质量反馈**：010-62772015，zhiliang@tup.tsinghua.edu.cn
**课件下载**：https://www.tup.com.cn，010-83470236
**印 装 者**：三河市铭诚印务有限公司
**经　　销**：全国新华书店
**开　　本**：185mm×260mm　　**印　　张**：10.25　　**字　　数**：237 千字
**版　　次**：2021 年 9 月第 1 版　　**印　　次**：2025 年 1 月第6次印刷
**定　　价**：42.00 元

---

产品编号：091118-02

# 前言

党的十八大以来，以习近平同志为核心的党中央高度重视网络安全和信息化工作，明确提出网络强国建设的战略目标，推动网信事业取得历史性成就、发生历史性变革。新时代新征程，网信事业的重要地位作用日益凸显。要以新时代中国特色社会主义思想为指导，全面贯彻落实党的二十大精神，深入贯彻党中央关于网络强国的重要思想，切实肩负起举旗帜聚民心、防风险保安全、强治理惠民生、增动能促发展、谋合作图共赢的使命任务，坚持党管互联网，坚持网信为民，坚持走中国特色治网之道，坚持统筹发展和安全，坚持正能量是总要求、管得住是硬道理、用得好是真本事，坚持筑牢国家网络安全屏障，坚持发挥信息化驱动引领作用，坚持依法管网、依法办网、依法上网，坚持推动构建网络空间命运共同体，坚持建设忠诚干净担当的网信工作队伍，大力推动网信事业高质量发展，以网络强国建设新成效为全面建设社会主义现代化国家、全面推进中华民族伟大复兴作出新贡献。

网络安全是事关国家安全、政治安全和国家经济社会发展，事关广大人民群众工作、生活的重大战略问题。因此，在教育部 2012 年颁布的《普通高等学校本科专业目录》中，网络安全与执法专业(083108TK)成为公安技术类(0831)中的特设专业和国家控制布点专业招生的专业。

截至 2020 年 8 月，全国所有本科公安院校都已经开设了网络安全与执法专业(以下简称“网安专业”)。各院校的网络安全与执法人才培养目标都基本定位在“能够适应警务工作职业化、实战化要求，熟悉相关技术和政策法规，系统掌握网络安全与执法专业基础理论、基本知识与基本技能，具有开展网络犯罪侦查、电子数据取证和网络空间安全治理等专业能力，能够胜任基层公安机关网络安全执法等部门工作”。

在当前公安系统招录体制下，为实现这个培养目标，需要让学生在入校早期就对网络安全执法工作及专业知识体系有较全面的了解，尽早培养学生的专业认同意识。为此，网安专业在一年级开设“网络安全执法概论”课程很有必要。该课程是网络安全与执法专业的先导课程，目的是使学生全面了解本专业的课程体系，对公安网络安全保卫部门的职责任务有一个初步的认识，为今后深入学习打下良好的基础。

目前，“网络安全执法概论”教学的教材主要有黄步根编写的《网络安全保卫》(群众出版社，2010)和许云峰等编写的《网络安全与执法导论》(武汉大学出版社，2013)，这些教材对网安专业人才的培养起到了很好的作用。但近几年，伴随新技术及其新应用出现的新型犯罪形式不断出现，国家及相关部委也出台了很多涉及网络犯罪的新的法律法规，网络安全保卫的技术手段和应用系统也有了较大的发展更新。为此，我们基于《网络安全保卫》，结合网络安全新形势、新任务、新要求，在已有教学实践的基础上编写了本书。

本书共分6章，第1章"网络安全与执法概述"，第2章"网络安全管理法律法规"，第3章"网络安全管理"，第4章"互联网信息巡查与舆情导控"，第5章"电子数据取证"，第6章"网络犯罪侦查"。全书由江苏警官学院顾海艳、黄步根和郭向民，山东警察学院张璇以及南京市公安局网络安全保卫支队熊道泉编著，顾海艳负责整体框架设计和统稿。具体编写分工：黄步根、顾海艳负责编写第1、4章；顾海艳、熊道泉负责编写第2、3章；张璇、黄步根负责编写第5章；郭向民、顾海艳负责编写第6章。

通过"网络安全执法概论"课程学习，学生可以全面了解网络安全保卫工作的职责任务、基本理论、基本方法，理解网络安全与执法专业的课程体系，树立正确的专业意识，对促进网络安全与执法专业的教学具有重要意义。

为方便教学，本书还提供了丰富的教学资源供教师参考。以本书内容为基础的教学课件和大纲资源均发布在清华大学出版社官网。

本书学科特点鲜明，内容新颖，体系合理，通俗易懂，实用性强，可作为公安院校网络安全与执法专业的"网络安全执法概论"课程教材，也可作为公安院校其他专业的公共基础课教材。

在本书编写过程中，得到了江苏省公安厅、江苏警官学院、山东警察学院、南京市公安局等单位领导和专家的帮助和指导，在此对他们表示诚挚的谢意！

由于作者水平有限，书中难免出现纰漏，欢迎读者多提宝贵意见和建议，以便再版时修改。

顾海艳

2021年8月

# 目　录

# 第1章 网络安全与执法概述

没有网络安全就没有国家安全，没有信息化就没有现代化。积极利用、科学发展、依法管理、确保安全是我国互联网发展的基本方针。近年来，各种传统犯罪日益向互联网迁移，危害计算机信息系统安全、电信网络诈骗、网络盗窃、网络赌博、网络侵犯公民个人信息等网络犯罪呈高发、持续上升趋势。公安机关负责互联网安全监督，维护互联网公共秩序和公共安全，防范和惩治网络违法犯罪活动，因此担负着重大职责。

## 1.1 网络空间安全面临的威胁

人类已经进入“互联网＋”时代，互联网与经济、社会融合发展。人们在充分享受信息技术及其应用成果的同时，也必须充分认识到网络空间安全所面临的威胁，进而采取相应措施，切实维护网络安全。

### 1.1.1 中国的互联网发展状况

1986年8月25日，瑞士日内瓦时间4时11分24秒(北京时间11时11分24秒)，中国科学院高能物理研究所的吴为民在北京710所的一台IBM-PC上，通过卫星连接，远程登录到日内瓦CERN实验室一台机器VXCRNA王淑琴的账户上，向位于日内瓦的Steinberger发出了来自中国的第一封电子邮件。同年，北京市计算机应用技术研究所实施的国际联网项目——中国学术网(Chinese Academic Network，简称CANET)启动。1987年9月，在德国卡尔斯鲁厄大学维纳·措恩(Werner Zorn)教授带领的科研小组的帮助下，王运丰教授和李澄炯博士等在北京计算机应用技术研究所建成了中国第一个国际互联网电子邮件节点，并于9月20日发出了一封电子邮件，邮件内容为“Across the Great Wall we can reach every corner in the world.”(越过长城，走向世界)。1990年11月28日，在王运丰教授和维纳·措恩教授的努力下，中国的顶级域名.cn完成注册。1994年4月20日，北京中关村地区教育与科研示范网通过美国Sprint公司连入互联网的64K国际专线开通，实现了与互联网的全功能连接，成为国际互联网大家庭中的第77个成员。从此中国被国际上正式承认为拥有全功能互联网的国家。

1997年4月，全国信息化工作会议通过了《国家信息化“九五”规划和2010年远景目标》，将中国互联网列入国家信息基础设施建设，并提出建立国家互联网信息中心和互联网交换中心；10月，四大骨干互联网——中国公用计算机互联网、中国科技网、中国教育和科研计算机网和中国金桥信息网实现互联互通。中国的互联网建设和应用迅猛发展。1997年11月，中国互联网络信息中心(China Internet Network Information Center，简称

CNNIC)发布了第一次《中国互联网络发展状况统计报告》,报告显示:截至 1997 年 10 月 31 日,中国共有上网计算机 29.9 万台,上网用户数 62 万,CN 下注册的域名 4066 个,WWW 站点约 1500 个,国际出口带宽 25.408Mbps。此后每年发布两次报告。2021 年 2 月 3 日,中国互联网络信息中心在京发布第 47 次《中国互联网络发展状况统计报告》,报告显示:截至 2020 年 12 月,我国网民规模达 9.89 亿,互联网普及率达 70.4%;我国手机网民规模达 9.86 亿,网民使用手机上网的比例达 99.7%;我国域名总数为 4198 万个,.cn 域名数量为 1897 万个;我国 IPv6 地址数量为 57634 块/32,较 2019 年增长 13.3%;我国在线政务服务用户规模达 8.43 亿;占网民整体的 85.3%。几个主要的网民互联网应用的用户规模和使用率统计见表 1-1。

**表 1-1　我国网民各类互联网应用的用户规模和使用率**

| 应用 | 用户规模/亿 | 占网民整体/% | 手机用户规模/亿 | 占手机网民/% |
|---|---|---|---|---|
| 即时通信 | 9.81 | 99.2 | 9.78 | 99.3 |
| 网络视频（含短视频） | 9.27 | 93.7 | 8.73 | 88.3 |
| 网络新闻 | 7.43 | 75.1 | 7.41 | 75.2 |
| 网络购物 | 7.82 | 79.1 | 7.81 | 79.2 |
| 网络支付 | 8.54 | 86.4 | 8.53 | 86.5 |

在创新、协调、绿色、开放、共享的新发展理念指引下,我国数字经济快速发展。根据国家互联网信息办公室《数字中国建设发展进程报告(2019 年)》,2019 年我国数字经济保持快速增长,质量效益明显提升,数字经济增加值规模达到 35.8 万亿元,占国内生产总值(GDP)比重达到 36.2%,对 GDP 增长的贡献率为 67.7%。

我国的网络资源建设和应用水平处于世界前列,在从网络大国走向网络强国的道路上阔步前行。根据国际知名数据分析公司 Statista(www.statista.com)统计,2020 年 7 月全球互联网公司按市值排名见图 1-1,全球市值最高的 7 大互联网公司,美国有 5 家,中国有 2 家,分别是阿里巴巴(第 5)和腾讯(第 7)。

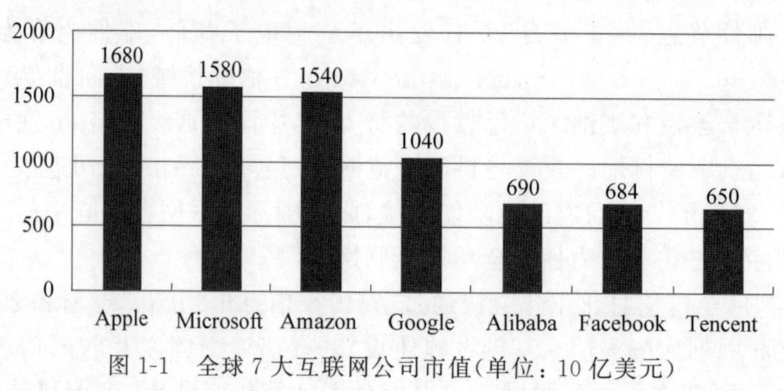


图 1-1　全球 7 大互联网公司市值(单位:10 亿美元)

2015 年 7 月,国务院发布了《关于积极推进"互联网+"行动的指导意见》,这份备受期待的顶层设计催生了经济新格局，明确了“互联网＋”创新创业、协同制造、现代农业、电子商务等 11 个重点行动领域。2016 年 9 月 25 日，国务院发布了《关于加快推进“互联网＋政务服务”工作的指导意见》，推动政务服务平台整合，促进条块联通，实现政务信息资源互认共享、多方利用。互联网等信息网络已经成为信息传播的新渠道、生产生活的新空间、经济发展的新引擎、文化繁荣的新载体、社会治理的新平台、交流合作的新纽带、国家主权的新疆域。中国互联网的快速发展和广泛应用，深刻影响着社会变迁，改变了人们的生产生活方式，推进了社会主义民主政治建设，推动了经济社会的发展。人类已经进入“互联网＋”时代，人工智能和 5G 商用正在为互联网的新时代拉开帷幕。

按照创新、协调、绿色、开放、共享的发展理念推动我国经济社会发展，以人民为中心，一切为了人民，一切依靠人民，成为我国网络强国战略的指导思想与宗旨。2016 年 10 月 9 日，中共中央政治局就实施网络强国战略进行第三十六次集体学习，习近平总书记在主持学习时将网络强国战略提升到综合施策的新高度，从技术、经济、管理、安全、治理、规则等方面提出了“六个加快”的要求：加快推进网络信息技术自主创新，加快数字经济对经济发展的推动，加快提高网络管理水平，加快增强网络空间安全防御能力，加快用网络信息技术推进社会治理，加快提升我国对网络空间的国际话语权和规则制定权，朝着建设网络强国目标不懈努力。

与此同时，互联网的“双刃剑”特征日益凸显。

### 1.1.2　网络空间安全面临的威胁及其影响

2016 年 12 月 27 日，国家互联网信息办公室发布的《国家网络空间安全战略》指出，网络安全形势日益严峻，国家政治、经济、文化、社会、国防安全及公民在网络空间的合法权益面临严峻风险与挑战。

惠志斌、覃庆玲在《中国网络空间安全发展报告(2016)》中指出，网络空间安全面临着 4 大威胁：一是国家级重要信息系统和关键信息基础设施成为跨国网络攻击的主要目标；二是大型互联网平台安全事故频发且影响重大；三是数据泄漏事件频发，网络黑产规模惊人；四是新技术发展推动网络攻击方式的创新和升级。

2020 年 8 月 11 日，国家计算机网络应急技术处理协调中心(简称国家互联网应急中心，英文缩写 CNCERT 或 CNCERT/CC)编写的《2019 年中国互联网网络安全报告》正式发布。报告显示，2019 年在我国相关部门持续开展的网络安全威胁治理下，分布式拒绝服务攻击(简称 DDoS 攻击)、高级持续性威胁攻击(简称 APT 攻击)、漏洞威胁、数据安全隐患、移动互联网恶意程序、网络黑灰色产业链、工业控制系统安全威胁总体下降，但呈现出许多新的特点，带来新的风险与挑战。

(1) DDoS 攻击呈现高发频发态势，攻击组织性和目的性更加凸显；

(2) APT 攻击逐步向各重要行业领域渗透，在重大活动和敏感时期更加猖獗；

(3) 事件型漏洞和高危零日漏洞数量上升，信息系统面临的漏洞威胁形势更加严峻；

(4) 数据安全防护意识依然薄弱，大规模数据泄露事件频发；

(5) “灰色”应用程序大量出现，针对重要行业安全威胁更加明显；

(6) 恶意注册、网络赌博、勒索病毒、挖矿病毒等依然活跃，高强度技术对抗更加激烈；

(7) 工业控制系统产品安全问题依然突出，新技术应用带来的新安全隐患更加严峻。

### 1. 网络空间安全对政治安全的影响

信息化的全球发展使得信息领域已经成为发达国家实现霸权主义的主要战场，发达国家不仅可以在核心技术和资源上实现垄断和霸权，还可以利用网络传播带有政治影响力的信息，并将其最大限度地辐射，以扩大其传播范围和影响力。

2013 年 6 月，美国国家安全局前合同工斯诺登向美国《华盛顿邮报》和英国《卫报》提供了一系列有关美英特工部门进行互联网监视跟踪计划的机密材料，披露了“棱镜计划”事件，引发全球舆论哗然。据斯诺登所说，某国通过自己的科技手段，加上一些跨国科技公司的协助，对全世界的即时通信和既存资料进行深度的监听。斯诺登还披露，某国政府多年来一直从事针对中国个人和机构的网络攻击，自 2009 年以来，某国对中国内地以及香港发起了数百次网络入侵，借此获取有关中国的有价值情报。

近年来，境内外反华势力千方百计通过互联网对中国进行各种攻击，一些境内外机构和组织在新浪开通官方微博，公开干涉中国内政，挑拨民众与执政党的矛盾，煽动和误导大量不明真相的中国网民进行热点事件炒作，线上线下与非法分子互动交往，严重危害了我国的国家安全和社会稳定。

### 2. 网络空间安全对经济安全的影响

对于普通民众而言，随着互联网与金融行业的深度融合，钓鱼攻击不但日益加剧，还开始呈现出跨平台的发展趋势。黑客可以结合移动互联网，利用仿冒移动应用、移动互联网恶意程序、伪基站等多种手段实施跨平台的钓鱼欺诈攻击，严重危害了大众的经济利益。

2017 年 5 月 12 日晚，一款名为 WannaCry 的勒索病毒在全球进行大规模攻击，有 100 多个国家和地区受害，我国大量行业内网大规模感染，包括医疗、电力、能源、金融、交通等多个行业均遭受不同程度的影响，受害计算机等设备的图片、文档、视频、压缩包等各类资料都无法正常打开，被攻击者要求支付比特币解锁。

这种攻击利用了微软系统的一个漏洞。该漏洞其实最早是美国国安局发现的，他们还给漏洞取名为 Eternal Blue(永恒之蓝)。然后，他们研发的相关工具就被一个名为 Shadow Brokers(影子经纪人)的黑客团体窃取了，黑客们还尝试在网上拍卖出售。

### 3. 网络空间安全对国防安全的影响

由于信息技术的进步和全球性信息网络的建立，使得一些别有用心的国家将其作为军事破坏的强有力工具，通过信息手段进行国际信息战中的前期环境预置，从而取得战争中的绝对优势。

2015 年 4 月，美国国防部发布的《网络空间战略》，首次公开表示要把网络空间作战作为今后军事冲突的选项之一，明确提出要提高美军在网络空间的威慑和进攻能力，表明美国已具备了发动网络空间战争的能力。

2010 年 7 月，伊朗核电站系统遭受震网(Stuxnet)蠕虫病毒攻击。专家分析，震网蠕虫对西门子公司的数据采集与监控系统 SIMATIC WinCC 进行攻击，能突然更改离心机中的发动机转速，这种突然的改变足以摧毁离心机运转能力且无法修复。据估计，震网蠕虫攻击事件至少延缓伊朗核电发展两年。据分析，该攻击应是国家力量所为。

### 4. 网络空间安全对文化安全的影响

发展中国家从互联网诞生之后就面临巨大威胁：一方面，发达国家推行信息霸权主义，将控制信息权作为新的战略制高点；另一方面，发达国家利用互联网这一具有战略优势的新工具，以带有本国价值观影响力的信息辐射来夺取更多新的疆域。

网络新闻已经成为公众获取信息的重要来源，直接影响公众对社会事件的判断，甚至影响年轻读者的价值取向。网络上各种思想文化相互激荡、交锋，优秀传统文化和主流价值观面临冲击。现实生活中的市侩、低俗、恶俗甚至反文化现象也在互联网上不断出现。网络谣言、颓废文化和淫秽、暴力、迷信等违背社会主义核心价值观的有害信息侵蚀青少年身心健康，败坏社会风气，误导价值取向，危害文化安全。网上道德失范、诚信缺失现象频发，网络文明程度亟待提高。

### 5. 网络空间安全对个人隐私安全的影响

一些单位由于网络安全管理不善，安全措施不到位，信息系统运行事故时有发生，不仅直接影响生产业务的正常运行，而且造成了严重社会影响。加上个人信息保护意识淡薄，个人信息和重要数据泄露危害严重。

2019 年 2 月 13 日，GDI 基金会荷兰安全研究员 Victor Gevers 在 Twitter 上爆料，中国某科技有限公司发生大规模数据泄露事件。Gevers 表示，该公司所掌握的数百万人的跟踪数据可供任何人访问，其中包含超过 256 万人的个人信息，例如身份证号码、身份证发行日期、性别、国家、住址、生日、照片、雇主和过去 24 小时内的位置，大约有 668 万条记录。

2019 年 7 月，南京的刘女士报警称，女儿替她签收了一份“99 元货到付款”包裹，在付钱后，发现包裹里面的物品并非自己购买。刘女士报案后，经公安机关侦查发现，某物流公司多名员工为了谋取私利，多方勾结，竟窃取了大约 50 多万名用户的信息，用“99 元货到付款”的方式诈骗了 1200 万元。

## 1.2 网络空间安全体系结构

网络空间已经成为与陆地、海洋、天空、太空同等重要的人类活动新领域，网络空间主权也成为国家主权的重要组成部分。网络空间既是具有主权意义的新疆域，也是国家总体安全的风险放大器。2016 年 4 月 19 日，习近平总书记在主持召开网络安全和信息化工作座谈会时提出了四点要求：①树立正确的网络安全观；②加快构建关键信息基础设施安全保障体系；③全天候全方位感知网络安全态势；④增强网络安全防御能力和威慑能力。

中国工程院方滨兴院士认为网络空间(Cyberspace)可被定义为“构建在信息通信技术基础设施之上的人造空间，用以支撑人们在该空间中开展各类与信息通信技术相关的活动。其中，信息通信技术基础设施包括互联网、各种通信系统与电信网、各种传播系统与广电网、各种计算机系统、各类关键工业设施中的嵌入式处理器和控制器。信息通信技术活动包括人们对信息的创造、保存、改变、传输、使用、展示等操作过程，及其所带来的对政治、经济、文化、社会、军事等方面的影响”。

关于网络空间安全的内涵，方滨兴院士认为：网络空间安全是在信息通信技术的硬件、代码、数据、应用 4 个层面，围绕着信息的获取、传输、处理、利用 4 个核心功能，针对网络空间的设施、数据、用户、操作 4 个核心要素来采取安全措施，以确保网络空间的机密性、可鉴别性、可控性、可用性 4 个核心安全属性得到保障，让信息通信技术系统能够提供安全、可信、可靠、可控的服务，面对网络空间攻防对抗的态势，通过信息、软件、系统、服务方面的确保手段、事先预防、事前发现、事中响应、事后恢复的应对措施，以及国家网络空间主权的行使，既要应对信息通信技术系统及其所承载的数据自身所受到的攻击，也要应对信息通信技术相关活动而衍生出的政治安全、经济安全、文化安全、社会安全与国家安全的问题。当前网络空间安全问题概括起来可分为三维九空间，具体如表 1-2 所示。

**表 1-2　网络空间安全的三维九空间**

| 保护维 | | | 风险维 | | | 方法维 | | |
|---|---|---|---|---|---|---|---|---|
| 对象空间 | 属性空间 | 目标空间 | 作用空间 | 功能空间 | 表象空间 | 技术空间 | 措施空间 | 主权空间 |
| 设施 | 机密性 | 安全 | 硬件层 | 信息获取 | 助力攻击 | 信息确保 | 事先预防 | 独立权 |
| 数据 | 可鉴别性 | 可信 | 代码层 | 信息传输 | 助力防守 | 软件确保 | 事前发现 | 平等权 |
| 用户 | 可控性 | 可靠 | 数据层 | 信息处理 | 内生安全 | 系统确保 | 事中响应 | 自卫权 |
| 操作 | 可用性 | 可用 | 应用层 | 信息利用 | 衍生安全 | 服务确保 | 事后恢复 | 管辖权 |

网络空间安全防护体系包括法律、技术、管理和教育四方面，如图 1-2 所示。法律法规以其公正性、权威性、规范性、强制性，成为网络安全管理的准绳和依据。有效的信息网络安全技术，是切实维护网络安全的有力保障。法律法规的贯彻执行、技术措施的实施都离不开强有力的网络安全管理。安全管理的关键因素是人，人的安全主要是指网络使用人员的安全意识、法律意识、安全技能等，需要通过教育来实现。网络空间安全的人，不仅包括网络安全从业人员，还包括网络空间的广大参与者——网民，中央网信办阐释“中国好网民”的四条标准是：一是有高度的安全意识，二是有文明的网络素养，三是有守法的行为习惯，四是有必备的防护技能。

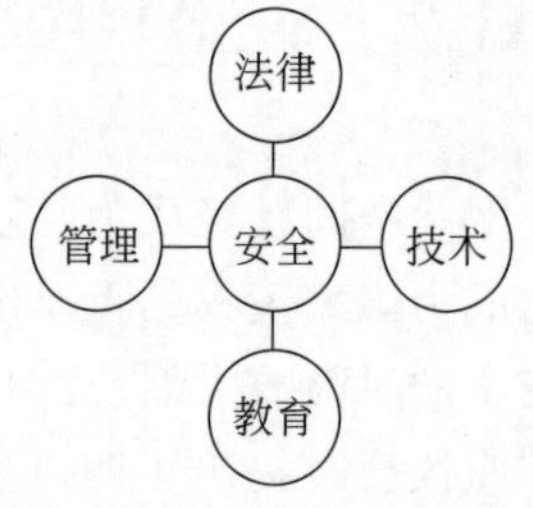

图 1-2　网络空间安全防护体系

### 1.2.1 网络空间安全的目标和战略任务

2014 年 2 月 27 日,中央网络安全和信息化领导小组组长习近平主持召开小组第一次会议并发表重要讲话,指出:网络安全和信息化是事关国家安全和国家发展、事关广大人民群众工作生活的重大战略问题。网络安全和信息化是一体之两翼、驱动之双轮。没有网络安全就没有国家安全,没有信息化就没有现代化。

早在 2010 年 6 月,中华人民共和国国务院新闻办公室发布《中国互联网状况》白皮书,就明确了积极利用、科学发展、依法管理、确保安全是中国政府的基本互联网政策。2013 年 11 月 12 日,中国共产党第十八届中央委员会第三次全体会议通过《中共中央关于全面深化改革若干重大问题的决定》,明确要求加大依法管理网络力度,加快完善互联网管理领导体制,确保国家网络和信息安全。2016 年 11 月 7 日,第十二届全国人民代表大会常务委员会第二十四次会议通过的《中华人民共和国网络安全法》(以下简称《网络安全法》)明确:国家坚持网络安全与信息化发展并重,遵循积极利用、科学发展、依法管理、确保安全的方针,推进网络基础设施建设和互联互通,鼓励网络技术创新和应用,支持培养网络安全人才,建立健全网络安全保障体系,提高网络安全保护能力。

《国家网络空间安全战略》中明确了我国网络空间安全的目标是:以总体国家安全观为指导,贯彻落实创新、协调、绿色、开放、共享的发展理念,增强风险意识和危机意识,统筹国内国际两个大局,统筹发展安全两件大事,积极防御、有效应对,推进网络空间和平、安全、开放、合作、有序,维护国家主权、安全、发展利益,实现建设网络强国的战略目标。

当前和今后一个时期国家网络空间安全工作的战略任务是坚定捍卫网络空间主权、坚决维护国家安全、保护关键信息基础设施、加强网络文化建设、打击网络恐怖和违法犯罪、完善网络治理体系、夯实网络安全基础、提升网络空间防护能力、强化网络空间国际合作这 9 方面。

同时,我国要积极参与网络空间的全球治理,以实现全球网络空间的互联互通、共享共治。

### 1.2.2 网络空间安全政策法规

我国已基本形成了包括法律、行政法规、部门规章、司法解释、规范性文件和政策文件等多个层级,涉及行政法、民法、刑法等多个法律部门,涵盖网络、资源、应用、安全、产业等多个层面,规范较为全面、内容较为完整、结构较为合理的网络安全法律体系。

网络相关立法包括三大领域:①网络安全保护,包括网络安全等级保护标准、关键信息基础设施保护、网络安全审查等方面;②网络信息服务,包括信息内容、账号管理、算法推荐等方面;③网络社会管理,包括互联网运行秩序、网络约租车、网络知识产权等方面。

### 1.2.3 网络空间安全管理

网络空间安全管理内涵丰富,包括物理空间安全管理、虚拟空间安全管理和人类社会活动与舆情安全管理。要一手抓内容管理,一手抓安全可控。

网络空间安全管理包括管理组织机构、管理制度和管理技术 3 方面,要通过组建完善的信息网络安全管理组织机构，设置安全管理人员，制定严格的安全管理制度，利用先进的安全管理技术对整个网络空间进行管理。

2014 年 1 月，中央网络安全和信息化领导小组成立，并设立中央网络安全和信息化领导小组办公室，简称中央网信办，和国家互联网信息办公室合署办公。2018 年 3 月，中央网络安全和信息化领导小组升格为中央网络安全和信息化委员会，并优化了中央网络安全和信息化委员会办公室职责。

《网络安全法》第八条规定，国家网信部门负责统筹协调网络安全工作和相关监督管理工作。国务院电信主管部门、公安部门和其他有关机关依照本法和有关法律、行政法规的规定，在各自职责范围内负责网络安全保护和监督管理工作。

互联网服务提供者（提供接入服务、数据中心服务、域名服务）和联网使用单位都要接受网络安全监督管理，进行备案，落实安全管理制度和安全保护技术措施，履行网络安全保护义务。国家实行网络安全等级保护制度，对关键信息基础设施，在网络安全等级保护制度的基础上，实行重点保护。

### 1.2.4 网络空间安全技术

2016 年 4 月 19 日，习近平总书记在网络安全和信息化工作座谈会上的讲话指出，互联网核心技术是我们最大的“命门”，核心技术受制于人是我们最大的隐患，必须突破核心技术这个难题。可以从 3 个方面把握。一是基础技术、通用技术。二是非对称技术、“杀手锏”技术。三是前沿技术、颠覆性技术。

2018 年 4 月，习近平总书记在全国网络安全和信息化工作会议上强调维护网络安全，推动信息领域核心技术突破，自主创新推进网络强国建设。

网络空间安全特色技术包括：①网络安全防护技术；②网络安全预警技术；③网络漏洞病毒等处置技术；④数据挖掘和溯源技术；⑤电子数据取证和鉴定技术；⑥内部网络系统安全管控技术。

### 1.2.5 网络空间安全教育

网络空间安全教育包括专业教育和日常教育。

#### 1. 专业学科建设和人才培养

2011 年 3 月，国务院学位委员会和教育部公布的学位授予和人才培养学科目录中，公安技术为一级学科，网络安全执法技术是其中的二级学科。网络安全执法技术学科是以网络违法犯罪事件为研究对象，以保障网络虚拟社会的正常秩序为宗旨，研究和应用网络侦察、网络监控、网络管理等技术的综合性应用学科。

2012 年，教育部发布了《普通高等学校本科专业设置管理规定》，并公布了《普通高等学校本科专业目录（2012）》，网络安全与执法名列其中，为国家控制布点的特设专业。经过各地几年的建设，目前全国公安本科院校已经全部开设有网络安全与执法专业。

中央网信办、国家发改委、教育部、科技部、工信部、人社部于 2016 年 6 月联合发文《关于加强网络安全学科建设和人才培养的意见》（中网办发文〔2016〕4 号），提出“加强网络安全学院建设和人才培养”8 条意见，要求加快网络安全学科专业和院系建设，创新网络安全人才培养机制，强化网络安全师资队伍建设，推动高等院校与行业企业合作育人、协同创新，完善网络安全人才培养配套措施。

2015 年 6 月，国务院学位委员会、教育部联合发文《关于增设网络空间安全一级学科的通知》(学位〔2015〕11 号)，决定在“工学”门类下增设“网络空间安全”一级学科，授予“工学”学位。

网络空间安全学科主要研究方向及主要研究内容包括：网络空间安全基础、密码学及应用、系统安全、网络安全、应用安全。

网络空间安全专业的知识结构包括计算机科学、计算机工程、信息技术、信息系统、软件工程、法律、政策、伦理、风险管理等。

2018 年 2 月 22 日，在美国马里兰州巴尔的摩市，网络空间安全学科知识体系(CSEC2017) 在 ACM SIGCSE 2018 国际会议上正式发布。这是国际上最具广泛代表性和权威性的网络空间安全学科知识体系。由 CSEC2017 呈现的网络空间安全学科知识体系包含 8 大知识领域，它们是数据安全(data security)、软件安全(software security)、组件安全(component security)、连接安全(connection security)、系统安全(system security)、人员安全(human security)、组织安全(organizational security)和社会安全(societal security)，如图 1-3 所示。

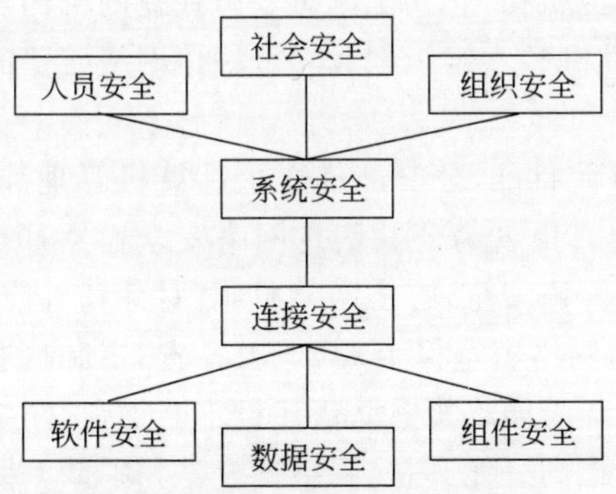


图 1-3　网络空间安全学科知识体系

## 2. 日常教育

日常教育包括网民教育和从业人员教育，由各级政府部门和企业结合工作进行，或者通过宣传周或培训班等形式开展专项教育，还有从业人员和网民的自主学习。

中央网信办会同中央机构编制委员会办公室、教育部、科技部、工业和信息化部、公安部、中国人民银行、新闻出版广电总局等部门，于 2014 年 11 月 24 日至 30 日举办了首届国家网络安全宣传周。这是我国第一次举办全国范围的网络安全主题宣传活动。宣传周以“共建网络安全，共享网络文明”为主题，围绕金融、电信、电子政务、电子商务等重点领域和行业网络安全问题，针对社会公众关注的热点问题，举办网络安全体验展等系列主题宣传活动。

2016 年 3 月，经中央网络安全和信息化领导小组批准，中央网信办、教育部、工业和信息化部、公安部、国家新闻出版广电总局、共青团中央等 6 部门联合发布《关于印发〈国家网络安全宣传周活动方案〉的通知》，确定网络安全宣传周活动统一于每年 9 月份第三周举行。

2016—2020 年的国家网络安全宣传周主题都确定为“网络安全为人民，网络安全靠人民”。

通过宣传教育培育更多有高度的安全意识、有文明的网络素养、有守法的行为习惯、有必备的防护技能的中国好网民。

媒体在网络安全教育中应发挥积极作用，尤其是互联网内容建设。2018 年 8 月召开的全国宣传思想工作会议等重大会议，对意识形态工作作出了顶层设计、长远规划。2019 年 1 月 25 日，习近平总书记在中共中央政治局集体学习时指出，要加快推动媒体融合发展，使主流媒体具有强大传播力、引导力、影响力、公信力，形成网上网下同心圆，使全体人民在理想信念、价值理念、道德观念上紧紧团结在一起，让正能量更强劲、主旋律更高昂。这对互联网内容建设提出了根本要求，也对网络内容建设作出了指导。

## 1.3 网络安全保卫

各国都有网络安全保卫机构，有些国家有专门独立的机构，有些国家是分散在有关职能部门。国际刑警组织、欧洲警察组织都成立了对付网络犯罪的专门机构，它们处在打击网络犯罪的核心地位。

1983 年 10 月，经国务院批准，公安部成立了计算机管理和监察局，指导全国计算机安全监察工作。1998 年 8 月更名为公共信息网络安全监察局，网络警察队伍正式组建，负责组织实施维护计算机网络安全，打击网上犯罪，对计算机信息系统安全保护情况进行监督管理。2008 年更名为网络安全保卫局，全国各省、市和区县政府公安机关也陆续成立专门的网络警察队伍。随着网络警察队伍建设不断加强，网络警察执法制度不断完善，网络警察的执法能力不断提高。尤其是《网络安全法》颁布以来，全国网络安全保卫部门(以下简称“网安部门”)依法管网、依法治网的能力和水平进一步提升，网络空间更加清朗。

### 1.3.1 网络安全保卫的指导思想和工作目标

网络安全保卫工作的指导思想是坚定不移地将国家安全和社会稳定放在首位，以网上特定信息侦控和情报信息侦察为主线，以公开监管和技术手段为支撑，以有效制止违法信息传播和恶意炒作、有效防止网上指挥策划和非法组党结社、有效打击网络违法犯罪、有效保障网络空间安全为目标。

网络安全保卫工作的根本目标是保障重要领域的信息网络的安全，建立并维护国家信息网络安全管理的秩序，维护社会政治稳定，保障经济建设，促进国家信息化建设的健康发展。

## 1.3.2 网络安全保卫部门的职能

网安部门是以网络技术为主要手段，以网上侦查为主要任务，集情报收集、侦察巡查、打击犯罪和防范管理于一体的综合实战部门，是公安机关开展网上斗争的主要职能部门和专门队伍。其主要职责是打击网上违法犯罪，维护网络正常秩序。

### 1. 网络安全保卫工作的职责

(1) 拟定信息安全政策和技术规范。

(2) 指导并组织实施公共信息网络安全保护工作。

(3) 指导并组织实施互联网违法信息巡查和情报信息搜集工作。

(4) 指导并组织实施互联网舆情引导管控工作。

(5) 指导、监督检查并组织实施信息网络违法犯罪案件的查处工作。

(6) 指导并组织实施信息网络技术侦察工作。

(7) 监督、检查、指导网络安全等级保护和关键信息基础设施安全保护工作。

### 2. 网络安全保卫工作的职能划分

网络安全保卫工作，必须建立信息网络安全综合防控体系：以公安机关网络安全保卫部门为骨干，以网络安全报警处置中心为龙头，以联网单位内部安全管理防范为基础，以管理技术手段和社会应急服务体系为依托，以网上侦察为主要内容的网上违法犯罪防控体系。

网络安全保卫工作的职能划分为信息网络安全监督管理、互联网信息巡查、涉网案件侦查等。

(1) 信息网络安全监督管理是指网络安全保卫部门运用行政手段，依法管理、检查和指导信息网络安全保护工作，依法查处信息网络领域违法行为，预防信息网络违法犯罪活动，维护网上公开秩序，保障信息网络安全的行政管理活动。

(2) 互联网信息巡查工作是指通过上网浏览、搜索等方式，搜索互联网上的公开信息，对其性质进行甄别，对可能危害、影响国家安全和社会稳定的信息进行汇总、分析研判，对违法信息和不良信息进行处置。互联网信息巡查工作要求及时发现、迅速处置各种网上违法信息和不良信息；及时掌握敌、社情动态，党和国家重大政治活动、重要事件的网上反映，严重影响国家安全、社会稳定的群体性事件、突发事件及社会热点问题的网上动态反映；遏止网上恶意炒作，开展互联网舆情引导管控工作；为公安机关开展网上斗争提供线索，为领导和相关部门提供决策参考。

(3) 涉网案件侦查，是指查处危害信息网络安全和各种利用网络进行违法犯罪的案件，如打击网络黑客攻击破坏、网上淫秽色情、网络诈骗、网络赌博、危禁品销售等违法犯罪活动。

网络警察（以下简称“网警”）要成为网上政治安全的忠诚捍卫者、网上公共秩序的坚定维护者、网络空间安全的有力保护者。

# 习题 1

1. 自学习近平关于网络安全和信息化工作重要论述。

2. 下载学习最新《中国互联网络发展状况统计报告》和《××××年中国互联网网络安全报告》，跟踪互联网最新发展和安全现状。简述最近两期的《××××年中国互联网网络安全报告》的主要变化有哪些？

3. 网络空间安全体系框架包括哪些方面内容？

4. 网络空间安全特色技术包括哪些？

5. 公安网络安全保卫工作的指导思想和工作目标是什么？

6. 网络安全保卫部门的职能是什么？

7. 访问中央网信办官网（www.cac.gov.cn）学习政策法规。

# 第2章 网络安全管理法律法规

经过20多年的发展，我国网络安全相关法律法规、配套制度及其保障体系逐步健全完善，形成了综合法律、监管规定、行业与技术标准兼备，涉及网络、资源、应用、安全、产业等多个层面的全面化、综合化、结构化、规范化的网络安全法律框架体系，为网络安全执法提供了强有力的保障，网络执法力度持续加强。

## 2.1 网络安全法律法规体系

### 2.1.1 我国网络安全法制建设的发展历程

自20世纪80年代以来，我国的网络安全法制建设大致经历了通信保密安全、计算机安全、信息网络系统安全、网络空间安全等几个发展阶段。

#### 1. 通信保密安全阶段(1990年以前)

制定(修订)的相关法律法规主要有《中华人民共和国保守国家秘密法》(1989年制定，2010年修订)、《中华人民共和国计算机信息系统安全保护条例》(草案，1986年)等。

#### 2. 计算机安全阶段(1990—1999年)

制定(修订)的相关法律法规主要有《中华人民共和国刑法》(1997年)、《中华人民共和国计算机信息系统安全保护条例》(1994年)、《计算机信息系统安全专用产品检测和销售许可证管理办法》(1997年)、《计算机信息网络国际联网安全保护管理办法》(1997年)。

#### 3. 信息网络系统安全阶段(1999—2009年)

制定(修订)的相关法律法规主要有《关于维护互联网安全的决定》(2000年)、《互联网信息服务管理办法》(2000年)、《计算机病毒防治管理办法》(2000年)、《计算机信息系统国际联网保密管理规定》(1999年)、《中华人民共和国刑法修正案(七)》(2009年)等。

#### 4. 网络空间安全阶段(2010年之后)

制定(修订)的相关法律法规主要有《中华人民共和国刑法修正案(九)》(2015年)、《中华人民共和国国家安全法》(2015年)、《中华人民共和国网络安全法》(2016年)、《中华人民共和国数据安全法》(2021年)、《中华人民共和国个人信息保护法》(2021年)、《关键信息基础设施安全保护条例》(2021年)、《中华人民共和国反电信网络诈骗法》(2022年)、《未成年人网络保护条例》(2023年)等。

其中，1994年2月，国务院发布并施行的《中华人民共和国计算机信息系统安全保护条例》，明确了计算机信息系统安全保护工作的对象、内容、重点、安全保护制度、安全监督和法律责任，这是一个标志性的、基础性的法规。1997 年 3 月颁布、1997 年 10 月施行的《中华人民共和国刑法》是我国首部界定计算机犯罪的法律，其中第二百八十五条、第二百八十六条、第二百八十七条对涉及计算机的相关犯罪进行了界定。2016 年 11 月颁布、2017 年 6 月施行的《中华人民共和国网络安全法》，是我国网络安全领域首部基础性、框架性、综合性法律。

## 2.1.2 我国网络安全法律及标准规范体系

### 1. 我国的立法体系

1）法律

由全国人大及其常委会制定的规范性文件称为法律，如《中华人民共和国宪法》《中华人民共和国国家安全法》《中华人民共和国刑法》《中华人民共和国网络安全法》《中华人民共和国反恐怖主义法》《中华人民共和国治安管理处罚法》《中华人民共和国密码法》《关于加强网络信息保护的决定》。

另外，国家最高司法机关在适用法律过程中会对具体应用法律问题有相关解释，称为司法解释，包括审判解释和检察解释两种，如最高人民法院、最高人民检察院《关于办理危害计算机信息系统安全刑事案件应用法律若干问题的解释》。

2）行政法规

由国务院为执行宪法和法律而制定的规范性文件称为行政法规，如《计算机软件保护条例》《信息网络传播权保护条例》《互联网上网服务营业场所管理条例》《互联网信息服务管理办法》《中华人民共和国计算机信息网络国际联网管理暂行规定》《中华人民共和国计算机信息系统安全保护条例》。

3）部门规章

国务院的相关部门根据本部门的职责权限、法律和行政法规而制定的规范性文件称为部门规章。如：国家互联网信息办公室《互联网新闻信息服务管理规定》和《互联网信息内容管理行政执法程序规定》、公安部《互联网安全保护技术措施规定》和《计算机信息网络国际联网安全保护管理办法》、信息产业部《互联网电子公告服务管理规定》。

4）地方性法规

由各省、自治区、直辖市人民代表大会及其常务委员会制定的规范性文件称为地方性法规，如《北京市信息化促进条例》《贵州省大数据发展应用促进条例》。

5）地方政府规章

由各省、自治区、直辖市政府制定的规范性文件称为地方政府规章，如《江苏省计算机信息系统安全保护管理办法》。

我国立法体系如图 2-1 所示。

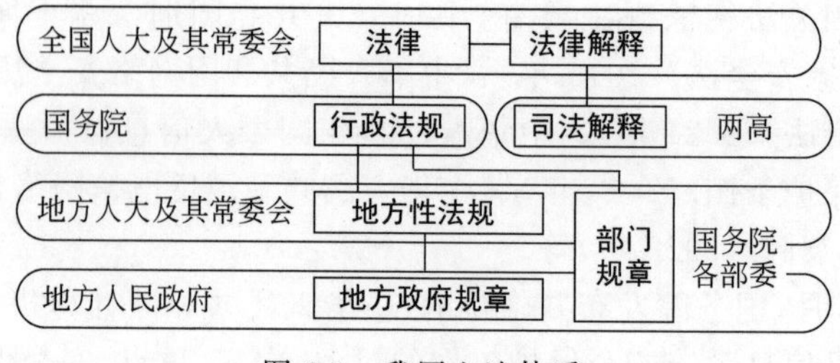


图 2-1 我国立法体系

### 2. 网络安全标准及规范体系

《中华人民共和国标准化法》将标准划分为四种，即国家标准、行业标准、地方标准、企业标准。国家标准、行业标准、地方标准中又分别包括强制性标准和推荐性标准两种类型。各层次之间有一定的依从关系和内在联系，形成一个覆盖全国又层次分明的标准体系。标准、规范、规程都是标准的一种表现形式，习惯上统称为标准。

信息安全标准是我国信息安全保障体系的重要组成部分，是政府进行宏观管理的重要依据。经国家标准化管理委员会批准，全国信息安全标准化技术委员会于 2002 年 4 月 15 日在北京正式成立。委员会负责组织开展国内信息安全有关的标准化技术工作，主要包括安全技术、安全机制、安全服务、安全管理、安全评估等领域的标准化技术。

2016 年 8 月 12 日，经中央网络安全和信息化领导小组同意，中央网信办、国家质检总局、国家标准委联合印发了《关于加强国家网络安全标准化工作的若干意见》。意见中明确了对网络安全国家标准进行统一技术归口。

1）国家标准

强制性国家标准编号以 GB 开头，推荐性国家标准编号以 GB/T 开头，如《计算机信息系统 安全保护等级划分准则》(GB 17859—1999)、《信息安全技术　个人信息安全规范》(GB/T 35273—2020)、《信息安全技术　云计算服务安全指南》(GB/T 31167—2014)、《信息安全技术　移动终端安全保护技术要求》(GB/T 35278—2017)。

2）行业标准

没有国家标准又需要在全国某个行业范围内统一的技术要求，可以制定行业标准，作为对国家标准的补充。1992 年，全国刑事技术标准化技术委员会(SAC/TC/179)成立，2009 年在该委员会下成立了电子物证检验分技术委员会(SAC/TC/179/SC7)，在电子数据取证方面制定了一系列行业标准，如《法庭科学 电子数据收集提取技术规范》(GA/T 756—2021)、《法庭科学 电子物证检验材料保存技术规范》(GA/T 1554—2019)、《法庭科学 Android 系统应用程序功能检验方法》(GA/T 1571—2019)。

3）司法鉴定技术规范

2005 年 2 月，全国人大常委会《关于司法鉴定管理问题的决定》中明确了国务院司法行政部门主管全国鉴定人和鉴定机构的登记管理工作。2007 年 7 月司法部公布了《司法鉴定程序通则》，并于 2015 年 12 月 24 日发布了修订稿。司法部司法鉴定管理局还先后出台了《司法鉴定文书规范》和一系列技术规范，如《电子数据证据现场获取通用规范》(SF/Z JD0400002—2015)、《手机电子数据提取操作规范》(SF/Z JD0401002—2015)。

## 2.1.3　我国网络安全法律体系的特点

### 1. 以《中华人民共和国网络安全法》为网络安全领域的基本法

(1) 涉及法律、行政法规、部门规章、地方性法规和政府规章、规范性文件等多层次法律规范。

(2) 涵盖行政法、民法、刑法、经济法等多个法律部门。

(3) 涉及网络、资源、应用、安全、产业等多个层面。

(4) 有关网络安全问题适用法律的司法解释，是网络安全法律体系的重要补充。

### 2. 部门规章及以下文件占多数，涉及多个管理部门

(1) 数量上以部门规章及规范性文件为主，保证了上位法的具体落实。

(2) 责任上涉及网信办、工信部、公安部、广电总局等多部门。

### 3. 内容涵盖网络安全管理、保障、责任各个方面

(1) 形式上，专门性立法和一般性立法并存。

(2) 内容上，囊括计算机信息系统安全保护、内容管理、互联网资源管理、关键信息基础设施保护、个人信息保护、数据安全、打击违法犯罪等各方面，规定全面、针对性强。

通过网络安全法律体系的建设，形成了民事、行政、刑事责任三位一体的网络安全责任体系框架。对网络空间的违法犯罪行为进行了界定，明确将计算机系统入侵，制作传播病毒，擅自中断网络，网络造谣诽谤，窃取国家机密，侵犯知识产权，传播淫秽色情内容，侵犯公民通信秘密，窃取或者以其他非法方式获取、出售或者非法向他人提供公民个人电子信息等危害网络信息安全行为入罪，为打击各类危害网络安全违法犯罪行为提供了有力的法律支持。

# 2.2 网络安全法

《中华人民共和国网络安全法》(以下简称《网络安全法》)于 2016 年 11 月 7 日发布，自 2017 年 6 月 1 日起施行。这是我国网络安全领域首部基础性、框架性、综合性法律，在网络安全历史上具有里程碑意义。该法的公布和施行，从法律上有效维护了国家网络空间主权和安全，保障了广大人民群众在网络空间的利益，使互联网更好地服务于国家各项建设工作。

## 2.2.1 立法背景

应对网络安全威胁已是全球性问题，国际网络安全的法治环境正发生巨大变革，美欧等网络强国纷纷建立全方位、立体化、更具弹性与前瞻性的网络安全立法体系。网络安全立法已演变为全球范围内的国家主权与利益的斗争。有法可依成为谈判与对抗的必要条件。

### 1. 国际背景

2013 年以来，以美国为代表的以国家行为实施的大规模网络监控和网络攻击引发了国家间的严重不信任情绪，对国际局势的稳定带来了诸多不良影响。网络冲突和攻击成为新形势下国家间对抗的主要形式之一。欧美各国都在制定网络空间安全战略、实行政策升级调整，并加强对数据资源跨境传输的管控，注重安全保障与攻击能力双向提升。全球主要经济体立法机构和网络(安全)监管机构纷纷推出了本国的网络安全基本法。2014 年，日本发布了《网络安全基本法》；2015 年美国发布了《2015 年网络安全法案》；2016 年，欧洲议会通过了《网络与信息系统安全指令》，俄罗斯发布了《俄联邦信息安全学说》；2017 年

美国发布了《增强联邦政府网络与关键基础性设施网络安全》行政令；2018 年 5 月 25 日生效的欧盟《通用数据保护条例》(General Data Protection Regulation,GDPR)，旨在为人们提供更多透明化信息，了解数据组织收集的内容、使用了哪些内容，使人们能够防止数据被不必要地收集，GDPR 几乎适用于所有组织，各类组织如果需要控制或处理与欧盟居民相关的个人数据，无论他们是客户还是自己的员工，都必须符合 GDPR 规则。作为第一个重大案例，2019 年 1 月 21 日，法国数据保护机构 CNIL 宣布对谷歌处以 5000 万欧元的罚款，原因是它没有向用户正确披露如何通过其搜索引擎、谷歌地图和 YouTube 等服务收集用户数据。

### 2. 国内背景

近年来，我国网络和信息技术迅猛发展，已经深度融入我国经济社会的各个方面，极大地改变和影响着人们的社会活动和生活方式，在促进技术创新、经济发展、文化繁荣、社会进步的同时，网络安全问题也日益凸显，主要表现在 3 个方面。一是网络入侵、网络攻击等非法活动，严重威胁着电信、能源、交通、金融以及国防军事、行政管理等重要领域的信息基础设施的安全，云计算、大数据、物联网等新技术、新应用面临着更为复杂的网络安全环境。二是非法获取、泄露甚至倒卖公民个人信息，侮辱诽谤他人、侵犯知识产权等违法活动在网络上时有发生，严重损害公民、法人和其他组织的合法权益。三是宣扬恐怖主义、极端主义，煽动颠覆国家政权、推翻社会主义制度，以及淫秽色情等违法信息，借助网络传播、扩散，严重危害国家安全和社会公共利益。网络安全已成为关系国家安全和发展，关系人民群众切身利益的重大问题。

党的十八大以来，以习近平同志为核心的党中央从总体国家安全观出发，就网络安全问题提出了一系列新思想新观点新论断，对加强国家网络安全工作作出重要部署，十八届四中全会决定要求完善网络安全保护方面的法律法规。广大人民群众十分关注网络安全，强烈要求依法加强网络空间治理，规范网络信息传播秩序，惩治网络违法犯罪，使网络空间能够风清气朗。为适应国家网络安全工作的新形势新任务，落实党中央的要求，回应人民群众的期待，自 2014 年上半年开始，全国人大常委会法工委通过广泛调研、论证，形成了网络安全法草案，后经过不断修改，于 2016 年 11 月 7 日正式颁布《网络安全法》。

## 2.2.2　立法指导思想和把握要点

### 1. 立法指导思想

网络安全法的立法指导思想是：坚持以总体国家安全观为指导，全面落实党的十八大决策部署，坚持积极利用、科学发展、依法管理、确保安全的方针，充分发挥立法的引领和推动作用，针对当前我国网络安全领域的突出问题，以制度建设提高国家网络安全保障能力，掌握网络空间治理和规则制定方面的主动权，切实维护国家网络空间主权、安全和发展利益。

### 2. 立法把握的要点

第一，坚持从国情出发。根据我国网络安全面临的严峻形势和网络立法的现状，充分总结多年来网络安全工作经验，确立保障网络安全的基本制度框架。重点对网络自身的安全作出制度性安排，同时在信息内容方面也作出相应的规范性规定，从网络设备设施安全、网络运行安全、网络数据安全、网络信息安全等方面建立和完善相关制度，体现中国特色。并注意借鉴有关国家的经验，主要制度与国外通行做法保持一致，并对内外资企业同等对待。

第二，坚持问题导向。《网络安全法》是网络安全管理方面的基础性法律，主要针对实践中存在的突出问题，将近年来一些成熟的好做法作为制度确定下来，为网络安全工作提供切实法律保障。对一些确有必要，但尚缺乏实践经验的制度安排做出原则性规定，同时注重与已有的相关法律法规相衔接，并为需要制定的配套法规预留接口。

第三，坚持安全与发展并重。维护网络安全，必须坚持积极利用、科学发展、依法管理、确保安全的方针，处理好与信息化发展的关系，做到协调一致、齐头并进。通过保障安全为发展提供良好环境。《网络安全法》在注重对网络安全制度作出规范的同时，也注意保护各类网络主体的合法权利，保障网络信息依法有序自由流动，促进网络技术创新和信息化持续健康发展。

### 2.2.3 主要内容

《网络安全法》共 7 章 79 条，具体章节为：第一章 总则；第二章 网络安全支持与促进；第三章 网络运行安全；第四章 网络信息安全；第五章 监测预警与应急处置；第六章 法律责任；第七章 附则。其中，第三章包含两节：第一节 一般规定；第二节 关键信息基础设施的运行安全。

#### 1. 总则

《网络安全法》第一～十四条，根据网络空间主权原则，明确了立法目的、适用对象等具体内容。

(1) 明确立法目的。立法的根本目的在于“保障网络安全，维护网络空间主权和国家安全、社会公共利益，保护公民、法人和其他组织的合法权益”(第一条)。网络空间主权，是指一个国家在建设、运营、维护和使用网络，以及在网络安全的监督管理方面所拥有的自主决定权。网络空间主权是国家主权在网络空间中的自然延伸和表现，是国家主权的重要组成部分。作为国家主权的延伸和表现，网络空间主权集中体现了国家在网络空间可以独立自主地处理内外事务，享有在网络空间的管辖权、独立权、自卫权和平等权等权利。

(2) 明确法律适用对象。在中华人民共和国境内建设、运营、维护和使用网络，以及网络安全的监督管理，都适用本法(第二条)。

(3) 明确国家在网络安全管理中承担的责任，包括协调安全与发展关系，制定安全战略，采取措施监测、防御、处置来源于境内外的网络安全风险和威胁，倡导诚实守信、健康文明的网络行为，积极开展国际交流与合作，建立多边、民主、透明的网络治理体系等。(第三～七条，第十二、十三条)。

(4) 明确网络安全管理体制及各主体网络安全责任。国家网信部门负责统筹协调；

国务院电信主管部门、公安部门和其他有关机关依法在各自职责范围内负责网络安全保护和监督管理工作；县级以上地方人民政府有关部门的网络安全保护和监督管理职责，按照国家有关规定确定。（第八～十一条、第十四条）。

### 2. 网络安全支持与促进

《网络安全法》第十五～二十条，对国家网络安全战略和重要领域网络安全规划、促进网络安全的支持措施作了规定。

(1) 明确国家在网络安全促进中的责任，包括建立和完善网络安全标准体系、建设网络安全社会化服务体系、运用网络新技术、培养网络安全人才等方面的工作。

(2) 明确各级人民政府及其有关部门在统筹规划、扶持重点网络安全技术产业和项目、网络安全宣传教育等方面应做的工作。

### 3. 网络运行安全的一般规定

《网络安全法》第二十一～三十条，明确规定我国实行网络安全等级保护制度，明确了网络运营者、网络产品和服务提供者、个人和组织、网信等部门的一般安全运行责任。

(1) 明确实行网络安全等级保护制度。

第二十一条规定"国家实行网络安全等级保护制度。网络运营者应当按照网络安全等级保护制度的要求，履行下列安全保护义务……"，在此明确要求落实网络安全等级保护制度，将网络安全等级保护制度上升为法律。要求网络运营者按照网络安全等级保护制度的要求，采取相应的管理措施和技术防范等措施，履行相应的网络安全保护义务。

(2) 明确网络运营者安全运行责任。

相关法条规定了网络运营者的网络安全运行责任，主要包括以下几个方面。①网络运营者应当按照网络安全等级保护制度的要求，履行安全保护义务，保障网络免受干扰、破坏或者未经授权的访问，防止网络数据泄露或者被窃取、篡改(第二十一条)。②网络运营者在与用户签订协议或者确认提供服务时，应当要求用户提供真实身份信息。用户不提供真实身份信息的，网络运营者不得为其提供相关服务(第二十四条)。③网络运营者应当制定网络安全事件应急预案，及时处置系统漏洞、计算机病毒、网络攻击、网络侵入等安全风险(第二十五条)。④网络运营者应当为公安机关、国家安全机关依法维护国家安全和侦查犯罪的活动提供技术支持和协助(第二十八条)。保障网络运行安全，必须落实网络运营者第一责任人的责任。

(3) 明确网络产品和服务提供者的安全运行责任。

相关法条规定了网络产品和服务提供者的网络安全运行责任，主要包括以下两个方面。①网络产品、服务应当符合相关国家标准的强制性要求，包括：不得设置恶意程序，及时向用户告知安全缺陷、漏洞等风险，持续提供安全维护服务等；网络产品、服务具有收集用户信息功能的，应当向用户明示并取得同意；涉及用户个人信息的，还应当遵守关于个人信息保护的规定(第二十二条)。②网络关键设备和网络安全专用产品的安全认证和安全检测制度上升为法律，并作了必要的规范(第二十三条)。

（4）明确个人和组织的安全运行责任。

第二十七条规定了关于个人和组织的网络安全运行责任，主要包括：不得从事非法侵入他人网络、干扰他人网络正常功能、窃取网络数据等危害网络安全的活动；不得提供专门用于从事侵入网络、干扰网络正常功能及防护措施、窃取网络数据等危害网络安全活动的程序、工具；明知他人从事危害网络安全的活动的，不得为其提供技术支持、广告推广、支付结算等帮助。

（5）明确其他相关组织和部门安全运行责任。

相关法条还规定了其他安全运行责任，包括：①开展网络安全认证、检测、风险评估等活动，向社会发布系统漏洞、计算机病毒、网络攻击、网络侵入等网络安全信息，应当遵守国家有关规定（第二十六条）；②有关行业组织建立健全本行业的网络安全保护规范和协作机制，加强对网络安全风险的分析评估，定期向会员进行风险警示，支持、协助会员应对网络安全风险（第二十九条）；③网信部门和有关部门在履行网络安全保护职责中获取的信息，只能用于维护网络安全的需要，不得用于其他用途（第三十条）。

### 4. 关键信息基础设施的运行安全

《网络安全法》第三十一～三十九条，规定对关键信息基础设施的运行安全实行重点保护，以保障关键信息基础设施安全，维护国家安全、经济安全和保障民生。

（1）明确了关键信息基础设施安全保护制度。

关键信息基础设施保护制度是《网络安全法》若干制度设计的核心之一。该部分相关法条明确了对于关键信息基础设施，其安全保护办法的制定、负责安全保护工作的部门、运营者的安全保护义务、有关部门的监督责任等内容。

（2）明确了关键信息基础设施的范围。

第三十一条规定，“国家对公共通信和信息服务、能源、交通、水利、金融、公共服务、电子政务等重要行业和领域，以及其他一旦遭到破坏、丧失功能或者数据泄露，可能严重危害国家安全、国计民生、公共利益的关键信息基础设施，在网络安全等级保护制度的基础上，实行重点保护。”关键信息基础设施包括基础信息网络、重要行业和领域的重要信息系统、军事网络、重要政务网络、用户数量众多的商业网络等，具体范围由国务院制定。

（3）明确了关键信息基础设施保护中各部门的责任。

相关法条规定了在关键信息基础设施保护中各部门工作，主要包括：①负责关键信息基础设施安全保护工作的部门应按照国务院规定的职责分工，分别负责本行业、本领域的关键信息基础设施安全的规划、指导和监督运行的工作（第三十二条）；②要求安全技术措施同步规划、同步建设、同步使用（第三十三条）；③在等级保护基础上，关键信息基础设施的运营者还应当履行的安全保护义务和责任（第三十四条至第三十八条）；④国家网信部门应当统筹协调的工作措施（第三十九条）。

（4）规范了数据跨境存储和传输问题。

第三十七条规定，关键信息基础设施的运营者在中华人民共和国境内运营中收集和产生的个人信息和重要数据应当在境内存储。因业务需要，确需向境外提供的，应当按照国家网信部门会同国务院有关部门制定的办法进行安全评估。

(5) 预留接口的下位法。

关键信息基础设施安全保护办法是《网络安全法》中预留接口的下位法，也是其中唯一明确规定"由国务院制定"的行政法规(第三十一条)。

### 5. 网络信息安全

《网络安全法》第四十～四十五条强调个人信息(个人数据)安全和数据的脱敏，第四十六～五十条明确了个人和组织的网络行为规范，网络运营者、国家网信部门和有关部门应承担的网络安全管理责任。

(1) 随着云计算、大数据等技术的发展和应用，网络数据安全对维护国家安全、经济安全，保护公民合法权益，促进数据利用至为重要。本部分法规的主要内容包括以下几个部分。

① 要求网络运营者收集、使用个人信息，应当遵循合法、正当、必要的原则，公开收集、使用规则，明示收集、使用信息的目的、方式和范围，并经被收集者同意(第四十一条)。

② 要求网络运营者应当采取技术措施和其他必要措施，确保其收集的个人信息安全，防止信息泄露、毁损、丢失(第四十二条)。

③ 任何个人和组织不得窃取或者以其他非法方式获取个人信息，不得非法出售或者非法向他人提供个人信息(第四十四条)。

④ 依法负有网络安全监督管理职责的部门及其工作人员，必须对在履行职责中知悉的个人信息、隐私和商业秘密严格保密，不得泄露、出售或者非法向他人提供(第四十五条)。

2017年12月，全国信息安全标准化技术委员会发布了《信息安全技术 个人信息安全规范》(GB/T 35273—2017)，2018年5月1日正式实施。其主要内容包括个人信息及其相关术语基本定义，个人信息安全基本原则，个人信息收集、保存、使用、处理等流转环节以及个人信息安全事件处置和组织管理要求等。

2020年10月，第十三届全国人大常委会第二十二次会议就《中华人民共和国个人信息保护法(草案)》进行了分组审议，公布并向社会公众征求意见。

(2) 本部分相关法条还规定了各涉网主体的网络安全管理责任，主要包括以下几个方面。

①任何个人和组织应当对其使用网络的行为负责，不得设立用于实施诈骗等违法犯罪活动的网站、通讯群组，不得利用网络发布涉及实施诈骗等违法犯罪活动的信息(第四十六条)。任何个人和组织发送的电子信息、提供的应用软件，不得设置恶意程序，不得含有法律、行政法规禁止发布或者传输的信息(第四十八条)。

②网络运营者应当加强对其用户发布的信息的管理，发现法律法规禁止发布或者传输的信息的，应当立即停止传输该信息，采取相关处置措施(第四十七条)。网络运营者应当建立网络信息安全投诉、举报制度；对网信部门和有关部门依法实施的监督检查，应当予以配合(第四十九条)。

③电子信息发送服务提供者和应用软件下载服务提供者，知道其用户有违反规定的发送行为的，应当停止提供服务，采取相关处置措施(第四十八条)。

④国家网信部门和有关部门依法履行网络信息安全监督管理职责(第五十条)。

### 6. 监测预警与应急处置

《网络安全法》第五十～五十八条,为加强网络安全监测预警和应急制度建设、提高网络安全保障能力提供法律保障。

(1) 建立健全网络安全监测预警和信息通报制度,加强网络安全信息收集、分析和情况通报工作(第五十一条、第五十二条)。

(2) 建立网络安全应急工作机制,制定应急预案(第五十三条)。

(3) 网络安全事件发生的风险增大或发生网络安全事件时,相关政府部门应采取的措施(第五十四～五十八条)。

### 7. 法律责任

《网络安全法》第五十九～七十五条,明确了违反本法有关规定,应承担的法律责任,制定了违规处罚的具体标准。

### 8. 附则

《网络安全法》第七十六～七十九条,对本法涉及用语的含义进行描述,说明对涉密网络、军事网络的保护另有规定,并明确《网络安全法》自 2017 年 6 月 1 日起施行。

## 2.2.4 相关案例

以下是《网络安全法》实施后,依据《网络安全法》查处的相关案例。

### 1. 针对腾讯、百度、新浪等网络平台未尽管理义务的处罚

2017 年 8 月 11 日,广东省网信办对腾讯公司微信公众号平台存在用户传播暴力恐怖、虚假信息、淫秽色情等危害国家安全、公共安全、社会秩序的信息问题,依法展开立案调查。经查,腾讯公司对其微信公众号平台用户发布的有关法律法规禁止发布的信息,未尽到管理义务,其行为违反《网络安全法》第四十七条之规定。根据《网络安全法》第六十八条规定,对腾讯公司作出最高罚款的处罚决定。要求腾讯公司针对违法问题进行深入整改,切实履行平台管理的主体责任,规范微信公众信息服务,对发布违法和不良信息的公众账号坚决依法处置。

2017 年 9 月 25 日,北京市网信办依据《网络安全法》,就新浪微博对其用户发布传播“淫秽色情信息、宣扬民族仇恨信息及相关评论信息”未尽到管理义务、百度贴吧对其用户发布传播“淫秽色情信息、暴力恐怖信息帖文及相关评论信息”未尽到管理义务的违法行为,分别作出行政处罚。同时,要求两家公司针对违法问题进行深入整改,切实履行平台管理的主体责任,规范平台信息服务,及时坚决依法处置对发布违法和不良信息的用户账号坚决依法处置。

### 2. 四川省宜宾市翠屏区教师培训与教育研究中心网络安全事件

2017 年 7 月 22 日,宜宾市翠屏区“教师发展平台”网站因网络安全防护工作落实不到位,导致网站存在高危漏洞,造成网站发生了被黑客攻击入侵的网络安全事件。宜宾网安部门在对事件进行调查时发现,该网站自上线运行以来,始终未进行网络安全等

级保护的定级备案、等级测评等工作，未落实网络安全等级保护制度，未履行网络安全保护义务。

根据《网络安全法》第五十九条第一款的规定，决定给予翠屏区教师培训与教育研究中心和直接负责的主管人员法定代表唐某某处五千元罚款，对翠屏区教师培训与教育研究中心处一万元罚款。

### 3. 重庆市首页科技发展有限公司未留存日志事件

公安机关在办案过程中发现，大量互联网信息安全隐患及与此相关的违法犯罪行为，都是因为访问日志留存规范不健全及其存在漏洞，违法犯罪分子得以乘虚而入，并能逃脱公安机关的循线追踪，最终对用户合法权益造成侵害。

2017 年 8 月 2 日，重庆市公安局网安总队查处了一起网络运营者在提供网络服务过程中，未依法留存用户登录网络日志的违法行为。

根据《网络安全法》第二十一条(三)项：网络运营者应当采取监测、记录网络运行状态、网络安全事件的技术措施，并按照规定留存相关的网络日志不少于六个月。根据第五十九条之规定，决定给予该公司警告处罚，并责令限期十五日内进行整改。

### 4. 安徽省铜陵市警方处理金某传播网络谣言的案件

2017 年 7 月下旬，铜陵市一网民金某因对公安机关处置某经济类案件不满，为了给公安机关施加压力，多次在微信群中转发、传播不实信息和谣言，并积极煽动和组织其他网民参加非法集会，造成了较为恶劣的社会影响。铜陵市公安局网安支队巡查发现该情况后，立刻进行了调查取证并移交给属地公安机关依法处理。铜陵市铜官公安分局根据《网络安全法》第六十七条之规定，对金某利用微信群转发、传播不实信息和谣言，煽动和组织他人参加非法集会的违法行为，处以行政拘留十日的处罚。

### 5. BOSS 直聘网站违规提供信息服务的案件

2017 年 8 月 3 日，东北大学毕业生李某在 BOSS 直聘网站(以下简称“BOSS 直聘”)遭遇招聘诈骗、深陷传销组织致死，该事件引发社会广泛关注。经调查，BOSS 直聘在为用户提供信息发布服务过程中，违规为未提供真实身份信息的用户提供了信息发布服务；未采取有效措施对用户发布传输的信息进行严格管理，导致违法违规信息扩散。

2017 年 8 月 10 日北京市网信办、天津市网信办开展联合执法专项行动，就 BOSS 直聘发布违法违规信息、用户管理出现重大疏漏等问题依法联合约谈 BOSS 直聘法人。依据《网络安全法》第六十一条、第六十八条的规定，北京市网信办向 BOSS 直聘下达了行政执法检查记录，责令网站立即开展自查整改，完善内容审核管理机制，严格加强对各类招聘信息发布主体及发布信息真实性的审核管理，全面清理各类违法违规信息。

上述公开报道并处罚的案例，都是在《网络安全法》实施后的 2 个月中发生的，多因未尽网络安全保护义务而受罚，表明了公安部门、网信部门对网络安全事件的“有法可依，有法必依，执法必严，违法必究”的态度和决心。严格落实《网络安全法》相关条款，履行安全保护义务，加强普法宣传工作，切实提高网络安全防护能力是每一个涉网工作者应尽的义务。

## 2.3 其他涉及网络安全执法的法律

除了网络安全法，我国还有多部与网络安全执法相关的法律，主要包括：宪法、民法典、刑法、治安管理处罚法、国家安全法、国家情报法、反恐怖主义法、行政处罚法、人民警察法、密码法、突发事件应对法、电子商务法、电子签名法、刑事诉讼法、行政许可法、全国人民代表大会常务委员会关于加强网络信息保护的决定、全国人民代表大会常务委员会关于维护互联网安全的决定等。

### 2.3.1 刑法

在计算机应用的早期，涉及计算机的犯罪被称为计算机犯罪。20 世纪 90 年代后期，网络应用发展迅猛，计算机犯罪转为主要以网络为目标或通过网络进行，网络犯罪的概念由此产生。

我国现行《刑法》自 1997 年 10 月 1 日施行，这是我国第一部界定计算机犯罪的法律，第二百八十五条、第二百八十六条和第二百八十七条中明确了涉及计算机犯罪的情形、罪名和刑罚范围；2009 年 2 月 28 日颁布的《中华人民共和国刑法修正案（七）》对第二百八十五条增加了两款；为了适应时代发展，打击网络犯罪，2015 年 8 月 29 日颁布的《中华人民共和国刑法修正案（九）》对多个条款进行了增加和修改。现行《刑法》中涉及网络犯罪的罪名主要包括：

（1）第二百四十六条【侮辱罪、诽谤罪】；

（2）第二百五十三条之一【侵犯公民个人信息罪】；

（3）第二百八十五条【非法侵入计算机信息系统罪；非法获取计算机信息系统数据、非法控制计算机信息系统罪；提供侵入、非法控制计算机信息系统程序、工具罪】；

（4）第二百八十六条【破坏计算机信息系统罪；网络服务渎职罪】；

（5）第二百八十六条之一【拒不履行信息网络安全管理义务罪】；

（6）第二百八十七条之一【非法利用信息网络罪】；

（7）第二百八十七条之二【帮助信息网络犯罪活动罪】；

（8）第二百八十八条【扰乱无线电管理秩序罪】；

（9）第二百九十一条之一【编造、故意传播虚假恐怖信息罪】。

其中，危害计算机信息系统安全、侵犯公民个人信息、拒不履行网络安全管理义务、非法利用信息网络和帮助信息网络犯罪活动是目前常见的涉网犯罪类型。

#### 1. 危害计算机信息系统安全的相关犯罪

此类犯罪涉及刑法第二百八十五条、第二百八十六条相关内容。

1997 年修订刑法时增加了非法侵入计算机信息系统罪，于 2009 年进行了修正。

第二百八十五条【非法侵入计算机信息系统罪】违反国家规定，侵入国家事务、国防建设、尖端科学技术领域的计算机信息系统的，处三年以下有期徒刑或者拘役。

【非法获取计算机信息系统数据、非法控制计算机信息系统罪】违反国家规定，侵入前款规定以外的计算机信息系统或者采用其他技术手段，获取该计算机信息系统中存储、处理或者传输的数据，或者对该计算机信息系统实施非法控制，情节严重的，处三年以下有期徒刑或者拘役，并处或者单处罚金；情节特别严重的，处三年以上七年以下有期徒刑，并处罚金。

【提供侵入、非法控制计算机信息系统程序、工具罪】提供专门用于侵入、非法控制计算机信息系统的程序、工具，或者明知他人实施侵入、非法控制计算机信息系统的违法犯罪行为而为其提供程序、工具，情节严重的，依照前款的规定处罚。

单位犯前三款罪的，对单位判处罚金，并对其直接负责的主管人员和其他直接责任人员，依照各该款的规定处罚。

第二百八十六条【破坏计算机信息系统罪】违反国家规定，对计算机信息系统功能进行删除、修改、增加、干扰，造成计算机信息系统不能正常运行，后果严重的，处五年以下有期徒刑或者拘役；后果特别严重的，处五年以上有期徒刑。

违反国家规定，对计算机信息系统中存储、处理或者传输的数据和应用程序进行删除、修改、增加的操作，后果严重的，依照前款的规定处罚。

故意制作、传播计算机病毒等破坏性程序，影响计算机系统正常运行，后果严重的，依照第一款的规定处罚。

单位犯前三款罪的，对单位判处罚金，并对其直接负责的主管人员和其他直接责任人员，依照第一款的规定处罚。

2011 年 8 月 1 日最高人民法院、最高人民检察院（以下简称“两高”）公布的《关于办理危害计算机信息系统安全刑事案件应用法律若干问题的解释》对情节严重性、后果严重性等进行了界定，科学合理地确定了危害计算机信息系统安全犯罪的定罪量刑标准。

(1) 非法获取计算机信息系统数据或者非法控制计算机信息系统，具有下列情形之一的，应当认定为刑法第二百八十五条第二款规定的“情节严重”：①获取支付结算、证券交易、期货交易等网络金融服务的身份认证信息十组以上的；②获取第①项以外的身份认证信息五百组以上的；③非法控制计算机信息系统二十台以上的；④违法所得五千元以上或者造成经济损失一万元以上的；⑤其他情节严重的情形。

数量或者数额达到前款第①项至第④项规定标准五倍以上的，应当认定为刑法第二百八十五条第二款规定的“情节特别严重”。

(2) 具有下列情形之一的程序、工具，应当认定为刑法第二百八十五条第三款规定的“专门用于侵入、非法控制计算机信息系统的程序、工具”：①具有避开或者突破计算机信息系统安全保护措施，未经授权或者超越授权获取计算机信息系统数据的功能的；②具有避开或者突破计算机信息系统安全保护措施，未经授权或者超越授权对计算机信息系统实施控制的功能的；③其他专门设计用于侵入、非法控制计算机信息系统、非法获取计算机信息系统数据的程序、工具。

(3) 提供侵入、非法控制计算机信息系统的程序、工具，具有下列情形之一的，应当认定为刑法第二百八十五条第三款规定的“情节严重”：①提供能够用于非法获取支付结算、证券交易、期货交易等网络金融服务身份认证信息的专门性程序、工具五人次以上的；②提供第①项以外的专门用于侵入、非法控制计算机信息系统的程序、工具二十人次以上的；③明知他人实施非法获取支付结算、证券交易、期货交易等网络金融服务身份认证信息的违法犯罪行为而为其提供程序、工具五人次以上的；④明知他人实施第③项以外的侵入、非法控制计算机信息系统的违法犯罪行为而为其提供程序、工具二十人次以上的；⑤违法所得五千元以上或者造成经济损失一万元以上的；⑥其他情节严重的情形。

数量或者数额达到前款第①项至第⑤项规定标准五倍以上的，应当认定为提供侵入、非法控制计算机信息系统的程序、工具"情节特别严重"。

(4) 破坏计算机信息系统功能、数据或者应用程序，具有下列情形之一的，应当认定为刑法第二百八十六条第一款和第二款规定的"后果严重"：①造成十台以上计算机信息系统的主要软件或者硬件不能正常运行的；②对二十台以上计算机信息系统中存储、处理或者传输的数据进行删除、修改、增加操作的；③违法所得五千元以上或者造成经济损失一万元以上的；④造成为一百台以上计算机信息系统提供域名解析、身份认证、计费等基础服务或者为一万以上用户提供服务的计算机信息系统不能正常运行累计一小时以上的；⑤造成其他严重后果的。

实施前款规定行为，具有下列情形之一的，应当认定为破坏计算机信息系统"后果特别严重"：①数量或者数额达到前款第①项至第③项规定标准五倍以上的；②造成为五百台以上计算机信息系统提供域名解析、身份认证、计费等基础服务或者为五万以上用户提供服务的计算机信息系统不能正常运行累计一小时以上的；③破坏国家机关或者金融、电信、交通、教育、医疗、能源等领域提供公共服务的计算机信息系统的功能、数据或者应用程序，致使生产、生活受到严重影响或者造成恶劣社会影响的；④造成其他特别严重后果的。

在司法实践中，区分非法控制计算机信息系统罪与破坏计算机信息系统罪要把握的要旨：非法控制计算机信息系统罪是对国家事务、国防建设、尖端科学技术领域以外的计算机信息系统实施非法控制，情节严重的行为的定罪；破坏计算机信息系统罪是对计算机信息系统功能或计算机信息系统中存储、处理或者传输的数据和应用程序进行破坏的行为的定罪。

### 2. 侵犯公民个人信息罪

《刑法》第二百五十三条之一【侵犯公民个人信息罪】违反国家有关规定，向他人出售或者提供公民个人信息，情节严重的，处三年以下有期徒刑或者拘役，并处或者单处罚金；情节特别严重的，处三年以上七年以下有期徒刑，并处罚金。

违反国家有关规定，将在履行职责或者提供服务过程中获得的公民个人信息，出售或者提供给他人的，依照前款的规定从重处罚。

窃取或者以其他方法非法获取公民个人信息的，依照第一款的规定处罚。

单位犯前三款罪的，对单位判处罚金，并对其直接负责的主管人员和其他直接责任人员，依照各该款的规定处罚。

在现实生活中，因侵犯公民个人信息事件不断发生，《中华人民共和国刑法修正案(九)》(以下简称《刑法修正案(九)》)增加了侵犯公民个人信息罪，2017 年 5 月两高《关于办理侵犯公民个人信息刑事案件适用法律若干问题的解释》[以下简称《解释》(2017 年 5 月)]明确了"公民个人信息"的范围、"非法提供公民个人信息"和"非法获取公民个人信息”的认定标准等问题。其中,对“情节严重”的认定标准作了明确规定,涉及如下 5 个方面。

一是信息类型和数量。基于不同类型公民个人信息的重要程度,《解释》(2017 年 5 月)分别设置了“五十条以上”“五百条以上”“五千条以上”的入罪标准,以体现罪责刑相适应。

二是违法所得数额。出售或者非法提供公民个人信息往往是为了牟利,基于此,《解释》(2017 年 5 月)将违法所得五千元以上的规定为“情节严重”。

三是信息用途。将“非法获取、出售或者提供行踪轨迹信息,被他人用于犯罪”“知道或者应当知道他人利用公民个人信息实施犯罪,向其出售或者提供”规定为“情节严重”。

四是主体身份。公民个人信息泄露案件不少系履行职责或者提供服务的内部人员作案,对此,《解释》(2017 年 5 月)明确,“将在履行职责或者提供服务过程中获得的公民个人信息出售或者提供给他人”的,其认定“情节严重”的数量、数额标准为其他人员相应标准的一半。

五是前科情况。曾因侵犯公民个人信息受过刑事处罚或者二年内受过行政处罚,又非法获取、出售或者提供公民个人信息的,行为人屡教不改、主观恶性大,《解释》(2017 年 5 月)将其也规定为“情节严重”。

另外《解释》(2017 年 5 月)明确了公民个人信息数量计算的规则,包括：①公民个人信息向不同对象分别出售、提供的,属于重复出售或者提供个人信息,社会危害性较一次性出售或提供危害性更大,数量应累计计算；②对批量公民个人信息的条数,根据查获的数量直接认定,但是有证据证明信息不真实或者重复的除外。

### 3. 拒不履行信息网络安全管理义务罪、非法利用信息网络罪和帮助信息网络犯罪活动罪

《刑法修正案(九)》增加了拒不履行信息网络安全管理义务罪、非法利用信息网络罪和帮助信息网络犯罪活动罪。2019 年 10 月,两高出台了《关于办理非法利用信息网络、帮助信息网络犯罪活动等刑事案件适用法律若干问题的解释》[以下简称《解释》(2019 年 10 月)]。基于当前网络犯罪的态势,根据修法精神,《解释》(2019 年 10 月)相关条文彰显了对网络犯罪的严惩立场：设置较低的入罪门槛,以适当减小取证工作难度,对网络犯罪“打早打小”;规制为网络犯罪提供技术支持和其他帮助的行为,对网络犯罪“全链条”惩治;在自由刑的基础上进一步加大职业禁止、禁止令和财产刑的适用力度,防止相关犯罪分子“重操旧业”。

1) 关于拒不履行信息网络安全管理义务罪

《刑法》第二百八十六条之一【拒不履行信息网络安全管理义务罪】网络服务提供者不履行法律、行政法规规定的信息网络安全管理义务,经监管部门责令采取改正措施而拒不改正,有下列情形之一的,处三年以下有期徒刑、拘役或者管制,并处或者单处罚金：

① 致使违法信息大量传播的；

② 致使用户信息泄露,造成严重后果的；

③ 致使刑事案件证据灭失,情节严重的；

④ 有其他严重情节的。

(1) 本罪的犯罪主体是网络服务提供者，一般包括通过计算机互联网、广播电视网、固定通信网、移动通信网等信息网络，向公众提供网络服务的机构和个人。根据其提供的服务内容不同，将其分为3类：一是网络技术服务提供者；二是网络内容服务提供者；三是网络公共服务提供者。

(2) 本罪中"经监管部门责令采取改正措施而拒不改正"的认定，应该把握3个方面内容：①监管部门的范围，根据《网络安全法》，包括网信、电信、公安等依法承担信息网络安全监管职责的部门；②责令整改的形式，必须以责令整改通知书或者其他文书形式作出；③对是否"拒不改正"应作综合判断，综合考虑监管部门责令改正是否具有法律、行政法规依据，改正措施及期限要求是否明确、合理，网络服务提供者是否具有按照要求采取改正措施的能力等因素。

(3) "致使违法信息大量传播"的认定：根据违法信息的类型不同，区分违法视频文件和其他违法信息设置不同标准；根据传播方式的不同，以传播用户账号数、通讯群组和社交网络账号数以及实际被点击数设置不同标准。

(4) "致使用户信息泄露，造成严重后果"的认定：主要从泄露的用户信息数量、后果严重程度等方面作了明确。

(5) "致使刑事案件证据灭失，情节严重"的认定：主要从相关证据所涉案件重要程度、造成证据灭失的次数、对刑事诉讼程序的影响等方面作了明确。

(6) "有其他严重情节"的认定：主要从拒不履行信息网络安全管理义务的重要程度、前科情况、造成后果等方面作了明确。

2) 关于非法利用信息网络罪

《刑法》第二百八十七条之一【非法利用信息网络罪】利用信息网络实施下列行为之一，情节严重的，处三年以下有期徒刑或者拘役，并处或者单处罚金：

① 设立用于实施诈骗、传授犯罪方法、制作或者销售违禁物品、管制物品等违法犯罪活动的网站、通讯群组的；

② 发布有关制作或者销售毒品、枪支、淫秽物品等违禁物品、管制物品或者其他违法犯罪信息的；

③ 为实施诈骗等违法犯罪活动发布信息的。

(1)《解释》(2019年10月)明确了本罪中"违法犯罪"的范围，即包括犯罪行为和属于《刑法》分则规定的行为类型但尚未构成犯罪的违法行为。一方面，对《刑法》第二百八十七条之一规定中的"等"，应当作等外的理解，即不只限于该条所明确列举的类型，也包括其他违法犯罪。另一方面，对于《刑法》未规定、仅在《中华人民共和国治安管理处罚法》或者其他法律法规规定的行政违法行为，即使利用信息网络实施，也不应当构成非法利用信息网络罪。

(2) 本罪中"用于实施诈骗、传授犯罪方法、制作或者销售违禁物品、管制物品等违法犯罪活动的网站、通讯群组"的认定问题，《解释》(2019年10月)主要从以实施违法犯罪活动为目的而设立与设立后主要用于实施违法犯罪活动两个方面作了规定。

(3) 本罪中"发布信息"的认定，包括利用信息网络提供信息的链接、截屏、二维码、访问账号密码及其他指引访问服务的行为。

(4) 本罪的入罪标准，主要包括 5 个方面：一是考虑到实践中设立“钓鱼网站”的常见情形，对假冒国家机关、金融机构名义设立“钓鱼网站”作了专门规定；二是从传播范围考虑，对设立网站、通讯群组的数量以及账号数量规定了标准；三是从发布信息数量考虑，从在网站公开发布信息的条数、发送信息的账号数量、通讯群组人数、社交网络关注账号人数等方面规定了标准；四是从行为人违法所得考虑，规定了违法所得数额标准；五是从行为人主观恶性考虑，规定了二年内曾因非法利用信息网络、帮助信息网络犯罪活动、危害计算机信息系统安全受过行政处罚，又非法利用信息网络的情形。

3) 关于帮助信息网络犯罪活动罪

第二百八十七条之二【帮助信息网络犯罪活动罪】明知他人利用信息网络实施犯罪，为其犯罪提供互联网接入、服务器托管、网络存储、通讯传输等技术支持，或者提供广告推广、支付结算等帮助，情节严重的，处三年以下有期徒刑或者拘役，并处或者单处罚金。

(1) 帮助信息网络犯罪活动罪的主观“明知”推定规则。一是经监管部门告知后仍然实施有关行为的，即网信、电信、公安等监管部门告知行为人，他人利用其提供的技术支持或者帮助实施犯罪，仍然继续提供技术支持或者帮助的。这里的“告知”不以书面形式为限。二是接到举报后不履行法定管理职责的，即行为人接到举报，知道他人利用其提供的技术支持或者帮助实施犯罪，不按照《网络安全法》等法律法规履行停止提供服务、停止传输等处置义务的。三是交易价格或者方式明显异常的，即行为人的交易价格明显偏离市场价格，交易方式明显不符合市场规律的。四是提供专门用于违法犯罪的程序、工具或者其他技术支持、帮助的，即行为人提供的程序、工具或者支持、帮助，不是正常生产生活和网络服务所需，只属于为违法犯罪活动提供帮助的专门服务的，比如建设“钓鱼网站”、制作专用木马程序等。五是频繁采用隐蔽上网、加密通信、销毁数据等措施或者使用虚假身份，逃避监管或者规避调查的。六是为他人逃避监管或者规避调查提供技术支持、帮助的。七是其他足以认定行为人明知的情形。

(2) 一般入罪标准，主要包括 6 个方面：一是从提供帮助的范围考虑，对被帮助对象的数量规定了标准；二是考虑提供支付结算帮助的行为，对支付结算金额规定了标准；三是考虑提供投放广告等帮助的行为，对以投放广告等方式提供资金的数额规定了标准；四是从行为人违法所得考虑，规定了违法所得数额标准；五是从行为人主观恶性考虑，规定了二年内曾因非法利用信息网络、帮助信息网络犯罪活动、危害计算机信息系统安全受过行政处罚，又帮助信息网络犯罪活动的情形；六是考虑被帮助对象实施犯罪活动的情况，规定了被帮助对象实施的犯罪造成严重后果的情形。

(3) 在特殊情况下本罪可以不要求被帮助对象构成犯罪：确因客观条件限制无法查证被帮助对象是否达到犯罪的程度，但入罪标准高于一般入罪标准，即数额标准达到五倍或者造成特别严重后果的。

对利用网络和针对网络的犯罪行为，依照《刑法》的相关规定追究刑事责任；对不构成犯罪的，依照《中华人民共和国治安管理处罚法》《计算机信息网络国际联网安全保护管理办法》等法律法规予以行政处罚。伴随新技术及其应用的发展，新的犯罪形式不断出现，需要司法实践者在工作中不断发现和研究，提出立法建议，推动法制进程的发展。

### 2.3.2 国家安全法

《中华人民共和国国家安全法》于2015年7月1日第十二届全国人民代表大会常务委员会第十五次会议通过，当日发布并实施。其中与信息网络安全相关的主要法条如下。

第二十五条 国家建设网络与信息安全保障体系，提升网络与信息安全保护能力，加强网络和信息技术的创新研究和开发应用，实现网络和信息核心技术、关键基础设施和重要领域信息系统及数据的安全可控；加强网络管理，防范、制止和依法惩治网络攻击、网络入侵、网络窃密、散布违法有害信息等网络违法犯罪行为，维护国家网络空间主权、安全和发展利益。

第五十九条 国家建立国家安全审查和监管的制度和机制，对影响或者可能影响国家安全的外商投资、特定物项和关键技术、网络信息技术产品和服务、涉及国家安全事项的建设项目，以及其他重大事项和活动，进行国家安全审查，有效预防和化解国家安全风险。

### 2.3.3 反恐怖主义法

《中华人民共和国反恐怖主义法》于2015年12月27日通过，自2016年1月1日起施行。与信息网络安全相关的主要法条如下。

第十九条 电信业务经营者、互联网服务提供者应当依照法律、行政法规规定，落实网络安全、信息内容监督制度和安全技术防范措施，防止含有恐怖主义、极端主义内容的信息传播；发现含有恐怖主义、极端主义内容的信息的，应当立即停止传输，保存相关记录，删除相关信息，并向公安机关或者有关部门报告。

网信、电信、公安、国家安全等主管部门对含有恐怖主义、极端主义内容的信息，应当按照职责分工，及时责令有关单位停止传输、删除相关信息，或者关闭相关网站、关停相关服务。有关单位应当立即执行，并保存相关记录，协助进行调查。对互联网上跨境传输的含有恐怖主义、极端主义内容的信息，电信主管部门应当采取技术措施，阻断传播。

### 2.3.4 国家情报法

《中华人民共和国国家情报法》于2017年6月28日起施行。与信息网络安全相关的主要法条如下。

第五条 国家安全机关和公安机关情报机构、军队情报机构（以下统称国家情报工作机构）按照职责分工，相互配合，做好情报工作，开展情报行动。

第十条 国家情报工作机构根据工作需要，依法使用必要的方式、手段和渠道，在境内外开展情报工作。

第十九条 国家情报工作机构及其工作人员应当严格依法办事，不得超越职权、滥用职权，不得侵犯公民和组织的合法权益，不得利用职务便利为自己或者他人谋取私利，不得泄露国家秘密、商业秘密和个人信息。

第三十一条 国家情报工作机构及其工作人员有超越职权、滥用职权，侵犯公民和组织的合法权益，利用职务便利为自己或者他人谋取私利，泄露国家秘密、商业秘密和个人信息等违法违纪行为的，依法给予处分；构成犯罪的，依法追究刑事责任。

### 2.3.5　治安管理处罚法

《中华人民共和国治安管理处罚法》是为了维护社会治安秩序，保障公共安全，保护公民、法人和其他组织的合法权益，规范和保障公安机关及其人民警察依法履行治安管理职责。该法于 2005 年 8 月 28 日公布，于 2012 年 10 月 26 日修正。该法中与网络安全执法相关的主要法条如下。

第二十九条　有下列行为之一的，处 5 日以下拘留；情节较重的，处 5 日以上 10 日以下拘留：

① 违反国家规定，侵入计算机信息系统，造成危害的；

② 违反国家规定，对计算机信息系统功能进行删除、修改、增加、干扰，造成计算机信息系统不能正常运行的；

③ 违反国家规定，对计算机信息系统中存储、处理、传输的数据和应用程序进行删除、修改、增加的；

④ 故意制作、传播计算机病毒等破坏性程序，影响计算机信息系统正常运行的。

第四十二条　有下列行为之一的，处 5 日以下拘留或者 500 元以下罚款；情节较重的，处 5 日以上 10 日以下拘留，可以并处 500 元以下罚款：

① 写恐吓信或者以其他方法威胁他人人身安全的；

② 公然侮辱他人或者捏造事实诽谤他人的；

③ 捏造事实诬告陷害他人，企图使他人受到刑事追究或者受到治安管理处罚的；

④ 对证人及其近亲属进行威胁、侮辱、殴打或者打击报复的；

⑤ 多次发送淫秽、侮辱、恐吓或者其他信息，干扰他人正常生活的；

⑥ 偷窥、偷拍、窃听、散布他人隐私的。

第四十七条　煽动民族仇恨、民族歧视，或者在出版物、计算机信息网络中刊载民族歧视、侮辱内容的，处 10 日以上 15 日以下拘留，可以并处 1000 元以下罚款。

第六十八条　制作、运输、复制、出售、出租淫秽的书刊、图片、影片、音像制品等淫秽物品或者利用计算机信息网络、电话以及其他通信工具传播淫秽信息的，处 10 日以上 15 日以下拘留，可以并处 3000 元以下罚款；情节较轻的，处 5 日以下拘留或者 500 元以下罚款。

### 2.3.6　典型案例

#### 1. 刘某侵犯公民个人信息案

2013 年，被告人刘某受刘尔（化名，另案处理）请托，利用公安数字证书在公安内网帮助刘尔查询借款人的户籍信息、住址信息等内容，使得刘尔安排公司人员实施暴力催债得以顺利进行，事后刘某获取好处费共计人民币六万余元。

上述事实，有贵阳市公安局白云分局受案登记表及立案决定书，身份及户籍信息，贵阳市公安局云岩分局督察大队民警姚某、王某出具的抓获经过，“一键通”操作日志，相关人员的微信聊天截图图片、手机通信截图图片，证人刘某山、任某、敬某、王某的证言，被告人刘某的供述等证据证实。

经一审、二审，最终判决如下。

法院认为，被告人刘某受黑社会犯罪集团的请托，利用工作及职务便利条件，为黑社会犯罪集团实施犯罪提供帮助，事后收受黑社会犯罪集团给予报酬共计人民币六万余元，其行为已构成侵犯公民个人信息罪。情节特别严重，应依法判处三年以上七年以下有期徒刑，并处罚金。刘某犯侵犯公民个人信息罪，判处有期徒刑四年六个月，并处罚金人民币十万元(刑期从判决执行之日起计算。判决执行以前先行羁押的二十四日，羁押一日折抵刑期一日，即自 2019 年 1 月 16 日起至 2023 年 7 月 15 日止，罚金限判决生效后十日内缴纳)；赃款人民币六万元继续追缴，上缴国库。

### 2. 王某军犯非法控制计算机信息系统罪、侵犯公民个人信息罪一案

1) 案情简介

自 2016 年 10 月开始，被告人王某军利用自学的网络黑客技术，使用笔记本电脑从互联网上下载各类黑客工具，利用软件扫描他人计算机信息系统漏洞、破解服务器账号密码，使用远程控制的方式非法侵入、控制计算机信息系统 136 台。并利用网络黑客攻击方式，非法获取包含有学生姓名、身份证件号码、联系方式、地址等公民个人信息 9938 条。

2) 一审判决

阜南县人民法院审理阜南县人民检察院指控被告人王某军犯非法控制计算机信息系统罪、侵犯公民个人信息罪一案，于 2017 年 12 月 13 日作出(2017) 皖 1225 刑初 340 号刑事判决。

法院认为，被告人王某军违反国家规定，对国家事务、国防建设、尖端科学技术领域以外的计算机信息系统实施非法控制，且非法控制计算机信息系统达 136 台，情节特别严重；王某军违反国家有关规定，非法获取公民行踪轨迹、通信内容、征信信息、交易信息以外的公民个人信息五千条以上，情节严重，其行为已构成非法控制计算机信息系统罪和侵犯公民个人信息罪，应受刑罚处罚。依照《刑法》第二百八十五条第二款、第二百五十三条之一第一款、第三款、第六十九条第一款、第三款、第六十一条、第五十二条、第五十三条、第四十七条、第六十四条、《关于办理危害计算机信息系统安全刑事案件应用法律若干问题的解释》第一条第一款、第二款、《关于办理侵犯公民个人信息刑事案件适用法律若干问题的解释》第一条、第五条第一款第(五)项、第十二条之规定，判决如下。一、被告人王某军犯非法控制计算机信息系统罪，判处有期徒刑三年，并处罚金人民币八千元；犯侵犯公民个人信息罪，判处有期徒刑一年，并处罚金人民币两千元，合并执行有期徒刑三年八个月，并处罚金人民币一万元。二、对随案移送的被告人王某军的作案工具：vivo 手机一部、华硕笔记本电脑一台和违禁品(银白色伪基站一台)，均予以没收。

宣判后，被告人王某军以判决认定其犯非法控制计算机信息系统罪事实不清、证据不足；其没有侵犯公民个人信息的主观故意，其行为构不成侵犯公民个人信息罪为由提出上诉。

3) 二审判决

经安徽省阜阳市中级人民法院审理查明：上述犯罪事实，为一审判决书所列举的证

据所证实。二审期间，上诉人王某军及其辩护人均未提供影响本案事实认定的新证据。故法院对原判认定的事实和证据予以确认。

另二审期间，法院委托阜南县司法局对王某军进行社区影响评估，后当地社区出具社区影响评估意见书，同意对王某军进行社区矫正和帮教工作。经征求阜阳市人民检察院及辩护人意见，双方对社区影响评估意见书均无异议。

法院认为，上诉人王某军侵犯公民个人信息的行为表面上虽是对公民个人信息的窃取和公民信息权的侵犯，实则是对计算机系统安全和信息空间管理秩序的侵入和破坏，王某军行为同时符合侵犯公民个人信息罪与非法获取计算机信息系统数据罪两个犯罪的构成要件，但由于只有一个犯罪行为，属于想象竞合犯，应当从一重罪即非法获取计算机信息系统数据罪处罚。鉴于王某军归案后直至庭审中均对自己获取和控制计算机信息系统的行为予以供认，且王某军实施上述行为的主观目的仅是为了练技术、提高知名度，没有利用非法侵入的计算机信息系统实施其他下游犯罪，其主观恶性较小，对其适用缓刑，更有利于王某军吸取教训，改过自新，且当地社区亦愿意对其进行社区矫正和帮教工作，故可对王某军从轻处罚并适用缓刑。

法院认为，原判认定事实清楚、证据充分，但定罪不当，予以纠正。依照《中华人民共和国刑事诉讼法》第二百二十五条第一款第(一)(二)项，《中华人民共和国刑法》第二百八十五条第二款、第六十一条、第七十二条、第七十三条、第五十二条、第五十三条、第六十四条，《最高人民法院、最高人民检察院关于办理危害计算机信息系统安全刑事案件应用法律若干问题的解释》第一条第一款、第二款之规定，判决如下。

一、维持阜南县人民法院(2017)皖 1225 刑初 340 号刑事判决第二项，即对随案移送的被告人王某军的作案工具：vivo 手机一部、华硕笔记本电脑一台和违禁品(银白色伪基站一台)，均予以没收。

二、撤销阜南县人民法院(2017)皖 1225 刑初 340 号刑事判决第一项，即被告人王某军犯非法控制计算机信息系统罪，判处有期徒刑三年，并处罚金人民币八千元；犯侵犯公民个人信息罪，判处有期徒刑一年，并处罚金人民币两千元，合并执行有期徒刑三年八个月，并处罚金人民币一万元。

三、上诉人(原审被告人)王某军犯非法获取计算机信息系统数据、非法控制计算机信息系统罪，判处有期徒刑三年，缓刑五年，并处罚金人民币八千元(已缴纳完毕)。

(缓刑考验期限，从判决确定之日起计算。)

# 习题 2

1. 我国信息网络安全的立法体系分为哪些层次？请每个层级例举 1 个法律法规。
2.《网络安全法》包括哪几部分？各部分主要规定内容是什么？
3.《网络安全法》规定的网络运营者的安全运行责任有哪些？
4.《网络安全法》明确规定个人和组织不能从事的活动有哪些？
5. 网络安全法中个人信息是指什么？网络安全法中涉及个人信息保护的有哪些

法条？

6. 我国有哪些关于个人信息保护的法律法规？

7. 侵犯公民个人信息罪中，哪些情况属于情节特别严重？

8.《刑法》中涉及危害计算机信息系统的法条有哪些？涉及哪些罪名？

9. 学习欧盟《通用数据保护条例》。

# 第3章 网络安全管理

目前,世界各国互联网管理大致可分为两类:政府主导模式和政府指导行业自律模式。政府主导模式强调政府在互联网管理中的作用,通过政府立法和网络过滤技术手段对网络进行管理。政府指导行业自律模式倚重互联网业界的自律和规范,在通过立法规范的同时,着重强调业界自身的网络分级制度和从业者的自身规范。无论采用哪种管理模式,政府都在网络管理中起着极其重要的作用,政府通过立法对网络安全进行规范和管理,这是各国管理网络的共识。

中国互联网是开放的,也是依法管理的。网信部门、工信部门、公安部门等依照职责分工进行网络管理。公安部门依照职责负责互联网安全监督,维护互联网公共秩序和公共安全,防范和惩治网络违法犯罪活动。

信息网络安全监督管理是指公安机关网络安全保卫部门运用行政手段,依法管理、检查和指导信息网络安全保护工作,依法查处信息网络领域违法行为,预防信息网络违法犯罪活动,维护网上公共秩序,保障信息网络安全的行政管理活动。信息网络安全监督管理主要就是互联网安全监督管理,是开展网上斗争、维护网络秩序、打击涉网违法犯罪活动的重要基础,是维护网上公共秩序的重要手段。

## 3.1 网络安全管理概述

### 3.1.1 新时期中国网络安全管理现状

党的十八大以来,我国信息网络基础设施建设实现了跨越式发展,网络走入千家万户,我国已成为全球网络大国。与此同时,互联网的社会影响力不断提升,网络内容乱象频发,网络安全威胁日益突出,给国家安全带来巨大危险。如何既促进我国互联网快速发展,又有效防止对国家政权安全和政治安全的冲击以及确保社会稳定,成为现实的难题。近年来党中央持续深化互联网管理领导体制改革,形成了党委集中统一领导下的综合治理格局,走出了一条有中国特色的互联网治理道路。现阶段,我国网络安全管理主要体现在以下4方面。

#### 1. 网络安全上升到国家战略高度

2014年2月,习近平总书记在中央网络安全和信息化领导小组第一次会议上指出,“网络安全和信息化对一个国家很多领域都是牵一发而动全身的”“没有网络安全就没有国家安全,没有信息化就没有现代化”“建设网络强国的战略部署要与‘两个一百年’奋斗目标同步推进”。2016 年 3 月，国民经济“十三五”规划提出了实施网络强国战略，不仅再次明确网络强国的战略定位，而且凸显该战略在整个国民经济发展中的地位。2017 年 10 月，党的十九大报告中提出，“坚持总体国家安全观。统筹发展和安全，增强忧患意识，做到居安思危，是我们党治国理政的一个重大原则。必须坚持国家利益至上，以人民安全为宗旨，以政治安全为根本，统筹外部安全和内部安全、国土安全和国民安全、传统安全和非传统安全、自身安全和共同安全，完善国家安全制度体系，加强国家安全能力建设，坚决维护国家主权、安全、发展利益。”信息安全已成为国家安全体系中重要的组成部分，是国家安全战略的重要内容。

### 2. 形成了多主体参与的网络综合治理体系

基于对互联网管理重要性的认识，从党的十八大开始，针对我国互联网管理体制存在的多头管理、职能交叉、权责不一、效率不高等弊端，对互联网管理体制进行全面改革。2014 年 2 月，中央网络安全和信息化领导小组成立，这是我国互联网管理的最高领导机构，负责统筹协调涉及经济、政治、文化、社会及军事等各个领域的网络安全和信息化重大问题，开启了以国家意志对网络空间进行统一规划和综合治理的新时代。目前已逐步形成了党委领导、政府管理、企业履责、社会监督、网民自律等多主体参与，经济、法律、技术等多种手段相结合的综合治网格局。

中央网络安全和信息化领导小组的具体办事机构简称“中央网信办”，中央网信办不仅是互联网内容的主管部门，同时负责统筹协调全国网络安全和信息化工作，工信、公安、新闻出版、文化、工商等政府部门分别负责特定领域与互联网相关的事务。

### 3. 建成了比较完整的网络安全保障体系

2016 年 11 月，《中华人民共和国网络安全法》颁布，于 2017 年 6 月 1 日实施。这是我国网络安全领域首部基础性、框架性、综合性法律。之后相关部门配套出台了一系列行政法规、部门规章和规范性文件，其中行政法规主要包括《关键信息基础设施保护条例》(自 2021 年 9 月 1 日施行)、《未成年人网络保护条例》(自 2024 年 1 月 1 日起施行)等。部门规章主要包括《生成式人工智能服务管理暂行办法》(自 2023 年 8 月 15 日起施行)、《网络安全审查办法》(自 2020 年 6 月 1 日起实施)、《网络信息内容生态治理规定》(自 2020 年 3 月 1 日起施行)、《区块链信息服务管理规定》(自 2019 年 2 月 15 日起施行)、《互联网域名管理办法》(自 2017 年 11 月 1 日起施行)、《互联网新闻信息服务管理规定》(自 2017 年 6 月 1 日起施行)、《互联网信息内容管理行政执法程序规定》(自 2017 年 6 月 1 日起施行)。规范性文件主要包括《微博客信息服务管理规定》《互联网新闻信息服务单位内容管理从业人员管理办法》《互联网新闻信息服务新技术新应用安全评估管理规定》《互联网用户公众账号信息服务管理规定》《互联网跟帖评论服务管理规定》《互联网论坛社区服务管理规定》《互联网新闻信息服务许可管理实施细则》。

目前，网络安全法律政策框架基本形成，网络安全管理各项工作已纳入法治化轨道。

### 4. 推进了全球互联网治理体系变革

网络安全，谁也不能独善其身。党的十八大以来，我国积极参与国际互联网治理，推进全球互联网治理体系改革。2014 年 11 月 19 日至 21 日在中国浙江乌镇召开了首届世界互联网大会，来自全球近 100 个国家和地区的 1000 多位政府官员、互联网领军人物和专家学者围绕国际互联网治理、互联网新媒体、跨境电子商务、网络安全、打击网络恐怖主义等议题，举行了 10 多场分论坛和高端对话。习近平主席指出要"建立多边、民主、透明的国际互联网治理体系"。乌镇被授予大会永久会址，世界互联网大会每年在此召开一次。

2015 年第二届世界互联网大会，国家主席习近平出席开幕式并发表主旨演讲，提出"尊重网络主权、维护和平安全、促进开放合作、构建良好秩序"的四项原则以及五点主张：①加快全球网络基础设施建设，促进互联互通；②打造网上文化交流共享平台，促进交流互鉴；③推动网络经济创新发展，促进共同繁荣；④保障网络安全，促进有序发展；⑤构建互联网治理体系，促进公平正义。

2016 年第三届世界互联网大会的主题是"创新驱动 造福人类——携手共建网络空间命运共同体"。2017 年第四届世界互联网大会的主题是"发展数字经济 促进开放共享——携手共建网络空间命运共同体"。2018 年第五届世界互联网大会的主题是"创造互信共治的数字世界——携手共建网络空间命运共同体"。2019 年第六届世界互联网大会的主题是"智能互联 开放合作——携手共建网络空间命运共同体"。2020 年 11 月的世界互联网大会·互联网发展论坛的主题是"数字赋能 共创未来——携手构建网络空间命运共同体"。

由历届世界互联网大会的主题可以看出，构建网络空间命运共同体，就是要把网络空间建设成造福全人类的发展共同体、安全共同体、责任共同体、利益共同体，实现发展共同推进、安全共同维护、治理共同参与、成果共同分享。

构建网络空间命运共同体应加强政府、国际组织、互联网企业、技术社群、社会组织、公民个人等各主体的沟通与合作，形成立体协同的治理架构。国际社会要本着相互尊重和相互信任的原则，通过积极有效的国际合作，开展网络空间治理、网络技术研发和标准制定、打击网络违法犯罪，推动构建和平、安全、开放、合作的网络空间，建立多边、民主、透明的网络治理体系，携手共建网络空间命运共同体。

### 3.1.2　网络安全监督管理基本原则

互联网安全监督管理是公安机关的法定职责，在开展网络安全管理的工作中，需遵循以下基本原则。

#### 1. 依法行政原则

对互联网的管理是国家赋予公安机关的事权，公安机关的相关业务工作必须坚持依法行政，按照国家相关法律法规，依法管理、依法监督、依法检查、依法侦查和办案。

中央网信办提出，推进网络空间法治化的要义是发挥法治对引领和规范网络行为的主导性作用，重点是按照科学立法要求加强互联网领域的立法，关键是严格执法，基础是按照全民守法要求，引导网民尊法守法，做"中国好网民"。

通过加强立法、严格执法、依法治网，以维护互联网"虚拟社会"的和谐发展为目标，以互联网的稳定和安全为主要任务，加强管理、夯实基础、扎实工作，采取监督管理和技术防控相结合，建立长效和现代的管理机制，增强公安机关对互联网的掌控能力，为开展网上斗争、维护网络治安秩序、打击网上各类违法犯罪行为提供保障。

#### 2. 责任制原则

信息网络安全，实行“谁主管谁负责，谁建设谁负责，谁使用谁负责，谁管理谁负责，谁经营谁负责”的责任制，分工明确，责任到人。

国家各部门分工明确，工业和信息化部负责互联网的行业管理，网信办负责网上意识形态工作，各单位负责本单位信息系统的建设和安全运行。公安机关则通过建立互联网单位安全管理档案、监督互联网单位建立健全安全管理制度、落实安全保护措施等具体工作，实现对各互联网单位的监督、检查和指导。多部门分工协作，同时调动社会力量，共同参与对互联网的综合治理，共同维护互联网的安全。

#### 3. 重视基础信息建设原则

公安机关网安部门需要开展经常性的基础调查，了解和掌握网络运营、服务、使用单位的基本情况，这是网安部门一项重要的法定职责，也是开展网上工作的重要支撑和基础。

#### 4. 重点保护原则

在网络安全等级保护制度的基础上，对关键信息基础设施实行重点保护。

对要害部门和重点单位，要了解其网络安全现状和结构，建档管理，随时更新，为联动处置突发事件打牢基础。

### 3.1.3 网络安全监督管理对象

网络安全监督管理的主要工作对象是网络运营者和参与者，包括互联网接入服务单位、互联网数据中心、互联网内容服务单位、互联网联网单位、互联网上网服务营业场所，可统称为联网单位。

互联网接入服务单位(Internet service provider，ISP)，是指负责提供互联网接入网络运行的单位，如中国电信、中国移动、中国联通、中国广电等。

互联网数据中心(Internet data center，IDC)，是指向企业、商户或网站服务器群提供大规模、高质量、安全可靠的专业化服务器托管、虚拟空间租用、网络带宽出租等业务的平台和云平台。

互联网内容服务单位(Internet content provider，ICP)，是指通过互联网开办网站，提供有偿或无偿信息服务的单位，分为非经营性 ICP 和经营性 ICP。非经营性 ICP 主要指政府网站、企事业单位网站、电子报刊等。经营性 ICP 是指通过互联网，向上网用户有偿提供信息或者网页制作、硬盘空间出租等服务活动的网站，经营的内容主要是网上广告、服务器硬盘空间出租、有偿提供特定信息内容、电子商务、网络直播及其他网上应用服务。国家对经营性 ICP 实行许可制度(许可证由各地通信管理部门核发)，对非经营性 ICP 实行备案制度。

互联网联网单位，是指以固定光纤、线路拨号、无线等方式接入互联网，作为上网、办公、服务公众、数据传输、生产经营、科研教学、企业管理等网络应用的单位。

互联网上网服务营业场所，是指社区、学校、图书馆、宾馆、咖啡馆、娱乐休闲中心等向特定对象提供上网服务的单位，这些场所也纳入互联网联网单位管理，同时还需要其他一些特有的管理。

### 3.1.4 网络安全监督管理工作特点

#### 1. 管理对象的广泛性

管理对象包括各种类型的联网单位；多种重要信息系统，不仅包括电力、民航等国家重要基础设施的各种应用系统，还包括金融、证券等重点单位和重要政府部门的内部应用网络系统。

#### 2. 管理方式的复杂多样性

管理方式包括行政管理的一般管理方法，如指导、检查、督促和查处等；公安机关网安部门所特有的特殊管理方式；互联网新型服务以及新的管理对象所带来的新管理方式。

#### 3. 管理措施的强制性

网络安全监督管理是国家赋予公安机关以治安强制措施作为后盾的一种行政管理工作。

#### 4. 管理工作的社会性

社会性主要表现在两个方面：一是工作面向社会公开进行，关系到国家集体和群众方方面面具体的利益；二是工作的组织开展需要依靠社会力量，需要多方共同参与信息网络安全管理。

### 3.1.5 网络安全监督管理主要任务

(1) 指导、督促互联网单位的备案工作。

(2) 监督、检查互联网单位落实安全管理制度和安全保护技术措施。

(3) 监督、管理互联网上网服务营业场所，严格进行安全审核和日常检查。

(4) 监督、检查、指导重要信息系统的信息安全等级保护和关键信息基础设施重点保护工作。

(5) 处置网上有害信息。

(6) 查处信息网络违法违规行为。

(7) 组织开展计算机病毒等破坏性程序的日常防治管理。

(8) 组织开展重大活动的信息安全保卫工作。

(9) 开展信息网络安全专业技术人员继续教育工作。

### 3.1.6 网络安全监督管理主要方法

为主动适应新形势下网络安全监督管理工作的需要，全国各地公安网安部门转变管理模式，前置管理岗位，强化警民互动，大力推进网安警务室建设，将网络监管工作融入网站、运营单位的日常运作中，进一步延伸互联网防控触角，以虚拟社会管理基层化、实体化为手段，进一步密切警民关系，加大监管力度，提升网络阵地控制能力，准确把握住涉网问题的源头和关键，带动基础数据采集、安全措施落实、有害信息防治和打击涉网违法犯罪等工作能力水平的整体提高。

### 1. 落实网上公开执法措施

互联网的安全监督管理工作，就是要落实好“虚拟社区”和“虚拟人”的管控工作，以网管网。虚拟社会现实化，对互联网依法实施公开管理。

具体措施包括公安机关设立网上执法形象和执法标志，建立网上报警服务网站，在论坛、聊天室和拍卖网站等网上复杂场所和有害信息高发部位设立“报警岗亭”等。“虚拟警察”在网上公开亮相值勤，与网民实时互动，随时接受群众举报，提供求助和法律咨询服务，发现网上违法信息和违法行为，根据具体情况，依法公开警告、劝阻或制止，情节严重的要依法查处。2015 年 6 月，首批 50 个省市公安机关统一标识为“网警巡查执法”的微博、微信和百度贴吧账号集中上线。网警的定时巡查、报警图标的设定等作为新型的接警渠道，在很大程度上消除了网络管理过程中在时间和空间上的盲点，扩大了网警的监管时段和范围，更提高了网民的维权意识和自律意识。

### 2. 开展涉网单位基础调查

基础调查是公安机关网安部门一项经常性和基础性的工作，是了解和掌握信息网络运营、服务和使用单位基本情况的重要手段。

通过基础调查，在公安机关和被管理的互联网单位之间建立纵向的信息交流和传输渠道，实行案事件报告制度、情况数据定期上报和数据变更及时上报等制度，全面掌握本地 ISP、IDC、ICP 等联网单位的基本情况，为制定管理计划和措施提供支持。

### 3. 建立网络安全监督管理制度

依照国家有关法律法规，结合安全管理工作实际，制定和完善一整套针对性强，责、权明确的网络安全管理规章和制度，对重要信息系统单位、重点要害部位、上网服务场所、互联网联网单位、安全产品进行全面规范化管理。

### 4. 落实网络安全保护技术措施

按照《互联网安全保护技术措施规定》(公安部令第 82 号，2005 年 12 月发布)的要求，监督管理互联网服务提供者、联网使用单位落实互联网安全保护技术措施。采取的互联网安全保护技术措施应当具有符合公共安全行业技术标准的联网接口，并保障互联网安全保护技术措施功能的正常发挥。

### 5. 开展网络与信息安全信息通报

2004 年 8 月，“国家网络与信息安全信息通报中心”正式建立，挂靠公安部公共信息网络安全监察局(现为网络安全保卫局)。2015 年，在《关于加快推进网络与信息安全信息通报机制建设的通知》(公信安〔2015〕21 号)中提出，建立部省市三级、100 个重要行业部门、横纵通畅的立体化网络安全通报预警体系(3 层 100 纵)。网络与信息安全信息通报中心主要有以下职能：建立与协调小组信息通报渠道；组织分析、研判和评估；掌握网络安全信息；研判结果及时报告政府，必要时向社会发布预警信息等。信息通报工作原则：第一时间发现问题、第一时间通报处置、第一时间侦查调查和第一时间督促整改。

### 6. 建设社会支撑力量弥补警力不足

“专群结合、依靠群众”是确保信息网络安全监督管理工作顺利进行的重要保障，通过发动、组织社会力量参与信息网络安全防范和管理工作，可以有效弥补公安机关警力不足，将违法犯罪行为置于群众和社会的监督之下。

公安部设立了网络违法犯罪举报网站，网址：www.cyberpolice.cn/wfjb。

### 7. 加强行政执法力度，做好宣传教育

公安机关在查办案件过程中可执行“一案双查”制度：针对涉网违法犯罪案件调查中发现的互联网服务提供者不履行网络安全责任义务的行为，同步开展调查处置工作，既惩戒犯罪分子，又整治网络平台，查处为网络犯罪“输血供电”的利益链条，以及不履行网络安全管理义务的网络运营者，持续净化网络环境。

同时加强日常网络安全知识宣传，通过互联网站或者通过印制宣传书籍、画册的形式开展互联网日常安全的教育宣传活动，宣传国家法律法规，指导开展信息网络安全防范，传播正能量；专项行动期间还应配合工作需要进行专题的宣传教育。网安部门在日常管理执法工作中，有针对性地宣传法律法规，督促落实安全保护制度和技术措施，提高被管理单位和个人的安全意识。

2020 年 6 月，广西贵港网安部门在检查中发现，覃塘区网民何某珍和韦某南联网备案的个人网站因未采取防范计算机病毒和网络攻击、侵入的技术措施，导致黑客利用网站漏洞植入涉淫秽色情、赌博违法有害信息。发现情况后，贵港市公安局覃塘分局网安大队立即开展调查。经查，何某珍和韦某南二人的个人网站分别于 2017 和 2018 年联网 ICP 备案到期未注销，同时一直未到公安机关备案，也未对个人运营的网站采取相应网络安全防范技术措施，未落实网络安全监测职责，网络安全责任意识淡薄、联网备案制度和网络安全等级保护制度落实不到位，致使个人开设的网站被黑客植入涉黄、涉赌违法有害信息。根据调查结果，覃塘分局网安大队依据《中华人民共和国网络安全法》第二十一条、第五十九条之规定，分别对何某珍、韦某南予以警告处罚，并责令限期整改。

通过整合网上治安防控工作的各种力量，综合采用多种工作方法，有效维护网上治安秩序。

## 3.2 互联网安全监督管理工作

互联网安全监督管理通过备案管理、落实安全管理规章制度、落实安全技术保护措施等一系列具体工作来实现。

### 3.2.1 备案管理

备案是互联网安全管理的基础。备案制度的实施，可以增强联网单位的安全管理意识，建立健全安全管理制度，督促其依法履行社会责任。通过备案管理，可以有效防止和控制危害我国国家利益的有害信息流入和涉及我国国家机密的重要信息流出。

### 1. 设定依据

《计算机信息网络国际联网安全保护管理办法》(公安部令第 33 号,1997 年 12 月 16 日发布)第十二条规定,“互联单位、接入单位、使用计算机信息网络国际联网的法人和其他组织(包括跨省、自治区、直辖市联网的单位和所属的分支机构),应当自网络正式联通之日起三十日内,到所在地的省、自治区、直辖市人民政府公安机关指定的受理机关办理备案手续。”

### 2. 备案对象

凡中华人民共和国境内的互联网运营单位(包括 ISP、IDC)、互联网信息服务单位(ICP)、互联网联网单位、互联网上网服务营业场所和个人联网用户均为备案对象。

### 3. 备案材料

备案登记需要提供的材料如下。

(1)《计算机信息网络国际联网备案表》一式两份(加盖公章)。

(2)《网站基本情况表》(有网站的填写)。

(3) 证件复印件:经营性互联网站需提交通信管理部门核发的《电信与信息服务业务经营许可证》、工商部门核发的《营业执照》副本复印件。个人网站需提交有效身份资料证照复印件。

(4) 单位计算机信息网络安全组织成员名单(包括本单位网络安全主管领导、两名信息网络安全专业技术人员名单及联系方式)。

(5) 单位计算机信息网络安全管理制度。

(6) 互联网信息网络安全技术措施解决方案。

(7) 单位网络结构拓扑图(标明内部 IP 使用情况)。

(8) 提供虚拟主机服务、托管主机服务的信息服务单位,除提交以上材料外,还必须提交使用本单位虚拟主机服务的所有用户及托管主机的所有用户的基本情况,包括 URL(域名)、负责人、联系方式。

(9) 从事刊载新闻网站除提交以上材料外,还必须提交新闻管理部门的批准文件。

(10) 系统维护权落于外地、服务器托管于本地的网站,除提交以上材料外,还必须提交其系统维护权所在地主管公安机关出具的备案证明。

单位的联网方式、IP 地址变更、提供网络服务内容等发生变化时,应重新填写《计算机信息网络国际联网备案表》和《网站基本情况表》,到原办理备案手续的网安部门进行变更登记。

网安部门负责对备案材料进行审核,建立备案档案,进行备案统计,并按有关规定逐级上报。还要进行定期审核。

### 4. 备案管辖

各地级以上(含地级)人民政府公安机关网安部门对物理位置在本行政区划内与互联网相连接的计算机信息系统(服务器)或维护人员都具有备案管辖权。

网站系统维护管理权属位于本地、服务器位于外地的,首先要到本地网安部门备案,然后还要到服务器托管地的主管部门备案登记。

### 5. 备案流程

互联网单位根据备案程序，将备案所需材料提交给对本单位具有管辖权的公安机关网安部门进行备案登记。在此过程中，网安部门需要完成受理备案材料、核实检查备案两方面工作。

1）公安机关网安部门受理备案材料工作流程

第一步，调查摸底：掌握本地互联网单位的数量；发现未掌握的本地互联网联网单位。

第二步，指导备案：通知联网单位进行备案，告知备案表领取地址或下载电子表格的网址，并指导备案单位准备好所需材料。

第三步，接收备案材料：①备案表一式两份（盖备案单位公章）；②安全组织成员名单；③信息网络安全专业技术人员继续教育证书复印件；④计算机信息网络安全保护管理制度；⑤计算机信息网络安全保护技术措施；⑥网络拓扑图；⑦按照法律法规要求提交相关管理部门颁发的证照的复印件。

第四步，备案初审：①初审不合格，如果备案表填写错误或备案材料不齐全，退还备案材料，告知备案单位备案不受理的原因；②初审合格，如果备案表填写正确，备案材料齐全，窗口正式受理备案材料，发予备案单位回执及备案表副本。

第五步，备案复审：窗口将受理的备案材料汇总后转交相关业务科室对备案材料进行复审，并对备案单位进行现场检查，核实材料内容。在规定时间（15 个工作日）内未能审核完毕的，应向备案单位说明原因。

2）公安机关网安部门核实检查备案工作流程

第一步，检查准备：①安排检查人员（两人以上），进行工作部署；②了解被检查单位名称、地址、电话、联系人及网络等情况；③准备检查证、检验笔录、联网单位备案资料、互联网联网单位安全检查表、责令限期整改通知书、询问笔录、印油等相关物品。

第二步，检查告知：①出示执法身份证件，表明身份；②联系单位负责人或安全管理责任人，说明检查目的；③要求被检查单位安排两名安全管理人员配合检查。

第三步，检查内容：①检查安全组织和安全保护工作制度；②测试安全保护技术措施；③检查机房的实体安全措施；④核查网络结构、拓扑图、IP 资源；⑤核实其他备案材料。检查过程中填写《互联网联网单位安全检查表》，要求被检查单位安全管理人员核实无误后署名。

第四步，检查结果：检查不合格，现场对安全管理责任人进行询问，制作笔录，当场采集证据，并出具责令限期整改通知书，要求被检单位限期整改；经现场检查合格的单位，在规定的 15 个工作日内发予备案证书；在规定时间内未能审核完毕的，应向备案单位说明原因。

第五步，整改验收：整改期限到期后，进行现场复查、验收。整改合格，继续进行备案，备案审核时限从整改完成之日起重新计算；整改不合格，责令继续整改。经过两次整改仍未能达到整改要求或坚决不整改的单位，给予行政处罚。将检查情况和整改情况录入信息系统。

3）联网备案流程

互联网站通过“全国互联网安全管理服务平台”（www.beian.gov.cn）进行联网备案，如图 3-1 所示。

图 3-1　全国互联网安全管理服务平台

（1）提交申请。用户注册、登录，开办主体管理，新办网站备案申请。已完成备案的网站，如备案信息需要变更，应及时登录备案网站进行变更。

（2）初步审核。录入主体信息时所填写的信息必须真实、有效才能审核通过；网站如不涉及前置审批内容，不要在选项内容中打钩。

（3）预约检查。非交互式网站初步审核完成后即完成备案；交互式网站需要进行面审或实地检查。

（4）备案完成。在完成以上审核后，公安机关将核发公安备案编号。需要将备案编号放置在网站首页下端；可将网站备案代码增加在网站首页的代码中。

### 6. 备案罚则

对不按规定履行备案义务的单位或个人，不落实安全管理制度和措施的，按照《中华人民共和国计算机信息系统安全保护条例》第二十条和《计算机信息网络国际联网安全保护管理办法》第二十三条之规定，由公安机关责令限期改正，给予警告，有违法所得的，没收违法所得；在规定限期内未改正的，对单位主管负责人员和其他直接责任人员可以并处五千元以下的罚款，对单位可以并处一万五千元以下的罚款；情节严重的，可以给予六个月以内的停止联网、停机整顿的处罚，必要时可以建议原发证、审批机构吊销经营许可证或者取消联网资格。

## 3.2.2　落实安全管理规章制度

根据《公安机关互联网安全监督检查规定》的第十条，公安机关应当根据互联网服务提供者和联网使用单位是否制定并落实网络安全管理制度和操作规程进行监督检查。网络安全管理制度主要包括以下内容。

### 1. 信息发布审核、登记制度

联网单位应建立信息发布、审核和登记制度，所有上网信息必须"先审后发"，遵循"谁主管，谁主办，谁负责"的原则。已发布信息的原始资料应及时分类存档，做到有案可查。

### 2. 信息监视、保存、清除和备份制度

联网单位的网络管理部门应当对本单位的网络使用情况进行监督、检查，杜绝访问境内外反动、黄色网站，不阅览、传播各类反动、黄色信息；应当保证单位计算机内日志文件及其他重要数据的完整性、真实性，并做好备份工作，配合各类安全检查；各部门信息文档要及时备份；发现本单位计算机存有各类反动及不健康信息，应当及时清除，情节较重的应及时上报。

### 3. 病毒检测和网络安全漏洞检测制度

联网单位的网络管理部门应对进入本网络的信息、所有对外发布的信息进行有效的病毒检测，以防止病毒的扩散，对于新发现的病毒要及时备份染毒文件，并追查病毒来源。查到病源和感染体，则进行隔离杀毒，必要时需要重装操作系统；应随时检查防火墙、在线病毒检测等网络安全技术措施的配置，以防止网络安全漏洞造成的后果扩散；应对网络进行有效的网络安全配置，及时报告已发现的网络安全漏洞；应采用合理的技术手段对网络运行安全进行有效的监控。

### 4. 违法案件报告和协助查处制度

联网单位应教育本单位终端使用者自觉遵守网络法规，严禁利用计算机从事违法犯罪行为；对于本单位发生的计算机违法犯罪行为及所遭受到的攻击，单位网络安全管理员应当及时制止，同时做好系统保护工作；各接入终端使用者有义务接受本单位网络管理部门和上级主管部门的监督、检查，并应积极配合做好违法犯罪事件的查处工作；网络管理部门应及时掌握网内各接入终端使用者的网络违法情况，定期向网络主管领导和上级主管部门报告，并应协助主管部门做好查处工作。

### 5. 账号使用登记和操作权限管理制度

联网单位的账号使用登记和操作权限管理制度适用于单位建设和管理的、基于角色控制和方法设计的各信息系统，以及以用户口令方式登录的网络设备、网站系统等；信息系统用户、角色、权限的划分明确，不同角色职责清晰；用户、权限和口令设置由专门部门全面负责，须采用实名制管理模式，杜绝一人多账号登记注册；用户管理、口令管理、账号审计、应急管理等措施完善。

### 6. 安全管理人员岗位工作职责

网络安全管理员主要负责本单位网络（包含局域网、广域网）的系统安全性，负责日常操作系统、网管系统、邮件系统的安全补丁、漏洞检测及修补、病毒防治等工作；协助机房管理人员进行机房管理，严格按照机房制度执行日常维护；加强对本单位的信息发布的审

核管理工作，杜绝违反《计算机信息网络国际互联网安全保护管理办法》的内容出现；接受并配合公安机关的安全监督、检查和指导，如实向公安机关提供有关安全保护的信息、资料及数据文件，协助公安机关查处通过国际联网的计算机信息网络的违法犯罪行为。另外，网络安全管理员应经常保持对最新技术的掌握，实时了解互联网的动向，做到预防为主。

#### 7. 安全教育和培训制度

联网单位的安全教育和培训制度主要如下。

(1) 定期组织本单位网络管理员学习《计算机信息网络国际互联网安全保护管理办法》《网络安全管理制度》及《信息审核管理制度》，提高工作人员维护网络安全的警惕性和自觉性。

(2) 负责对本网络用户进行安全教育和培训，使用户自觉遵守和维护《计算机信息网络国际互联网安全保护管理办法》，使其具备基本的网络安全知识；杜绝发布违反《计算机信息网络国际互联网安全保护管理办法》的信息内容。

(3) 不定期地邀请公安机关有关人员进行信息安全方面的培训，加强对有害信息、特别是影射性有害信息的识别能力，提高防范能力。

#### 8. 其他与安全保护相关的管理制度

### 3.2.3 落实安全技术保护措施

根据《互联网安全保护技术措施规定》第十六条之规定，"公安机关应当依法对辖区内互联网服务提供者和联网使用单位安全保护技术措施的落实情况进行指导、监督和检查。公安机关在依法监督检查时，互联网服务提供者、联网使用单位应当派人参加。公安机关对监督检查发现的问题，应当提出改进意见，通知互联网服务提供者、联网使用单位及时整改。"不同类型联网单位需要落实的安全保护措施主要包括以下方面。

#### 1. 互联网服务提供者和联网使用单位应当落实的基本互联网安全保护技术措施

这类措施主要包括：①防范计算机病毒、网络入侵和攻击破坏等危害网络安全事项或者行为的技术措施；②重要数据库和系统主要设备的冗灾备份措施；③记录并留存用户登录和退出时间、主叫号码、账号、互联网地址或域名、系统维护日志的技术措施；④法律、法规和规章规定应当落实的其他安全保护技术措施。

#### 2. 提供互联网接入服务的单位应当落实的安全保护技术措施

在上述第1条措施的基础上，还需要增加下列安全保护技术措施：①记录并留存用户注册信息；②使用内部网络地址与互联网网络地址转换方式为用户提供接入服务的，要能记录并留存用户使用的互联网网络地址和内部网络地址对应关系；③记录、跟踪网络运行状态，监测、记录网络安全事件等安全审计功能。

#### 3. 提供互联网信息服务的单位应当落实的安全保护技术措施

在上述第1条措施的基础上，还需要增加下列安全保护技术措施：①在公共信息服务中发现、终止传输违法信息，并保留相关记录；②提供新闻、出版以及电子公告等服务的，要能记录并留存发布的信息内容及发布时间；③开办门户网站、新闻网站、电子商务网站的，要能防范网站、网页被篡改，被篡改后能够自动恢复；④开办电子公告服务的，要具有用户注册信息和发布信息审计功能；⑤开办电子邮件和网上短信息服务的，要能防范、清除以群发方式发送伪造、隐匿信息发送者真实标记的电子邮件或者短信息。

#### 4. 提供互联网数据中心服务的单位和联网使用单位应当落实的安全保护技术措施

在上述第 1 条措施的基础上，还需要增加下列安全保护技术措施：①记录并留存用户注册信息；②在公共信息服务中发现、终止传输违法信息，并保留相关记录；③联网使用单位使用内部网络地址与互联网网络地址转换方式向用户提供接入服务的，要能记录并留存用户使用的互联网网络地址和内部网络地址对应关系。

#### 5. 提供互联网上网服务的单位应当落实的安全保护技术措施

在上述第 1 条措施的基础上，还应当安装并运行互联网公共上网服务场所安全管理系统。

### 3.2.4 监督、管理互联网上网服务营业场所

互联网上网服务营业场所，是指通过计算机等设备装置向公众提供互联网上网服务的网吧、计算机休闲室等营业性场所。

公安机关每年应对申请设立的网吧进行安全审核，包括安全管理制度和安全保护措施的建立健全。在监督网吧建立相关制度后，采取定期或不定期的方式对网吧进行检查，指导、督促网吧经营者落实相关制度。同时在对网吧的安全审核中，认真审核网吧备案资料，对网吧情况有变动的，都要到现场进行实地查看，为搞好网上案件侦破工作奠定基础。

根据公安部《关于加强互联网上网服务营业场所安全管理工作的通知》的规定，公安机关安全审核的主要内容包括：①经营人员应具有合法的身份证明；②营业场地应符合消防安全有关规定；③营业场地面积、终端数量符合规定要求；④无“撤销批准文件”的记录；⑤有专职或兼职的安全管理人员；⑥有相应的防病毒、防有害信息传播等安全技术措施；⑦有经安全检测合格的“网吧”安全管理软件；⑧符合国家现行法律、法规的规定。

### 3.2.5 组织开展计算机病毒等破坏性程序的防治管理

根据《计算机病毒防治管理办法》，公安部网络安全保卫局主管全国的计算机病毒防治管理工作。

#### 1. 计算机病毒防治的管理规定

计算机病毒防治的管理规定主要如下。

(1) 任何单位和个人不得制作计算机病毒。

(2) 任何单位和个人不得有下列传播计算机病毒的行为：①故意输入计算机病毒，

危害计算机信息系统安全；②向他人提供含有计算机病毒的文件、软件、媒体；③销售、出租、附赠含有计算机病毒的媒体；④其他传播计算机病毒的行为。

(3) 任何单位和个人不得向社会发布虚假的计算机病毒疫情。

(4) 从事计算机病毒防治产品生产的单位，应当及时向公安部网络安全保卫局批准的计算机病毒防治产品检测机构提交病毒样本。

(5) 计算机病毒防治产品检测机构应当对提交的病毒样本及时进行分析、确认，并将确认结果上报公安部公共信息网络安全监察部门。

(6) 对计算机病毒的认定工作，由公安部公共网络安全保卫局批准的机构承担。

(7) 计算机信息系统的使用单位在计算机病毒防治工作中应当履行下列职责：①建立本单位的计算机病毒防治管理制度；②采取计算机病毒安全技术防治措施；③对本单位计算机信息系统使用人员进行计算机病毒防治教育和培训；④及时检测、清除计算机信息系统中的计算机病毒，并备有检测、清除的记录；⑤使用具有计算机信息系统安全专用产品销售许可证的计算机病毒防治产品；⑥对因计算机病毒引起的计算机信息系统瘫痪、程序和数据严重破坏等重大事故，要及时向公安机关报告，并保护现场。

(8) 任何单位和个人在从计算机信息网络上下载程序、数据或者购置、维修、借入计算机设备时，应当进行计算机病毒检测。

(9) 任何单位和个人销售、附赠的计算机病毒防治产品，应当具有计算机信息系统安全专用产品销售许可证，并贴有"销售许可"标记。

(10) 从事计算机设备或者媒体生产、销售、出租、维修行业的单位和个人，应当对计算机设备或者媒体进行计算机病毒检测、清除工作，并备有检测、清除的记录。

(11) 任何单位和个人应当接受公安机关对计算机病毒防治工作的监督、检查和指导。

### 2. 计算机病毒防治的管理职责

公安机关对计算机病毒防治的管理职责如下。

(1) 监督、检查、指导信息系统运营或使用单位建立并落实计算机病毒等破坏性程序的防治管理制度和安全保护技术措施。

(2) 督促从事计算机设备或者媒体生产、销售、出租、维修行业的单位及个人做好计算机设备或者媒体的病毒检测、清除工作。

(3) 开展本地计算机病毒疫情调查，并举办各种计算机病毒等破坏性程序防范的宣传活动。

(4) 督促取得从事计算机病毒防治产品生产资格的单位进行审批、备案，加强对计算机病毒防治产品的监管。

(5) 督促计算机病毒防治产品研制、生产、销售单位，安全服务机构和用户对发现的计算机病毒提取样本，报送公安机关网络安全保卫部门。

(6) 建设网络安全监控系统。在骨干网、支网、用户网等不同层次上建设网络安全监控系统，实时检测网络病毒传播情况，及时发现病毒源，发布预警信息。

(7) 将接收的计算机病毒样本上报上级公安机关网安部门。

(8) 指导组织社会技术支撑力量对发现的计算机病毒及时进行处置，对用户级的计算机病毒控制与处置工作提供技术支持。包括提取计算机病毒样本，交付指定计算机病毒防治机构进行解剖、分析后，形成计算机病毒疫情分析报告和解决方案。

(9) 利用行政管理手段，严格控制病毒传播源，严厉处罚各类病毒传播行为和传播人。

### 3.2.6　开展信息网络安全专业技术人员继续教育工作

2006 年 5 月，公安部办公厅、人事部办公厅联合发布了《关于开展信息网络安全专业技术人员继续教育工作的通知》(公信安〔2006〕526 号)，将信息网络安全专业技术人员继续教育工作作为一项长期工作，纳入公安机关信息网络安全监督管理工作之中。

#### 1. 目标任务

通过继续教育，使信息网络安全专业技术人员及时更新法律法规、管理和技术知识，提高政治素质和职业道德水平，逐步建立一支与公安机关密切配合、维护信息网络安全的社会力量。

#### 2. 继续教育内容和方式

(1) 继续教育内容。信息网络安全专业技术人员继续教育分为信息网络安全管理、信息网络安全技术和网吧等公共上网场所安全管理这 3 类，其培训内容以近三年来涉及信息安全的国家法律法规，国家信息安全保障工作政策措施，信息安全管理技术发展动态，防范网络攻击、计算机病毒和有害信息传播的管理技术措施为重点，每年结合新出台的信息安全法律法规以及信息安全管理和技术发展情况，对继续教育内容进行调整。

(2) 继续教育方式和培训时间。信息网络安全专业技术人员继续教育培训要结合各地实际情况，采取集中培训、自学、研修、网络等多种有效、简便的培训方式方法。有条件的地方要组织信息网络安全专业技术人员进行一定时间的集中培训，并要注重质量和效果。每年各种形式的继续教育时间累计不少于 12 天或 72 学时。

(3) 培训与考试。相关专业技术人员经过继续教育后参加由公安、人事部门组织开展的考试。考试合格者，由公安部公共信息网络安全监察局和人事部专业技术人员管理司统一颁发“信息网络安全专业技术人员继续教育证书”。

### 3.2.7　开展专项治理工作

根据不同时期的网络发展状况和工作重点，开展专项治理工作，监督检查网络运营者履行网络安全职责，提升网络安全管理能力和水平。

例如，2019 年中央网信办、工业和信息化部、公安部、国家市场监管总局联合开展的 App 违法违规收集使用个人信息专项治理工作取得了积极进展，包括制定印发了《App 违法违规收集使用个人信息行为认定方法》《App 违法违规收集使用个人信息自评估指南》等政策规范，成立了专项治理工作组，受理网民有效举报信息 12000 余条，针对 2300 余款 App 开展深度评估、问题核查，对用户规模大、问题突出的 260 款 App，有关部门采取了公开曝光、约谈、下架等处罚措施。通过专项治理工作，公众常用 App 存在的无隐私政策、捆绑授权和强制索权、超范围收集使用个人信息等典型问题得到明显改善，这些运营者履行个人信息保护责任义务的能力和水平得到有效提升。

## 3.3 网络安全等级保护和关键信息基础设施重点保护

我国实行网络安全等级保护制度，对网络实施分等级保护、分等级监管。网络安全等级保护是指对存储、传输、处理国家重要信息、法人和其他组织及公民的专有信息或公开信息的网络分等级实行安全保护，对信息系统中使用的信息安全产品实行按等级管理，对信息系统中发生的信息安全事件分等级响应、处置。

网络安全等级保护是国家信息安全保障的基本制度、基本策略、基本方法，是保护信息化发展、维护国家信息安全的根本保障，这也是当今发达国家保护关键信息基础设施、保障信息安全的通行做法。

国家对关键信息基础设施，在网络安全等级保护制度的基础上，实行重点保护。

### 3.3.1 网络安全等级保护工作发展历程

1994 年，《中华人民共和国计算机信息系统安全保护条例》规定，“计算机信息系统实行安全等级保护”。1999 年，《计算机信息系统安全保护等级划分准则》(GB 17859—1999) 发布。

2003 年 9 月，《国家信息化领导小组关于加强信息安全保障工作的意见》(中办发〔2003〕27 号)明确指出：实行信息安全等级保护。要重点保护基础信息网络和关系国家安全、经济命脉、社会稳定等方面的重要信息系统，抓紧建立信息安全等级保护制度，制定信息安全等级保护的管理办法和技术指南。2004 年，公安部、国家保密局、国家密码管理局、国信办联合印发了《关于信息安全等级保护工作的实施意见》(公通字〔2004〕66 号)。

2007 年，公安部、国家保密局、国家密码管理局、国信办联合制定了《信息安全等级保护管理办法》(公通字〔2007〕43 号)、《关于开展全国重要信息系统安全等级保护定级工作的通知》(公通字〔2007〕861 号)以及《信息安全等级保护备案实施细则》(公通字〔2007〕1360 号)。《信息安全等级保护管理办法》的正式发布，标志着“等级保护 1.0”的正式启动。“等级保护 1.0”规定了等级保护需要完成的“规定动作”，即定级备案、建设整改、等级测评和监督检查。为了指导用户完成等级保护的“规定动作”，在 2008 年至 2012 年期间国家陆续发布了等级保护的一些主要标准，构成“等级保护 1.0”的标准体系。

2017 年 6 月 1 日，《中华人民共和国网络安全法》正式实施。这是我国自 1994 年发布实施《中华人民共和国计算机信息系统安全保护条例》将“等级保护”明确为我国计算机安全保护的根本制度以来，首次将其写入了法律，网络安全等级保护制度已经上升为法律规定的强制义务。《网络安全法》明确“国家实行网络安全等级保护制度”(第二十一条)、对“一旦遭到破坏、丧失功能或者数据泄露，可能严重危害国家安全、国计民生、公共利益的关键信息基础设施，在网络安全等级保护制度的基础上，实行重点保护”(第三十一条)。

上述要求为网络安全等级保护赋予了新的含义。重新调整和修订“等级保护 1.0”标准体系，配合《网络安全法》的实施和落地，指导用户按照网络安全等级保护制度的新要求，履行网络安全保护义务的意义重大。这也标志着“等级保护 2.0”的正式启动。

公安部 2018 年 6 月发布《网络安全等级保护条例(征求意见稿)》(以下简称《保护条例》)，明确规定，为加强网络安全等级保护工作，提高网络安全防范能力和水平，维护网络空间主权和国家安全、社会公共利益，保护公民、法人和其他组织的合法权益，促进经济社会信息化健康发展，对在中华人民共和国境内建设、运营、维护、使用网络，开展网络安全等级保护工作以及监督管理，个人及家庭自建自用的网络除外。

2019 年 5 月 13 日，国家市场监督管理总局、国家标准化管理委员会联合召开新闻发布会，“等级保护 2.0”相关的《信息安全技术 网络安全等级保护基本要求》(GB/T 22239—2019)、《信息安全技术 网络安全等级保护测评要求》(GB/T 28448—2019)、《信息安全技术 网络安全等级保护安全设计技术要求》(GB/T 25070—2019)等国家标准正式发布，并于 2019 年 12 月 1 日开始实施。这 3 个标准是指导用户开展网络安全等级保护建设整改、等级测评等工作的核心标准，是顺利开展网络安全等级保护工作的前提。

“等级保护 2.0”或“等保 2.0”是一个约定俗成的说法，指按新的等级保护标准规范开展工作的统称。等保 2.0 标准注重全方位主动防御、动态防御、整体防控和精准防护，实现了对云计算、大数据、物联网、移动互联和工业控制信息系统等保护对象全覆盖，以及除个人及家庭自建网络之外的领域全覆盖。

### 3.3.2 网络安全等级保护工作

#### 1. 基本原则

1) 坚持分等级保护、突出重点

根据网络(包含网络设施、信息系统、数据资源等)在国家安全、经济建设、社会生活中的重要程度，以及其遭到破坏后的危害程度等因素，科学确定网络的安全保护等级，实施分等级保护、分等级监管，重点保障关键信息基础设施和第三级(含)以上网络的安全。

2) 坚持积极防御、综合防护

按照法律法规和有关国家标准规范，充分利用人工智能、大数据分析等技术，积极落实网络安全管理和技术防范措施，强化网络安全监测、态势感知、通报预警和应急处置等重点工作，综合采取网络安全保护、保卫、保障措施，防范和遏制重大网络安全风险、事件发生，保护云计算、物联网、新型互联网、大数据、智能制造等新技术应用和新业态安全。

3) 坚持依法保护、形成合力

依据《网络安全法》等法律法规规定，公安机关依法履行网络安全保卫和监督管理职责，网络安全行业主管部门(含监管部门)依法履行本行业网络安全主管、监管责任，强化和落实网络运营者主体防护责任，充分发挥和调动社会各方力量，协调配合、群策群力，形成网络安全保护工作合力。

#### 2. 职责分工

对网络安全等级保护工作中各部门职责进行如下划分。

中央网络安全和信息化领导机构统一领导网络安全等级保护工作。国家网信部门负责网络安全等级保护工作的统筹协调。

国务院公安部门主管网络安全等级保护工作，负责网络安全等级保护工作的监督管理，依法组织开展网络安全保卫。

国家保密行政管理部门主管涉密网络分级保护工作，负责网络安全等级保护工作中有关保密工作的监督管理。

国家密码管理部门负责网络安全等级保护工作中有关密码管理工作的监督管理。

国务院其他有关部门依照有关法律法规的规定，在各自职责范围内开展网络安全等级保护相关工作。

县级以上地方人民政府依法开展网络安全等级保护工作。

网络运营者应当依法开展网络定级备案、安全建设整改、等级测评和自查等工作，采取管理和技术措施，保障网络基础设施安全、网络运行安全、数据安全和信息安全，有效应对网络安全事件，防范网络违法犯罪活动。

行业主管部门应当组织、指导本行业、本领域落实网络安全等级保护工作。

#### 3. 定级对象

根据《网络安全等级保护定级指南》规定，非涉及国家秘密的等级保护对象主要包括以下行业单位。

（1）党政机关和事业单位。

（2）金融行业，尤其上互联网金融(不做等级测评不允许经营)。

（3）电信行业，例如各大电信运营商。

（4）能源行业，例如电力公司、石油公司。

（5）教育行业，例如各大高等教育院校。

（6）央企等企业单位。

（7）广电行业，例如各地电视台。

（8）医疗行业，例如各级医院。

网络安全等级保护工作直接作用的对象，主要包括信息系统、通信网络设施和数据资源等，其中信息系统包括云计算平台/系统、物联网、工业控制系统、使用移动互联技术的系统等。当安全责任主体相同时，大数据、大数据平台/系统宜作为一个整体定级，当安全责任主体不同时，大数据应独立定级。

### 3.3.3 等级保护主要标准的框架和内容

等保 2.0 标准体系主要标准包括：《网络安全等级保护条例》(总要求/上位文件)、《计算机信息系统 安全保护等级划分准则》(GB 17859—1999)(上位标准)、《信息安全技术 网络安全等级保护实施指南》(GB/T 25058—2019)、《信息安全技术 网络安全等级保护定级指南》(GB/T 22240—2020)、《信息安全技术 网络安全等级保护基本要求》(GB/T 22239—2019)、《信息安全技术 网络安全等级保护安全设计技术要求》(GB/T 25070—2019)、《信息安全技术 网络安全等级保护测评要求》(GB/T 28448—2019)和《信息安全

技术 网络安全等级保护测评过程指南》(GB/T 28449—2018)。

等级保护对象的安全保护需要同时落实安全通用要求和安全扩展要求提出的措施。

### 1. 安全通用要求

《信息安全技术 网络安全等级保护基本要求》《信息安全技术 网络安全等级保护测评要求》和《信息安全技术 网络安全等级保护安全设计技术要求》这 3 个标准采取了统一的框架结构。例如,《信息安全技术 网络安全等级保护基本要求》采用的框架结构如图 3-2 所示。

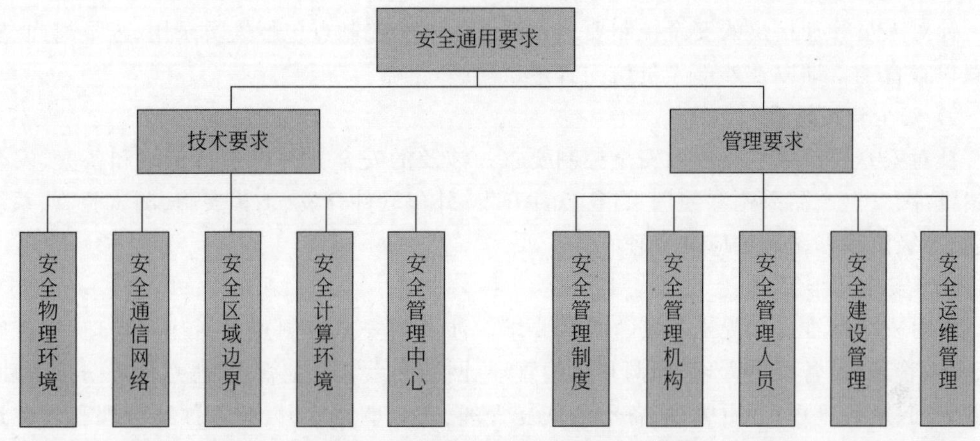


图 3-2 《信息安全技术 网络安全等级保护基本要求》框架

安全通用要求细分为技术要求和管理要求。安全通用要求针对共性化保护需求提出,无论等级保护对象以何种形式出现,都需要根据安全保护等级实现相应级别的安全通用要求。

1) 安全物理环境

针对物理机房提出的安全控制要求,主要对象为物理环境、物理设备和物理设施等。

2) 安全通信网络

针对通信网络提出的安全控制要求。主要对象为广域网、城域网和局域网等,涉及的安全控制点包括网络架构、通信传输和可信验证。

3) 安全区域边界

针对网络边界提出的安全控制要求。主要对象为系统边界和区域边界等,涉及的安全控制点包括边界防护、访问控制、入侵防范、恶意代码防范、安全审计和可信验证。

4) 安全计算环境

针对边界内部提出的安全控制要求。主要对象为边界内部的所有对象,包括网络设备、安全设备、服务器设备、终端设备、应用系统、数据对象和其他设备等;涉及的安全控制点包括身份鉴别、访问控制、安全审计、入侵防范、恶意代码防范、可信验证、数据完整性、数据保密性、数据备份与恢复、剩余信息保护和个人信息保护。

5) 安全管理中心

针对整个系统提出的安全管理方面的技术控制要求。通过技术手段实现集中管理,涉及的安全控制点包括系统管理、审计管理、安全管理和集中管控。

6）安全管理制度

针对整个管理制度体系提出的安全控制要求。涉及的安全控制点包括安全策略、管理制度制定和发布以及评审和修订。

7）安全管理机构

针对整个管理组织架构提出的安全控制要求。涉及的安全控制点包括岗位设置、人员配备、授权和审批、沟通和合作以及审核和检查。

8）安全管理人员

针对人员管理提出的安全控制要求。涉及的安全控制点包括人员录用、人员离岗、安全意识教育和培训以及外部人员访问管理。

9）安全建设管理

针对安全建设过程提出的安全控制要求。涉及的安全控制点包括定级和备案、安全方案设计、安全产品采购和使用、自行软件开发、外包软件开发、工程实施、测试验收、系统交付、等级测评和服务供应商管理。

10）安全运维管理

针对安全运维过程提出的安全控制要求。涉及的安全控制点包括环境管理、资产管理、介质管理、设备维护管理、漏洞和风险管理、网络和系统安全管理、恶意代码防范管理、配置管理、密码管理、变更管理、备份与恢复管理、安全事件处置、应急预案管理和外包运维管理。

### 2. 安全扩展要求

安全扩展要求针对个性化保护需求提出，等级保护对象需要根据安全保护等级、使用的特定技术或特定的应用场景实现安全扩展要求。《信息安全技术 网络安全等级保护基本要求》提出的安全扩展要求包括云计算安全扩展要求、移动互联安全扩展要求、物联网安全扩展要求和工业控制系统安全扩展要求。

（1）云计算安全扩展要求是针对云计算平台提出的安全通用要求之外额外需要实现的安全要求。主要内容包括“基础设施的位置”“虚拟化安全保护”“镜像和快照保护”“云计算环境管理”“云服务商选择”等。

（2）移动互联安全扩展要求是针对移动终端、移动应用和无线网络提出的安全要求，与安全通用要求一起构成针对采用移动互联技术的等级保护对象的完整安全要求。主要内容包括“无线接入点的物理位置”“移动终端管控”“移动应用管控”“移动应用软件采购”“移动应用软件开发”等。

（3）物联网安全扩展要求是针对感知层提出的特殊安全要求，与安全通用要求一起构成针对物联网的完整安全要求。主要内容包括“感知节点的物理防护”“感知节点设备安全”“网关节点设备安全”“感知节点的管理”“数据融合处理”等。

（4）工业控制系统安全扩展要求主要是针对现场控制层和现场设备层提出的特殊安全要求，它们与安全通用要求一起构成针对工业控制系统的完整安全要求。主要内容包括“室外控制设备防护”“工业控制系统网络架构安全”“拨号使用控制”“无线使用控制”“控制设备安全”等。

### 3. 等保 2.0 标准的特点

(1) 将对象范围由原来的信息系统改为等级保护对象(信息系统、通信网络设施和数据资源等),具体包括网络基础设施、云计算平台/系统、大数据平台/系统、物联网、工业控制系统、采用移动互联技术的系统等。

(2) 在等保 1.0 标准的基础上进行了优化,同时针对云计算、移动互联、物联网、工业控制系统及大数据等新技术和新应用领域提出新要求,形成了由安全通用要求+新应用安全扩展要求构成的标准要求内容。

(3) 采用了"一个中心(安全管理中心),三重防护(安全通信网络、安全区域边界、安全计算环境)"的防护理念和分类结构,强化了建立"纵深防御"和"精细防御"体系的思想,实现从被动防御的安全体系向事前预防、事中响应、事后审计的动态保障体系转变。

(4) 强化了密码技术和可信计算技术的使用,把可信验证列入各个级别并逐级提出各个环节的主要可信验证要求,强调通过密码技术、可信验证、安全审计和态势感知等建立主动防御体系。

## 3.3.4　等级保护工作要点

按照国家网络安全等级保护制度要求,各单位、各部门在公安机关指导监督下,认真组织、深入开展网络安全等级保护工作,建立良好的网络安全保护生态,切实履行主体责任,全面提升网络安全保护能力。为贯彻实施国家网络安全等级保护制度,需要做好以下几方面工作。

### 1. 落实网络定级备案工作

网络运营者应全面梳理本单位各类网络,特别是云计算、物联网、新型互联网、大数据、智能制造等新技术应用的基本情况,并根据网络的功能、服务范围、服务对象和处理数据等情况,科学确定网络的安全保护等级,对第二级以上网络依法向公安机关备案,并向行业主管部门报备。对新建网络,应在规划设计阶段确定安全保护等级。公安机关对网络运营者提交的备案材料和网络的安全保护等级进行审核,对定级结果合理、备案材料符合要求的,及时出具网络安全等级保护备案证明。行业主管部门可以依据《信息安全技术 网络安全等级保护定级指南》国家标准,结合行业特点制定行业网络安全等级保护定级指导意见。

### 2. 定期开展网络安全等级测评

网络运营者应依据有关标准规范,对已定级备案网络的安全性进行检测评估,查找可能存在的网络安全问题和隐患。第三级以上网络运营者应委托符合国家有关规定的等级测评机构,每年开展一次网络安全等级测评,并及时将等级测评报告提交受理备案的公安机关和行业主管部门。新建第三级以上网络应在通过等级测评后投入运行。网络运营者在开展测评服务过程中要与测评机构签署安全保密协议,并对测评过程进行监督管理。公安机关要加强对本地等级测评机构的监督管理,建立测评人员背景审查和人员审核制度,确保等级测评过程客观、公正、安全。

### 3. 科学开展安全建设整改

网络运营者应在网络建设和运营过程中,同步规划、同步建设、同步使用有关网络安全保护措施。按照“一个中心，三重防护”的要求，认真开展网络安全建设和整改加固，全面落实安全保护技术措施。网络运营者可将网络迁移上云，或将网络安全服务外包，充分利用云服务商和网络安全服务商提升网络安全保护能力和水平。应全面加强网络安全管理，建立完善人员管理、教育培训、系统安全建设和运维等管理制度，加强机房、设备和介质安全管理，强化重要数据和个人信息保护，制定操作规范和工作流程，加强日常监督和考核，确保各项管理措施有效落实。

#### 4. 强化安全责任落实

行业主管部门、网络运营者应依据《网络安全法》等法律法规和有关政策要求，按照“谁主管谁负责，谁运营谁负责”的原则，厘清网络安全保护边界，明确安全保护工作责任，建立网络安全等级保护工作责任制，落实责任追究制度，做到“守土有责，守土尽责”。网络运营者要定期组织专门力量开展网络安全自查和检测评估，行业主管部门要组织风险评估，及时发现网络安全隐患和薄弱环节并予以整改，不断提高网络安全保护能力和水平。

#### 5. 加强供应链安全管理

网络运营者应加强网络关键人员的安全管理，第三级以上网络运营者应对为其提供设计、建设、运维、技术服务的机构和人员加强管理，评估服务过程中可能存在的安全风险，并采取相应的管控措施。网络运营者应加强网络运维管理，因业务需要确需通过互联网远程运维的，应进行评估论证，并采取相应的管控措施。网络运营者应采购、使用符合国家法律法规和有关标准规范要求的网络产品及服务，第三级以上网络运营者应积极应用安全可信的网络产品及服务。

#### 6. 落实密码安全防护要求

网络运营者应贯彻落实《中华人民共和国密码法》等有关法律法规规定和密码应用相关标准规范。第三级以上网络应正确、有效采用密码技术进行保护，并使用符合相关要求的密码产品和服务。第三级以上网络运营者应在网络规划、建设和运行阶段，按照密码应用安全性评估管理办法和相关标准，在网络安全等级测评中同步开展密码应用安全性评估。

### 3.3.5 定级备案

等级保护工作主要分为 5 个环节，分别是定级、备案、建设整改、等级测评和监督检查。其中首要环节为定级备案，对于未备案项目，各网络运行者应先确认系统的级别，然后报公安机关备案。

#### 1. 等级划分（定级）

根据网络在国家安全、经济建设、社会生活中的重要程度，以及一旦遭到破坏、丧失功能或者数据被篡改、泄露、丢失、损毁后，对国家安全、社会秩序、公共利益以及相关公民、法人和其他组织的合法权益的危害程度等因素，网络分为 5 个安全保护等级。

第一级,一旦受到破坏,会对相关公民、法人和其他组织的合法权益造成一般损害,但不危害国家安全、社会秩序和公共利益的一般网络。

第二级,一旦受到破坏,会对相关公民、法人和其他组织的合法权益造成严重损害或特别严重损害,或者对社会秩序和公共利益造成危害,但不危害国家安全的一般网络。

第三级,一旦受到破坏,会对相关公民、法人和其他组织的合法权益造成特别严重损害,对社会秩序和社会公共利益造成严重危害或者对国家安全造成危害的重要网络。

第四级,一旦受到破坏,会对社会秩序和公共利益造成特别严重危害,或者对国家安全造成严重危害的特别重要网络。

第五级,一旦受到破坏,会对国家安全造成特别严重危害的极其重要网络。

安全保护能力应随着网络安全保护等级的增高相应增强。

### 2. 定级要素

网络运营者应当在规划设计阶段确定网络安全保护等级。另外,当网络功能、服务范围、服务对象和处理的数据等发生重大变化时,需要根据情况调整定级。

1）等级保护定级要素

等级保护定级要素包括：等级保护对象受到破坏时所侵害的客体,对客体造成侵害的程度。

受侵害的客体。等级保护对象受到破坏时所侵害的客体包括以下 3 类：①公民、法人和其他组织的合法权益；②社会秩序、公共利益；③国家安全。其中第三类是最重要的客体,而第一类、第二类是最常见的客体。确定受侵害的客体时,应首先判断是否侵害国家安全,然后判断是否侵害社会秩序或公众利益,最后判断是否侵害公民、法人和其他组织的合法权益。

对客体的侵害程度。等级保护对象受到破坏后,对客体造成侵害的程度分为三种：①造成一般伤害；②造成严重伤害；③造成特别严重伤害。

2）定级要素与等级的关系

定级要素与安全保护等级的关系如表 3-1 所示。

**表 3-1　定级要素与安全保护等级的关系**

| 受侵害的客体 | 对客体的侵害程度 | | |
|---|---|---|---|
| | 一般伤害 | 严重伤害 | 特别严重伤害 |
| 公民、法人和其他自主的合法权益 | 第一级 | 第二级 | 第三级 |
| 社会秩序、公共利益 | 第二级 | 第三级 | 第四级 |
| 国家安全 | 第三级 | 第四级 | 第五级 |

### 3. 定级备案材料

根据《网络安全等级保护条例》规定,第二级以上的网络运营者应当在网络的安全保护等级确定后10个工作日内，到县级以上公安机关备案。因网络撤销或变更调整安全保护等级的，应当在10个工作日内向原受理备案公安机关办理备案撤销或变更手续。

公安机关应当对网络运营者提交的备案材料进行审核。对定级准确、备案材料符合要求的，应在10个工作日内出具网络安全等级保护备案证明。

提交公安机关的备案材料包括《系统安全等级保护备案表》《结构化定级报告》以及单位资质证明。如果申请单位为一般企业，则需要提供营业执照；如果申请单位为事业单位，则需要提供事业单位法人证；如果申请单位为政府机关，则需要提供组织机构代码证；如果申请单位为IDC企业，则需要提供增值业务许可证及营业执照；如果申请单位为游戏企业，则需要网络文化经营许可证（文网文）及营业执照。

定级报告主要包含系统概述、当系统遭到破坏对业务和系统服务的破坏程度等，详细内容网络运营者可以参照中国网络安全等级保护网中的模板和要求来填写。

#### 4. 定级备案工作流程

定级工作应按照“网络运营者拟定网络安全保护等级、专家评审、主管部门核准、公安机关审核”的原则进行，公安机关审核通过后会下发通过的备案审批号。对于已备案项目，只要确认系统的级别、备案号、备案材料即可。相关流程如图3-3所示。

公安机关对网络运营者提交的备案材料进行审核。对定级准确、备案材料符合要求的，应在10个工作日内出具网络安全等级保护备案证明。

### 3.3.6 等级测评

定级备案是等级保护的前期工作，备案材料经公安机关审核通过、下发备案编号后，第三方测评机构才可以正式入场进行测评。

#### 1. 等级测评的概念

等级测评是指测评机构依据国家网络安全等级保护管理制度规定，按照有关管理规范和技术标准，对涉及国家机密的网络安全保护状况进行分等级测试评估的活动。

等级测评是合规性评判活动，基本依据是网络安全等级保护的国家有关标准，无论是测评指标来源，还是测评方法的选择、测评内容的确定以及结果判定等活动均应依据国家相关的标准进行，按照特定方法对网络的安全保护能力进行科学公正的综合评判。

#### 2. 测评规定

根据《网络安全等级保护条例》规定，测评包括两类：上线检测、等级测评。

上线检测是指：新建二级系统上线前按照相关标准进行安全性测试；新建三级以上系统上线前优先进行等保测评，通过等级测评后方可投入运行。

等级测评分为自测评和委托测评。运营、使用单位或者主管部门应当选择合规测评机构，定期对网络安全等级状况开展等级测评。三级网络至少每年进行一次等级测评，四级网络至少每半年进行一次等级测评，五级应当依据特殊安全需求进行等级测评。测评机构应当出具测评报告，并出具测评结果通知书，明示网络安全等级及测评结果。

网络运营者对网络安全等级测评中发现的安全风险隐患进行整改，并将等级测评工作情况及测评结果向备案的公安机关报告。

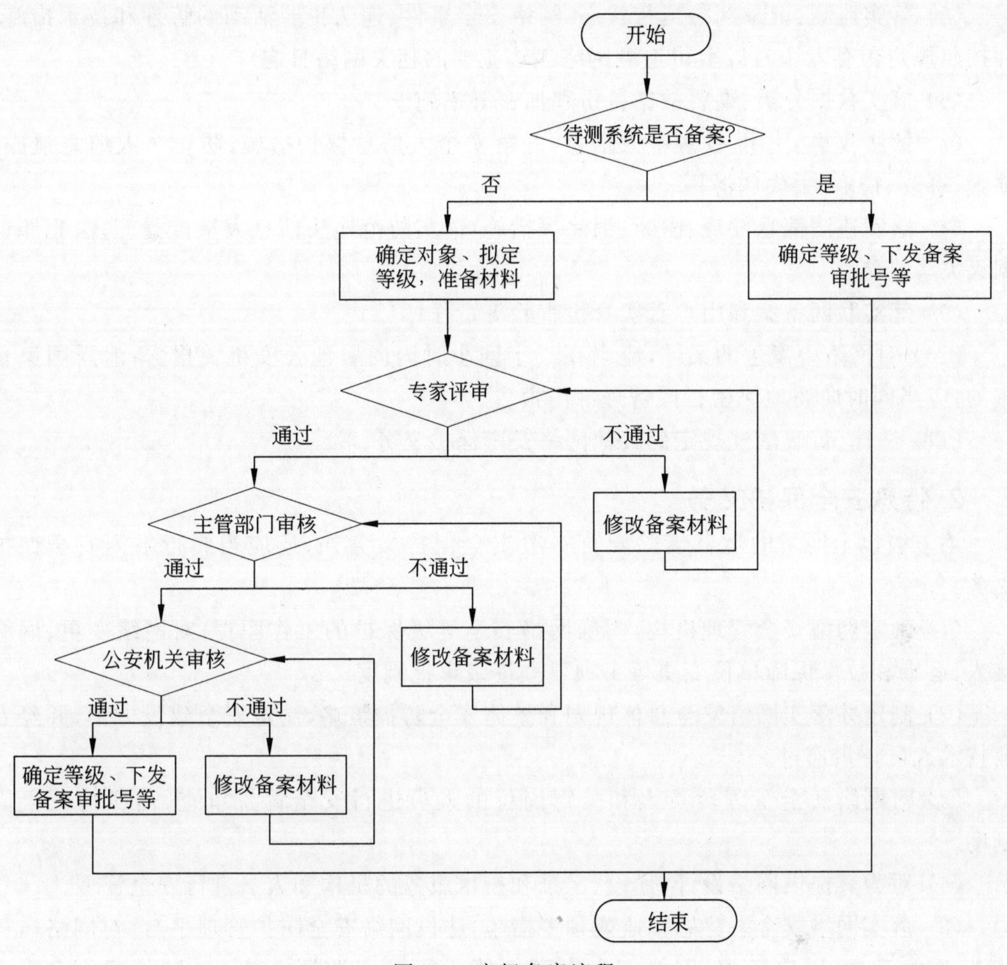


图 3-3　定级备案流程

## 3.3.7　运营者保护义务

网络运营者网络安全保护义务分一般安全保护义务和特殊安全保护义务，前者适用所有等级网络。

### 1. 一般安全保护义务

网络运营者应当依法履行下列安全保护义务，保障网络和信息安全。

（1）确定网络安全等级保护工作责任人，建立网络安全等级保护工作责任制，落实责任追究制度。

（2）建立安全管理和技术保护制度，建立人员管理、教育培训、系统安全建设、系统安全运维等制度。

（3）落实机房安全管理、设备和介质安全管理、网络安全管理等制度，制定操作规范和工作流程。

（4）落实身份识别、防范恶意代码感染传播、防范网络入侵攻击的管理和技术措施。

(5) 落实监测、记录网络运行状态、网络安全事件、违法犯罪活动的管理和技术措施,并按照规定留存六个月以上可追溯网络违法犯罪的相关网络日志。

(6) 落实数据分类、重要数据备份和加密等措施。

(7) 依法收集、使用、处理个人信息,并落实个人信息保护措施,防止个人信息泄露、损毁、篡改、窃取、丢失和滥用。

(8) 落实违法信息发现、阻断、消除等措施,落实防范违法信息大量传播、违法犯罪证据灭失等措施。

(9) 落实联网备案和用户真实身份查验等责任。

(10) 对网络中发生的案件,应当在二十四小时内向属地公安机关报告;泄露国家秘密的,应当同时向属地保密行政管理部门报告。

(11) 法律、行政法规规定的其他网络安全保护义务。

#### 2. 特殊安全保护义务

第三级以上网络的运营者除履行一般安全保护义务外,还应当履行下列安全保护义务。

(1) 确定网络安全管理机构,明确网络安全等级保护的工作职责,对网络变更、网络接入、运维和技术保障单位变更等事项建立逐级审批制度。

(2) 制定并落实网络安全总体规划和整体安全防护策略,制定安全建设方案,并经专业技术人员评审通过。

(3) 对网络安全管理负责人和关键岗位的人员进行安全背景审查,落实持证上岗制度。

(4) 对为其提供网络设计、建设、运维和技术服务的机构和人员进行安全管理。

(5) 落实网络安全态势感知监测预警措施,建设网络安全防护管理平台,对网络运行状态、网络流量、用户行为、网络安全案事件等进行动态监测分析,并与同级公安机关对接。

(6) 落实重要网络设备、通信链路、系统的冗余、备份和恢复措施。

(7) 建立网络安全等级测评制度,定期开展等级测评,并将测评情况及安全整改措施、整改结果向公安机关和有关部门报告。

(8) 法律和行政法规规定的其他网络安全保护义务。

### 3.3.8 关键信息基础设施安全保护

《网络安全法》在网络安全等级保护制度基础上进一步明确对"一旦遭到破坏、丧失功能或者数据泄露,可能严重危害国家安全、国计民生、公共利益的关键信息基础设施,在网络安全等级保护制度的基础上,实行重点保护"。

作为重要配套法规,2021 年 7 月 30 日,国务院发布《关键信息基础设施安全保护条例》,自 2021 年 9 月 1 日起施行。条例对关键信息基础设施的范围、各监管部门的职责、运营者的安全保护义务以及安全检测评估制度提出了更加具体、可操作性更强的要求,为开展关键信息基础设施的安全保护工作提供了重要的法律支撑。

### 1. 关键信息基础设施概念

国际上有关键基础设施和关键信息基础设施两个概念。关键基础设施是指对国家至关重要的系统和资产，一旦遭受破坏或毁灭，将对国家安全、经济命脉、公民的健康安全等造成严重损害。

关键信息基础设施是指对关键基础设施自身至关重要或者其运行必不可少的信息通信系统，这些系统处理、接收、存储电子信息。

网络运营者应当在安全保护等级为第三级(含)以上网络中确定关键信息基础设施。

### 2. 关键信息基础设施面临的风险类型

网络空间安全的核心在于关键信息基础设施的安全。关键信息基础设施承载了社会治理、人民生活最基础的公共服务，聚集了经济运行、劳动创造等最广泛的资源财富，为强调其安全的重要性，在《网络安全法》单独设立一节"关键信息基础设施的运行安全"。随着云计算、物联网、大数据和人工智能等新一代信息技术的快速发展，我国关键信息基础设施面临的内外部安全形势发生了很大变化，网络安全威胁呈现高烈度、未知性、多样化的态势。我国关键信息基础设施安全保护面临着3类重大风险。

1) 高烈度对抗的风险

网络攻击方式多样、手段隐蔽、潜伏期长、造成的损失巨大，在时间和空间上都不受边界制约。从国内外一系列网络安全事件来看，对网络中关键信息基础设施的攻击已经成为国家间对抗中的首选武器，以互联网为代表的网络空间，已成为各方势力角力和斗争的主阵地、主战场。

2) 无险可守的风险

特种木马病毒和网络攻击手段具有极度危险性，物理隔离已经无法确保网络安全。随着技术的进步和发展，网络攻击将成为关键信息基础设施稳定运行的主要风险之一。2010年"震网"病毒致使伊朗布什尔核电站20%的离心机报废；2012年"火焰"病毒致使中东石油工业网络瘫痪；2013年"棱镜门"事件致使多国政府、科研机构和企业的信息网络被入侵；2015年"乌克兰电网"事件中，Black Energy病毒造成乌克兰大规模停电；2017年"勒索病毒"事件中，"永恒之蓝"网络武器导致全球150多个国家的超过30万台计算机(含服务器)和自动化控制设备感染病毒。这些特种木马病毒和特种网络攻击手段是针对物理隔离网和工业控制系统定制的，攻击者通常熟悉被攻击的系统和网络结构，采取先进的攻击技术，病毒扩散和破坏手段非常隐蔽，现有的防病毒软件无法查杀。

3) 长期复杂的风险

现阶段我国关键信息基础设施大量采用国外的产品和技术，该现状在短时间内还无法改变。部分国外的设备在测试中发现了高危漏洞甚至人为后门，攻击者容易获取管理密码，从而取得全部权限。同时，随着自动化、智能化领域的发展，网络互联互通进一步增强，关键信息基础设施网络安全防控难度进一步增加。纵向认证和横向隔离装置是电力生产工业控制系统的最后一道防线，但通过多项国际案例来看，隔离和认证装置并不是绝对可靠的。由于设备老旧或安装维护不当、参数阈值设置不合理、程序存在逻辑漏洞和远程后门以及设备厂商自身管理缺陷等问题，网络攻击者可能会通过互联网渗透进入控制区。这些关键设施在短期内也不可能完全用国产设备取代，导致此类风险将可能长期存在。

### 3. 建立并实施关键信息基础设施安全保护制度

公安机关指导监督关键信息基础设施安全保护工作。各单位、各部门应加强关键信息基础设施安全的法律体系、政策体系、标准体系、保护体系、保卫体系和保障体系建设，建立并实施关键信息基础设施安全保护制度，在落实网络安全等级保护制度基础上，强化保护措施，切实维护关键信息基础设施安全。

1）组织认定关键信息基础设施

公共通信和信息服务、能源、交通、水利、金融、公共服务、电子政务、国防科技工业等重要行业和领域的主管、监管部门（以下统称保护工作部门）应制定关键信息基础设施认定规则，并报公安部备案。

保护工作部门根据认定规则负责组织认定关键信息基础设施，及时将认定结果通知运营者，并报公安部。

2）明确关键信息基础设施安全保护工作职能分工

各相关部门分工如下：①公安部指导监督关键信息基础设施安全保护工作，会同相关部门加强顶层设计和规划部署，健全完善关键信息基础设施安全保护制度体系；②保护工作部门负责本行业关键信息基础设施安全保护工作的组织领导，制定并实施关键信息基础设施安全保护总体规划和安全防护策略，落实指导监督责任；③关键信息基础设施运营者负责设置专门安全管理机构，组织开展关键信息基础设施安全保护工作，主要负责人对本单位关键信息基础设施安全保护工作负总责。

3）落实关键信息基础设施重点防护措施

防护措施包括：①关键信息基础设施运营者应依据等级保护标准开展安全建设并进行等级测评，发现问题和风险隐患要及时整改；②依据关键信息基础设施安全保护标准，加强安全保护和保障，并进行安全检测评估；③要梳理网络资产，建立资产档案，强化核心岗位人员管理、整体防护、监测预警、应急处置、数据保护等重点保护措施；④利用新技术开展网络安全保护，构建以密码技术、可信计算、人工智能、大数据分析等为核心的网络安全技术保护体系；⑤有条件的运营者应组建自己的安全服务机构，承担关键信息基础设施安全保护任务，也可通过迁移上云或购买安全服务等方式，提高网络安全专业化、集约化保障能力。

4）加强重要数据和个人信息保护

主要做好以下工作：①运营者应建立并落实重要数据和个人信息安全保护制度，采取身份鉴别、访问控制、密码保护、安全审计、安全隔离、可信验证等关键技术措施，切实保护重要数据全生命周期安全；②研究新技术，实现数据不出门，可用不可见，不被我所有但为我所用；③个人信息和重要数据应当在境内存储，确需向境外提供的，应当遵守有关规定并进行安全评估。

5）强化核心岗位人员和产品服务的安全管理

主要的安全管理措施包括：①要对专门安全管理机构的负责人和关键岗位人员进行

安全审查，加强管理；②要对设计、建设、运行、维护等服务实施安全管理，采购安全可信的网络产品和服务，确保供应链安全；③当采购产品和服务可能影响国家安全的，应按照国家有关规定通过安全审查；④公安机关加强对关键信息基础设施安全服务机构的安全管理，为运营者开展安全保护工作提供支持。

## 3.4 网络安全监督检查

2018 年 11 月正式施行的《公安机关互联网安全监督检查规定》（公安部令第 151 号，以下简称《规定》）中指出，公安机关应当根据网络安全防范需要和网络安全风险隐患的具体情况，对互联网服务提供者和联网使用单位开展监督检查。监督检查基本上囊括了与网络有关联的所有服务类型。

《规定》明确要求，公安机关在互联网安全监督检查中，发现互联网服务提供者和联网使用单位存在网络安全风险隐患的，应当督促指导其采取措施消除风险隐患，并在监督检查记录上注明；发现违法行为的，公安机关可以依法予以行政处罚；构成违反治安管理行为的，依法予以治安管理处罚；构成犯罪的，依法追究刑事责任。

与之前的互联网相关管理法律法规相比，新的规定不仅赋予了公安机关更大的监督检查权限，更突出了依法处置不合法、不合规情形的要求，提高了对忽视、破坏网络与信息安全行为进行查处的可能性。

### 3.4.1 检查的主体单位

《规定》中第八条指出，"互联网安全监督检查由互联网服务提供者的网络服务运营机构和联网使用单位的网络管理机构所在地公安机关实施。互联网服务提供者为个人的，可以由其经常居住地公安机关实施。"

### 3.4.2 检查的对象

《规定》中第九条指出，公安机关应当根据网络安全防范需要和网络安全风险隐患的具体情况，对下列互联网服务提供者和联网使用单位开展监督检查：

(1) 提供互联网接入、互联网数据中心、内容分发、域名服务的；

(2) 提供互联网信息服务的；

(3) 提供公共上网服务的；

(4) 提供其他互联网服务的。

《规定》特别强调：对开展本条规定的服务未满一年的，两年内曾发生过网络安全事件、违法犯罪案件的，或者因未履行法定网络安全义务被公安机关予以行政处罚的，应当开展重点监督检查。

### 3.4.3 检查的类别及内容

#### 1. 一般常规检查

《规定》中第十条指出，公安机关应当根据互联网服务提供者和联网使用单位履行法定网络安全义务的实际情况，依照国家有关规定和标准，对下列内容进行监督检查：

(1) 是否办理联网单位备案手续，并报送接入单位和用户基本信息及其变更情况；

(2) 是否制定并落实网络安全管理制度和操作规程，确定网络安全负责人；

(3) 是否依法采取记录并留存用户注册信息和上网日志信息的技术措施；

(4) 是否采取防范计算机病毒和网络攻击、网络侵入等技术措施；

(5) 是否在公共信息服务中对法律、行政法规禁止发布或者传输的信息依法采取相关防范措施；

(6) 是否按照法律规定的要求为公安机关依法维护国家安全、防范调查恐怖活动、侦查犯罪提供技术支持和协助；

(7) 是否履行法律、行政法规规定的网络安全等级保护等义务。

### 2. 服务类型的特殊检查

《规定》中第十一条指出，除本规定第十条所列内容外，公安机关还应当根据提供互联网服务的类型，对下列内容进行监督检查：

(1) 对提供互联网接入服务的，监督检查是否记录并留存网络地址及分配使用情况；

(2) 对提供互联网数据中心服务的，监督检查是否记录所提供的主机托管、主机租用和虚拟空间租用的用户信息；

(3) 对提供互联网域名服务的，监督检查是否记录网络域名申请、变动信息，是否对违法域名依法采取处置措施；

(4) 对提供互联网信息服务的，监督检查是否依法采取用户发布信息管理措施，是否对已发布或者传输的法律、行政法规禁止发布或者传输的信息依法采取处置措施，并保存相关记录；

(5) 对提供互联网内容分发服务的，监督检查是否记录内容分发网络与内容源网络链接对应情况；

(6) 对提供互联网公共上网服务的，监督检查是否采取符合国家标准的网络与信息安全保护技术措施。

### 3. 专项检查

《规定》中第十二条指出，在国家重大网络安全保卫任务期间，对与国家重大网络安全保卫任务相关的互联网服务提供者和联网使用单位，公安机关可以对下列内容开展专项安全监督检查：

(1) 是否制定重大网络安全保卫任务所要求的工作方案、明确网络安全责任分工并确定网络安全管理人员；

(2) 是否组织开展网络安全风险评估，并采取相应风险管控措施堵塞网络安全漏洞隐患；

(3) 是否制定网络安全应急处置预案并组织开展应急演练，应急处置相关设施是否完备有效；

(4) 是否依法采取重大网络安全保卫任务所需要的其他网络安全防范措施；

(5) 是否按照要求向公安机关报告网络安全防范措施及落实情况。

对防范恐怖袭击的重点目标的互联网安全监督检查，按照本条规定的内容执行。

例如，2020年第三届中国国际进口博览会开展之前，为了保障重要信息系统安全，上海市公安局会同中共上海市委网络安全和信息化委员会办公室联合开展了网络安全监督检查。检查内容包括网络安全保护责任及防护措施落实情况、等级保护定级备案情况、测评整改落实情况、网络安全防范措施落实情况、联网依法备案情况、6个月以上日志留存等。

#### 4. 相关监督

公安机关应当严格监督网络安全服务机构落实网络安全管理与保密责任。网络安全服务机构及其工作人员对工作中知悉的个人信息、隐私、商业秘密和国家秘密，应当严格保密，不得泄露、出售或者非法向他人提供。

### 3.4.4　检查的方式

《规定》中第十三条指出，公安机关开展互联网安全监督检查，可以采取现场监督检查或者远程检查的方式进行。检查具体要求如下。

(1) 公安机关开展互联网安全现场监督检查可以根据需要采取以下措施：进入营业场所、机房、工作场所；要求监督检查对象的负责人或网络安全管理人员对监督检查事项作出说明；查阅、复制与互联网安全监督检查事项相关的信息；查看网络与信息安全保护技术措施运行情况。

(2) 公安机关对互联网服务提供者和联网使用单位是否存在网络安全漏洞，可以开展远程检测。公安机关开展远程检测，应当事先告知监督检查对象检查时间、检查范围等事项或者公开相关检查事项，不得干扰、破坏监督检查对象网络的正常运行。

(3) 公安机关开展现场监督检查或者远程检测，可以委托具有相应技术能力的网络安全服务机构提供技术支持。

### 3.4.5　监督检查罚则

(1)《规定》第二十一条规定，公安机关在互联网安全监督检查中，发现互联网服务提供者和联网使用单位有下列违法行为的，依法予以行政处罚：

① 未制定并落实网络安全管理制度和操作规程，未确定网络安全负责人的，依照《网络安全法》第五十九条第一款的规定予以处罚；

② 未采取防范计算机病毒和网络攻击、网络侵入等危害网络安全行为的技术措施的，依照《网络安全法》第五十九条第一款的规定予以处罚；

③ 未采取记录并留存用户注册信息和上网日志信息措施的，依照《网络安全法》第五十九条第一款的规定予以处罚；

④ 在提供互联网信息发布、即时通讯等服务中，未要求用户提供真实身份信息，或者对不提供真实身份信息的用户提供相关服务的，依照《网络安全法》第六十一条的规定予以处罚；

⑤ 在公共信息服务中对法律、行政法规禁止发布或者传输的信息未依法或者不按照

公安机关的要求采取停止传输、消除等处置措施、保存有关记录的，依照《网络安全法》第六十八条或者第六十九条第一项的规定予以处罚；

⑥ 拒不为公安机关依法维护国家安全和侦查犯罪的活动提供技术支持和协助的，依照《网络安全法》第六十九条第三项的规定予以处罚。

有前款第④至⑥项行为违反《中华人民共和国反恐怖主义法》规定的，依照《中华人民共和国反恐怖主义法》第八十四条或者第八十六条第一款的规定予以处罚。

(2) 公安机关在互联网安全监督检查中，发现互联网服务提供者和联网使用单位，窃取或者以其他非法方式获取、非法出售或者非法向他人提供个人信息，尚不构成犯罪的，依照《网络安全法》第六十四条第二款的规定予以处罚。

(3) 公安机关在互联网安全监督检查中，发现互联网服务提供者和联网使用单位在提供的互联网服务中设置恶意程序的，依照《网络安全法》第六十条第一项的规定予以处罚。

(4) 互联网服务提供者和联网使用单位拒绝、阻碍公安机关实施互联网安全监督检查的，依照《网络安全法》第六十九条第二项的规定予以处罚；拒不配合反恐怖主义工作的，依照《反恐怖主义法》第九十一条或者第九十二条的规定予以处罚。

监督检查规定明确了公安机关在检查过程中的检查对象及检查内容，规范了监督检查工作的流程，同时进一步明确了各网络运营者的法律责任，规定中详细阐释的监管要求，有助于让网络安全责任更好更准确地落地。

# 习题 3

1. 互联网安全监督管理的基本原则有哪些？安全监督管理的对象有哪些？
2. 在等级保护中，“一个中心，三重防护”是指什么？
3. 关键信息基础设施重点防护措施有哪些？
4. 哪些单位需要进行备案？在哪里备案？
5. 互联网服务提供者需要制定并落实的网络安全制度包括哪些？
6. 网络安全等级保护分几级？分级依据是什么？
7. 网络安全监督检查的主体单位和检查对象分别是什么？
8. 网络安全监督检查分哪几类？每类检查的具体内容有哪些？
9. 公安机关在互联网安全监督检查中，可采取哪些方式？各有哪些具体措施？
10. 网络安全等级保护基本要求有哪两类？分别包括哪些具体要求？
11. 查看全国公安机关互联网安全管理服务平台(www.beian.gov.cn)，学习最新的政策法规。

# 第4章 互联网信息巡查与舆情导控

加强互联网内容建设，建立网络综合治理体系，营造清朗的网络空间，是党的十九大作出的战略部署。为此，中央全面深化改革委员会提出，要坚持系统性谋划、综合性治理、体系化推进，逐步建立起涵盖领导管理、正能量传播、内容管控、社会协同、网络法治、技术治网等各方面的网络综合治理体系，全方位提升网络综合治理能力。互联网信息监控是网络治理能力的重要组成部分。

## 4.1 互联网信息监控概述

维护信息的安全依法流动是网络自由的基本保障，也是互联网健康发展的必要前提，而互联网信息监控则是维护网络信息安全依法流动的重要手段。目前互联网信息监控遍布各行各业，例如，企业通过信息监控来了解市场需求及公众对产品和服务的反应，进而改进产品质量、提高服务水平；投资公司通过信息监控及时掌握经济动态，调整投资决策，提升经济效益；公安部门的互联网信息监控则是通过监控处置、情报预警、落地查控、舆情处置四位一体的方式，来维护国家安全和社会稳定。

### 4.1.1 互联网信息监控的概念

公安网安部门的互联网信息监控工作是指通过上网浏览、搜索、查找等方式，监视、搜索互联网上的公开或半公开信息，对其性质进行鉴别，对可能危害、影响国家安全和社会稳定的信息进行汇总、分析研判，对有害信息进行处置，对网络舆情进行引导和控制，发现犯罪信息，报送情报信息。

互联网信息监控工作的依据包括《计算机信息网络国际联网安全保护管理办法》《中华人民共和国计算机信息网络国际联网管理暂行规定》《互联网信息服务管理办法》以及《互联网新闻信息服务管理规定》等管理规范。

公安部门互联网信息监控重点把握“四个事关”，即事关社会稳定、事关(本地)党委和政府、事关公安机关、事关经济民生。

### 4.1.2 互联网信息监控工作的主要任务

互联网信息监控工作任务包括以下几方面。

(1) 及时搜集、分析网上舆论信息，发现、掌握网上反映的社情民意，发现影响国家安全和社会政治稳定的新情况、新问题，进行舆情导控。

(2) 及时对网上违法信息和不良信息以及影响国家安全和社会稳定的活动进行处置和控制。

(3) 及时掌握各种网络犯罪及网络攻击、计算机病毒的有关情况，为打击利用和通过互联网络进行的各种违法犯罪活动提供支持。

(4) 及时发现、掌握境内外敌对势力、敌对分子通过互联网进行各种破坏活动的动向，掌握敌对势力、敌对分子各种秘密活动，发现和掌握可能影响社会政治稳定的苗头和迹象，为开展网上斗争提供支持。

### 4.1.3 互联网信息监控工作的要求

#### 1. 及时准确

与传统媒体的信息相比，互联网信息的特点是传播速度快、传播范围广、更新频率快。因此在互联网信息搜集工作中必须尽早发现、及时上报、快速处置。互联网信息收集必须讲究时效性，否则可能导致信息价值流失，有害信息扩散，影响国家安全和社会稳定，给各项工作带来不必要的损失。

对互联网信息一方面要求要有核对、核查机制，以客观事实为依据，对网上信息进行准确判断；另一方面，必须要尊重原始信息反映的基本事实或基本观点，准确、客观反映网上动态，不能主观臆断或虚构。

对于监控情报信息搜集，只有第一时间发现上报，确保其及时性，才有情报价值；只有研判核实，确保其真实性，才有情报价值；只有全面追溯，确保其完整性，才有情报价值；只有人工与技术相结合，苦干加巧干才能做好监控情报信息搜集工作。

#### 2. 统一组织

互联网信息分布的分散性、互联网信息监控工作的多渠道等特点决定了互联网信息监控必须集中统一展开，要尽可能地将多个网上部位、多个信息渠道搜集，获得的信息集中起来，最大限度地获取原始信息，并统一处理。

#### 3. 信息共享

目前，在我国多家行政管理部门分工履行互联网管理职能的状况下，建立信息共享机制并在必要的情况下开展联合执法是做好网络治理的重要保障。

信息共享包含多方面，如公安机关内部涉及国保、刑侦、经侦、治安、网安等部门的信息应该在系统内部及时进行通报，涉及外地的重大信息应根据工作程序及时向所在地网安部门通报，涉及本地其他政府机关的要及时向上级报告，通报有关部门。

#### 4. 加强建设

要建立互联网突发事件处置机制，制定工作预案，有条不紊地开展工作。

始终把维护国家安全和社会稳定工作放在首位，以事关国家安全、事关社会稳定、事关经济社会发展、事关公安工作的信息为重点，将信息监控工作向基层延伸、将网上巡查工作向网络社区延伸。不断完善建立网上巡查、预警、落地、处置一体化的互联网监控工作体系，加强专业基础建设、加强专业队伍建设、加强专门手段建设、加强制度机制建设，全面提高网上发现处置、情报预警、核查调查和舆情导控能力。

### 4.1.4　互联网信息监控工作的流程

互联网信息监控工作的流程包括信息搜集、信息核查、信息处置、信息研判和信息编报。

#### 1. 信息搜集

根据信息要素的搜集要求和有关规定，对网上各个信息场所出现的可能危害国家安全和社会稳定的信息或其他有价值的情报信息，从网站、网页上复制、下载，并记录信息源。

#### 2. 信息核查

针对网上信息内容所反映的情况，通过一定机制、渠道，对事实真相进行核对、调查，便于对网上信息的性质进行定性和判定。同时根据情况对发布人员身份进行核查。

对落地查证线索下达“网上线索调查（处置）通知单”。也可根据工作需要，填写“互联网违法信息协查单”，提出网上处置工作需求。

#### 3. 信息处置

根据信息性质进行不同的处置。如对有害信息进行删除、过滤、封堵，对舆情进行导控。

#### 4. 信息研判

按照某种目的，选择合适的方法对搜集的信息进行甄别、归类和统计，研究动态、规律、特点、对策等。

信息研判方法有统计分析、关联分析、聚类分析等。

#### 5. 信息编报

对信息搜集和研判的结果，按照规范的格式和规定的程序，将信息编辑成符合一定格式的文稿，报告给有关部门。

## 4.2　互联网信息搜集

互联网信息的搜集是互联网监控工作的首要环节，有害信息的查处、舆情导控、案件信息的发现、信息研判等工作都以信息的搜集为基础。

### 4.2.1　信息搜集的地域范围

互联网信息监控实行“分级监控、分类处置”，以涉及本地区的信息为信息搜集重点。

信息搜集的地域范围有两方面，一是对象属地，指网络服务器所在地属于本地的；二是内容属地，指事关本地的网站、论坛等。以南京的网安部门为例，搜索范围包括服务器在南京地区的，也包括栏目内容涉及南京地区的，诸如微信公众号、新浪微博、今日头条、百度贴吧、抖音等都有涉及南京的版块，大量吸引着南京网民，这些信息都需要监控搜集。

信息搜集中需要对互联网站、应用程序、论坛、博客、微博客、公众号、即时通信工具、网络直播等新媒体、新应用，划分网上责任区，实行"双负责制"，对重点网站监控实行分工负责制，对网上有害信息和舆情控制实行属地负责制。

属地巡查责任由网站服务器所在地地市级以上公安机关网安部门承担，指定巡查责任由地市级以上公安机关网安部门根据需要指定。

### 4.2.2 信息搜集的内容范围

网上信息搜集的内容包括有害信息、舆情信息、情报信息等。其中，有害信息又可分为违法信息和不良信息。

网络新闻信息是信息监控的重点，网络新闻信息不仅要看内容类别，还要看社会影响，涵盖了涉及社会公共事务、公共秩序、社会公共价值体系、会引发社会讨论的新闻内容。

对事关社会稳定、事关(本地)党委、政府、事关公安机关、事关经济民生的信息尽早发现、及时上报，快速处置。

#### 1. 违法信息

2019 年 12 月 15 日，国家互联网信息办公室发布《网络信息内容生态治理规定》，明确了正能量信息、违法信息和不良信息的具体范围。鼓励网络信息内容生产者制作、复制、发布含有正能量内容的信息；明确网络信息内容生产者应当遵守法律法规，遵循公序良俗，不得损害国家利益、公共利益和他人合法权益，不得制作、复制、发布违法信息；应当采取措施，防范和抵制制作、复制、发布不良信息。

《网络信息内容生态治理规定》第六条规定，网络信息内容生产者不得制作、复制、发布含有下列内容的违法信息：

(1) 反对宪法所确定的基本原则的；

(2) 危害国家安全，泄露国家秘密，颠覆国家政权，破坏国家统一的；

(3) 损害国家荣誉和利益的；

(4) 歪曲、丑化、亵渎、否定英雄烈士事迹和精神，以侮辱、诽谤或者其他方式侵害英雄烈士的姓名、肖像、名誉、荣誉的；

(5) 宣扬恐怖主义、极端主义或者煽动实施恐怖活动、极端主义活动的；

(6) 煽动民族仇恨、民族歧视，破坏民族团结的；

(7) 破坏国家宗教政策，宣扬邪教和封建迷信的；

(8) 散布谣言，扰乱经济秩序和社会秩序的；

(9) 散布淫秽、色情、赌博、暴力、凶杀、恐怖或者教唆犯罪的；

(10) 侮辱或者诽谤他人，侵害他人名誉、隐私和其他合法权益的；

(11) 法律、行政法规禁止的其他内容。

#### 2. 不良信息

《网络信息内容生态治理规定》第七条规定，网络信息内容生产者应当采取措施，防范和抵制制作、复制、发布含有下列内容的不良信息：

(1) 使用夸张标题，内容与标题严重不符的；

(2) 炒作绯闻、丑闻、劣迹等的；

(3) 不当评述自然灾害、重大事故等灾难的；

(4) 带有性暗示、性挑逗等易使人产生性联想的；

(5) 展现血腥、惊悚、残忍等致人身心不适的；

(6) 煽动人群歧视、地域歧视等的；

(7) 宣扬低俗、庸俗、媚俗内容的；

(8) 可能引发未成年人模仿不安全行为和违反社会公德行为、诱导未成年人不良嗜好等的；

(9) 其他对网络生态造成不良影响的内容。

### 3. 舆情信息

互联网舆情信息主要是指对社会热点问题、重要事件的网上动态反应，包括正面舆情和负面舆情，内容包括：

(1) 对重大政治活动、重要事件的网上动态反应；

(2) 国家重大政策出台前后国内外网上动态反应；

(3) 严重影响国家安全、社会稳定的群体性事件、突发事件及社会热点问题的网上动态反应；

(4) 涉及政治、经济、军事和科技等方面的重要动态信息；

(5) 重要的国际动态信息；

(6) 港、澳、台动态信息；

(7) 有损于国家、政府和公安机关形象，可能引起炒作、产生负面影响的信息。

### 4. 情报信息

信息监控可以搜集犯罪情报，发现违法犯罪信息，如色情网站、非法传销和销赃、反动和非法组织网上聚会、反动宣传、利用网站侵犯公民个人信息、诈骗、涉枪、涉暴、黑客等。监控民警需要熟悉各类犯罪"黑话"。

对于发现的线索，要根据情况填写"线索移交表"或"案件线索调查(处置)通知单"，移交有关部门处置。

此外信息搜集的内容还包括信息网络安全动态、上级网络安全保卫部门部署监控的专题、专项信息、涉及本地的信息、敌情信息等。

负责信息收集监控的网警需要有较强的政策水平，随时了解重大事件，熟悉各种网络流行语、隐语、暗语等，并掌握各类交互式网站、社交网站的背景资料，对反映社情民意的信息及时提供给决策部门参考，对舆情信息进行编报并根据职责分工开展工作。

## 4.2.3 信息搜集及处置的时间要求

互联网信息监控实行 24 小时监控，定时巡查。对本地网站、网页每天固定巡查一次以上；对重点网站、网页信息更新的内容 30 分钟内巡查一次；对论坛等交互式栏目每天固定巡查不少于 2 次；对重点论坛等交互式栏目每小时巡查 1 次；对重大突发事件、重点监控目标应实时监控。

根据信息内容的性质，分为三类。

一类信息。指需紧急发现处置的，有快速传播扩散可能，严重危害社会稳定、国家安全和社会公共秩序的行动性、煽动性信息。例如，煽动、策划和组织串联、集社、游行。

二类信息。指需迅速发现处置的，可能严重破坏社会稳定、损害国家利益和扰乱社会秩序的信息。例如，自由化、民族分裂、散布谣言。

三类信息。指需及时发现处置的，影响社会秩序、危害公民权益和法律、行政法规禁止的信息。例如，侮辱、诽谤他人、谣言、赌博、诈骗、传销。

### 4.2.4 信息搜集的方法

信息收集的方式包括人工浏览、公共引擎搜索、专用工具搜索、社会力量巡查等。

公安机关依法对网上论坛、社区等公共信息区域进行浏览和巡查，同时，还设立网上举报网站，鼓励网民积极举报网上违法犯罪线索，以及时发现打击利用针对互联网实施的违法犯罪活动。这也是世界各国对互联网管理的通行做法。

网站安全员对经本网络或信息场所发布的信息应实行 24 小时审核巡查，发现敏感、违法信息，应当及时停止传播，防止信息扩散，固定证据，并向网安部门报告，并提供删除内容。

使用互联网搜索引擎是常用的搜集方法之一，监控网警需要熟悉常用搜索引擎及其搜索技巧，了解各搜索引擎的特长，根据需要搜索的内容选择合适的搜索引擎。比如百度适合综合类搜索；奇虎、搜搜适合论坛搜索；有道、搜狗适合博客的搜索；微信公众号的搜索应第一时间使用搜狗。当然各个搜索引擎功能之间有交叉，有时需要同时使用，相互弥补。

关键词的选择对发现信息起到至关重要的作用，直接影响到工作成效。不仅要根据事件本身选择合适的词汇，设置查询条件、选项或使用通配符，还要掌握网民的语言，熟悉网络过滤技术。用过滤技术屏蔽的关键词搜索是不能搜索到任何内容的。

对于突发区域性新闻，直接进入事件当地网络媒体进行搜索可能效果更好，因为搜索引擎有滞后性。

要能正确使用多关键词搜索，根据需要使用 site 来搜索指定网站。当搜索的网站被删除或链接失效时，可以使用网页快照来查看这个网站原始的内容。

百度指数是以百度网页搜索和百度新闻搜索为基础的免费海量数据分析服务，用以反映不同关键词在过去 30 天内的“用户关注度”和“媒体关注度”。它能形象地反映该关键词每天的变化趋势。

但目前关键词信息的网上排名可能受竞价影响，因此使用搜索引擎时必须注意到此问题。

对于搜索的结果，要通过保留原始网页、截取屏幕等方式及时取证，固定原始证据。

### 4.2.5 信息研判和网络信息挖掘

信息研判就是对搜集的信息经过分析研究，由此及彼、由表及里地提炼和总结，上升为情报信息的过程。

分析研判的内容包括：网上信息的性质，网上信息的危害程度，网上信息所反应的敌、社情动向及规律、特点，网上舆情动态及其炒作苗头、迹象和发展趋势，网上信息所反应的违法犯罪线索，网上突发事件的苗头、迹象和可能造成的危害。

由网络信息可以挖掘情报。如根据网络用户点击的频率状况，从海量数据中可分析社会热点敏感信息，掌握所控对象网上动态，针对所控对象的网上行为进行智能的持续跟踪，对所控事件进行分析追踪，从而找出关联的人物及线索，为查清事件提供帮助。并根据线索对所控对象的网络行为进行分析，找出其网上活动规律，作出未来预测。

据美国杂志《连线》网站报道，美国中央情报局下属的投资机构与谷歌共同为一家名为 Recorded Future 的互联网实时监控企业进行投资，该公司可以利用互联网中公布的大量信息预测某一事件的发展趋势，从而为中情局提供情报。其分析引擎可以找出涉及相同或相关实体和事件的文件信息之间的无形联系，从而超越搜索。

在互联网信息搜集、研判和使用等过程中一定要依法依规进行，保护用户数据和隐私。

### 4.2.6 互联网信息的编报

#### 1. 编报流程

互联网信息编报流程包括筛选、编写、审核、报送等。

(1) 筛选。对搜集的互联网信息根据内容分类，结合专项要求等进行筛选。反映新闻舆情的信息要找当前社会关注的和网民积极参与评论的；反映论坛热帖的信息，要突出帖文的观点，网民的不同看法，作者的情况，主要观点或性质；反映煽动性、行动性信息，要第一时间上报，写明处置情况或者意见。

(2) 编写。根据规范的格式要求进行报告的编写。

(3) 审核。根据职责规范将监控报告送交有关领导审核。

(4) 报送。将监控报告送交本单位领导、上级部门和事件相关职能部门。

上报信息后，要及时收集反馈意见，根据上级要求进一步开展工作。

#### 2. 编报要求

总体要求：在编报时，重要情况要随时发现、随时报送；要加强信息核实、确保准确无误；同时深入分析全局性、战略性、潜在性问题。具体如下。

(1) 实事求是，尊重原意。客观上报，关键情节和词句不能轻易改动，切忌主观臆断。

(2) 行文简洁，言简意赅。标题鲜明、醒目、贴切，既要能概括核心内容，又不可盲目照搬原材料的标题，要做到内容明确、文理通顺、言简意赅、严谨生动。时间、人物、出处等要素要齐全、准确，以便后续工作的开展。

(3) 归纳提炼，观点准确。来源要可靠，内容要确实，事实要清楚，观点要明确。文字表达要准确，不能模棱两可。用词要准确，特别是人名、地名、数字、组织名、外文名等关键名称要准确无误。

(4) 逻辑严谨，信息完全。信息内容各部分、各环节之间要有一定的逻辑关系，对象、时间、地点、事件、原因、手段等信息内容六要素和信息的来源、时间、发生部位三要素要齐全，要素不齐全的原则上不能编报。

(5) 详略得当，重点突出。详写是指对那些最能说明问题的地方用较多的笔墨和篇幅，表达充分详尽。略写是指对那些间接说明问题、表达主题的地方，采用简短精要的处理办法。

(6) 推敲修改，措辞严谨。从标题、材料内容、结构、语言、文字等方面入手进行修改、反复推敲，力求主题鲜明、结构合理、措施严谨、语言完美。

做好信息编报，要提升四种能力：①要有网络搜索能力，具有能搜索、会搜索、深度搜索的能力；②要有真伪鉴别力，鉴别真伪方法包括官网权威法、多网互证法、图文印证法、意见领袖法等；③要有较高的政治把握力；④要有较强的文字编辑力，文字处理遵循"十六字方针"，即尊重原文、不带感情、客观评述、留有余地。

## 4.3 互联网信息巡查执法

在人人都有麦克风、人人都是自媒体的时代，网络不是法外之地，法律底线同样不可逾越。2015 年 6 月，全国首批 50 个省市公安机关统一标识为"网警巡查执法"的微博、微信和百度贴吧账号集中上线，此后各地公安机关陆续上线。这是公安部党委贯彻落实全面深化公安改革、依法加强网络社会管理的具体举措，有利于依法维护网络社会治安秩序，有利于促进互联网健康有序发展。

通过建设网警公开巡查执法平台，建立完善网上公开巡查执法、警示教育、犯罪预防、打击控制等各项工作机制，实行依法、公开、主动管理，维护网络清朗空间，同时开展网上群众工作，提供网络便民服务。一是通过 24 小时巡查，及时发现网络各种违法犯罪信息和有害信息；二是依法震慑制止网络违法犯罪和网上不良言行，对情节轻微的网民进行教育警示，对涉嫌违法犯罪的，依法追究相应法律责任；三是发布典型网络犯罪案例和警示防范信息，协助网民提升网上安全防范意识和防范能力；四是接受网民举报网上违法犯罪线索，开展网上法制宣传教育，等等。

网警公开巡查执法实行属地负责制。

### 4.3.1 违法信息的查处依据

对违法信息的查处，依据《中华人民共和国宪法》《中华人民共和国网络安全法》《中华人民共和国刑法》《中华人民共和国治安处罚法》《全国人大关于维护互联网安全的决定》《计算机信息网络国际联网安全保护管理办法》以及《网络信息内容生态治理规定》等法律法规进行。

### 4.3.2　违法信息的处置方式

违法信息的处置方式包括行政方法、技术方法和谋略方法。

行政方法有：删除、过滤、封堵、暂停服务、停机整顿、停止联网、关闭网站等方法。处置要依据有关法律规范，履行法律手续，并及时上报有关部门。

一般情况下，值守网警发现轻微违法信息后，会用私信对发布者进行警示教育。"我们会首先亮明网警身份，指出他的行为错误所在，也会对其进行法制宣传教育。"

中国建设有国家防火墙，对于境外网站进行审查。在互联网信息监控中发现境外有害信息网站的，履行相关手续后交有关部门进行封堵。

信息删除前需要进行证据固定。

信息处置途径包括各级网安部门，网站、IDC 服务商、发布人等。

例如，2018 年春节长假期间，有网友在新浪微博曝光：有两名男子穿着日本军服，在南京紫金山抗日碉堡前摆造型拍照。消息一出立即引发了广大网民的强烈愤慨。2 月 23 日下午，南京玄武警方通过官方微博发布通报，称警方依法对涉案违法行为人唐某、宗某分别予以行政拘留 15 日的处罚。

### 4.3.3　违法信息查处流程

境内发现违法信息后通过"互联网违法信息巡查处置系统"通报网站所在地处置，属地核查后，属于违法有害信息且网站确实在本地的，通知网站删除，视情处罚，如核查发现非本地网站的，通过系统转网站实际所在地或退回；对违法信息认定存在争议的，可以通过系统申请仲裁。境外有害信息(有害网站)通过"互联网违法信息巡查处置系统"上报给有关部门封堵。

(1) 将含违法信息的原始网页保存后立即删除；编写信息编报。

(2) 落地查证。对需要查究的人，根据网络上的行为或虚拟身份，网上网下有机结合，查证确定现实社会中的真实身份。

(3) 妥善处置。综合运用法律、管理、技术等手段，讲究政策、策略、工作方法、谋略艺术，防止矛盾激化，防止造成现实危害，确保法律效果和政治效果、社会效果的有机统一。并注重保障案件当事人的合法权益。

预防负面舆情，要加强突发事件、公共安全、重大疫情等信息发布，负责处置的地方和部门是信息发布第一责任人，要快速反应，及时发声，根据处置进展动态发布信息，回应社会关切。

规范操作流程，谨防滥用职权。①信息处置要规范；处置审批手续存档，与网站双向核查。②落地查证要规范；相关证据档案规范、依法查处审批手续规范；存档。③手段使用要规范。

规范行政执法活动。①对仅在网上发布信息，信息发布次数较少、情节较轻微的，可做好笔录并进行教育训诫。②对大量、多次发送违法信息，情节严重的，可按照《网络安全法》和《计算机信息网络国际联网安全保护管理办法》第二十条等规定，对相关行为人给予警告、罚款等行政处罚。③对无法查清违法信息发布人的，应通知属地电信运营商、网站对其网络账号、联系方式采取强制关停措施。④对可能存在现实违法犯罪行为的,应开展立案侦查或将有关线索及时移交同级国保、经侦、治安、刑侦、禁毒、反恐等部门立案查处。

例如,2019 年 12 月,湖北省武汉市出现不明原因肺炎患者情况。12 月 30 日 17 时 30 分左右,武汉中心医院李文亮医生收到同事发给他的信息。17 时 43 分,李文亮医生以“李文亮　武汉　眼科”昵称在微信群“武汉大学临床 04 级”中转发、发布“华南水果海鲜市场确诊了 7 例 SARS”“在我们医院后湖院区急诊科隔离”等文字信息和 1 张标有“SARS 冠状病毒检出〈高置信度〉阳性指标”等字样的临床病原体筛查结果图片、1 段时长 11 秒的肺部 CT 视频。18 时 42 分,又在该群发布“最新消息是,冠状病毒感染确定了,正在进行病毒分型”“大家不要外传,让家人亲人注意防范”。同时,类似信息也出现在其他微信群中。被人上传到网上的武汉市卫健委两份部门文件与李文亮医生等人转发、发布的信息,引发关注和讨论。

李文亮转发、发布相关信息,主观上是想提醒同学、同事注意防范,信息被大量转发后引发社会关注,客观上对各方面重视疫情、加强防控起到了推动作用。

按照武汉市关于不明原因肺炎疫情防控工作安排,武汉市公安机关依据传染病防治、治安管理等法律法规,以及市卫健委的情况通报,对在网上出现的转发、发布 SARS 等传染病信息情况进行了调查处置。2020 年 1 月 3 日 13 时 30 分左右,武汉市公安局武昌分局中南路派出所与李文亮医生联系后,李文亮医生在同事陪同下来到该派出所。派出所副所长杨某安排负责内勤的民警胡某与李文亮医生谈话。经谈话核实后,谈话人员现场制作了笔录。李文亮医生表示,在微信群中发布有关 SARS 的信息是不对的,以后会注意的,谈话人员对李文亮医生制作了训诫书。

李文亮工作中因感染新型冠状病毒引发肺炎于 2020 年 2 月 7 日不幸去世,引发舆情,当日,经中央批准,国家监察委员会决定派调查组赴湖北省武汉市,就群众反映的涉及李文亮医生的有关问题作全面调查。3 月 29 日调查结果公布,表明对李文亮出具训诫书不当,并存在执法程序不规范的问题;督促公安机关撤销训诫书并追究有关人员责任。当晚,武汉市警方发布公告,撤销训诫书,并就此错误向当事人家属郑重道歉。同时,武昌区公安分局中南路街中南路派出所副所长杨某,被给予行政记过处分,民警胡某被给予行政警告处分。4 月 2 日,李文亮被湖北省人民政府评定为烈士。

### 4.3.4　打击网络谣言

谣言止于智者,每一位互联网用户,都应当树立责任意识,保留一份独立的判断力,重视手中的发布和转发按键,让微谣言止于你我之手,净化朋友圈,拒绝微谣言,应当也必须从你我做起。

打击网络谣言,需要建立网络谣言长效治理机制,坚持“打击+引导”组合拳,努力营造清朗网络空间。一方面,以零容忍的态度深化打击。另一方面,强化网络宣传,及时发布辟谣文章,不断提升网民辨谣识谣能力,铲除网络谣言生根土壤。

#### 1. 打击谣言的法律依据

最高人民法院、最高人民检察院于 2013 年 9 月公布的《关于办理利用信息网络实施诽谤等刑事案件适用法律若干问题的解释》明确了利用信息网络实施诽谤、寻衅滋事、敲诈勒索、非法经营等犯罪的定罪量刑标准，厘清了在信息网络上发表言论的法律边界。

第一条分两款明确了利用信息网络实施诽谤犯罪的行为方式，即捏造事实诽谤他人的认定问题。具体包括 3 种行为方式。一是捏造并散布，即捏造损害他人名誉的事实，在信息网络上散布，或者组织、指使他人在信息网络上散布的行为。二是篡改并散布，即将信息网络上涉及他人的原始信息内容篡改为损害他人名誉的事实，在信息网络上散布，或者组织、指使人员在信息网络上散布的行为。三是明知虚假事实而散布，即明知是捏造的损害他人名誉的事实，在信息网络上散布，情节恶劣的行为，以捏造事实诽谤他人论。上述行为均反映出行为人具有捏造事实诽谤他人的主观故意，可以认定为诽谤罪的捏造事实诽谤他人。

第二条明确了利用信息网络实施诽谤行为的入罪标准。由于信息网络具有传播速度快以及网帖内容不易根除等特点，利用信息网络实施诽谤行为往往会造成严重的现实危害后果。从诽谤信息被点击、浏览、转发的数量，诽谤行为造成的实际危害后果，诽谤行为人的主观恶性等方面，明确了利用信息网络实施诽谤行为的入罪标准。实践中，有的不法分子捏造损害他人名誉的事实，在信息网络上恶意散布，在短时间内点击量数以万计，传播甚快，流毒甚广，给被害人的工作、生活造成严重影响，甚至造成被害人精神失常等严重后果，应当依法以诽谤罪定罪处罚。

第三条明确了利用信息网络实施诽谤犯罪适用公诉程序的条件。根据刑法规定，诽谤罪是自诉案件，但是严重危害社会秩序和国家利益的除外。规定了引发群体性事件，引发公共秩序混乱，引发民族、宗教冲突，诽谤多人、造成恶劣社会影响，损害国家形象、严重危害国家利益，造成恶劣国际影响等 7 种情形，应当认定为严重危害社会秩序和国家利益，可以适用公诉程序，由公安机关立案侦查，检察机关提起公诉。

### 2. 打击谣言需注意的问题

(1) 网上网下同步行动。

打击网络谣言，需要网上网下同步行动，张某网上散布谣言扰乱公共秩序案的调查可以说明这一点。2013 年 7 月 19 日中午，一条微博出现在网络上："刚刚开化县交警大队，我婶婶因处理交通事故进了一个房间，结果被三个交警架着让四个人打，各种凶器，现在正在医院，这种禽兽交警!!!"

网警查看到博客发自腾讯微博，署名"小月"，打开其空间发现照片，但一时找不到具体身份信息。于是网上网下同步紧急行动。

纪委来到交警大队，查看当时事故处置情况，查验录音笔录。督察走进人民医院，院方说根本没发生过类似打人事件，也没有伤者。现场调查结论是网民涉嫌散布谣言。

网警对微博内容进行截屏，固定了相关证据。同时下载"小月"头像，并打印出来。因为微博中提到"我婶婶"，于是网警再到开化县人民医院，请相关人员予以辨认。就这样，从一起致人死亡的交通事故，发现了一些线索。

网上巡查也在进行，从微博的关注、被关注等，很快梳理出了一些"小月"的关系人，其中有她十分亲近之人。通过这些互粉，终于找到了"小月"的丈夫，根据网警下载的"小月"

头像，最终确定并找到"小月"本人——张某。张某当即承认微博是她所发，认识到错误，马上自行删除相关微博。一场可能因造谣带来的危机解除了，张某也受到了行政处罚。

(2) 依法打击谣言，严防扩大化。

打击网络谣言，需要注意，不宜把公众发布不够准确的信息轻易定性为编造散布谣言。如果是这样，老百姓对待不清楚的社会事件，恐怕连说话的机会都没有了。因此需注意的是，因信息不充分传播了不准确信息和蓄意制造传播谣言，还是有本质区别的。

(3) 侮辱、诽谤案件一般属于自诉案件。

根据全国人民代表大会常务委员会《关于加强网络信息保护的决定》(2012 年 12 月 28 日)，公民发现泄露个人身份、散布个人隐私等侵害其合法权益的网络信息，或者受到商业性电子信息侵扰的，有权要求网络服务提供者删除有关信息或者采取其他必要措施予以制止。

"起诉谁?"是网络侵权自诉案件中的一个难点。根据最高人民法院《关于审理利用信息网络侵害人身权益民事纠纷案件适用法律若干问题的规定》(法释〔2014〕11 号)，发布信息的侵权人身份不能确定，并不能妨碍原告单独起诉网络服务提供者。在能够确定侵权人且网络服务提供者请求追加其为共同被告或第三人时，人民法院应予准许。原告起诉网络服务提供者，网络服务提供者以涉嫌侵权的信息系网络用户发布为由抗辩的，人民法院可以根据原告的请求及案件的具体情况，责令网络服务提供者向人民法院提供能够确定涉嫌侵权的网络用户的姓名(名称)、联系方式、网络地址等信息。原告根据网络服务提供者提供的信息请求追加网络用户为被告的，人民法院应予准许。在 2015 年的《中华人民共和国刑法修正案(七)》中明确，通过信息网络实施侮辱、诽谤的行为，被害人向人民法院告诉，但提供证据确有困难的，人民法院可以要求公安机关提供协助。

## 4.4 互联网舆情引导管控

### 4.4.1 网络舆情及特点

#### 1. 网络舆论

广义的网络舆论，简单而言，是指通过互联网表达的社会舆论，包含了所有的社会舆论形式，诸如公众舆论、新闻媒体舆论、官方舆论以及各种利益集团制造的舆论假象等。

狭义的网络舆论，特指网民在互联网上表达的舆论。

一般认为，网络舆论是指在网上传播的公众对某一现象、问题所表现出的有一定影响力的、带倾向的意见或言论的总和。

网络舆论是公开表达的多数人的共同意见，具有如下主要特点：①网络舆论主体具有隐匿性和分散性；②网络舆论内容具有丰富性；③网络舆论传播具有爆炸性。

#### 2. 网络舆情

(1) 网络舆情概念。网络舆情是网民以互联网为载体，对公共事务(关于某种社会现象、事件或问题)所持有的情绪、态度和意见交错的总和。

(2) 网络舆情特点。网络舆情的主体为网民,反映的是网民所持有的情绪、态度和意见,具有受众广、参与性强、自由度高、内容庞杂、突发状况多、相对隐蔽等特点。

在相关社会事务引发网民的关注后,由于网络发表言论的便捷、发布者又具有一定的隐匿性、网络信息传播迅速且受众面广,就可能导致网络舆情关注度高,引发网络舆情事件。

网络舆情诱因多样,但其根源在于现实的社会问题,包括:生存压力的增加、不当政策的出台、贪污腐败的曝光、贫富差距的加大等。

(3) 网络舆情传播途径。网络舆情的传播途径由网络工具决定,主要包括即时聊天工具(微信、QQ 等)、网络直播、短视频、网络论坛、新闻跟帖、微博、电子邮件等。全面掌握网络舆情传播途径,可以更好地获取舆情、了解舆情、引导舆情。

舆情是舆论的前期阶段,是舆论形成的潜伏期。舆论涉及多数人的公开意见,但未必是正确的意见,真理有时掌握在少数人的手中。需要加强舆情的分析研究,防止不正确的多数人的意见形成舆论,破坏社会秩序和国家安全,减少错误舆论的影响和所带来的危害。

### 3. 网络舆情的正面影响

(1) 网络舆情是民意的"晴雨表",有利于党和政府体察民意。

(2) 网络舆情是公众的"助听器",有利于扩大社会公众知情权。

(3) 网络舆情是社会的"减压阀",有利于转型期社会的稳定。

(4) 网络舆情是监督的"千里眼",有利于促进透明度的提高。

2020 年 8 月 4 日,网传"冀 D×××9 警"车辆驾驶人因"未按规定使用安全带、开车接打电话、机动车刹车灯不亮"被一名摩托车驾驶人拦停质问的视频,引起网民关注。

河北省某市交巡警支队发现后,立即对视频内容进行调查核实。经查,警车驾驶人赵某某当日受单位委派去鉴定中心收取事故鉴定结果,存在未按规定使用安全带、驾驶时拨打接听手持电话、驾驶安全设施不全的机动车(机动车刹车灯不亮)的违法行为。8 月 5 日,该市交巡警支队发出情况通报:市交巡警支队复兴一大队依法对驾驶人赵某某的三项违法行为做出处罚,并对其本人诫勉谈话,调离执法岗位。同时,为汲取教训、加强队伍管理,市交巡警支队即日起进行为期一个月的纪律作风整顿活动,教育民辅警带头遵章守纪,对执勤车辆安全设施加强维护,排除隐患,杜绝类似现象发生,诚恳接受并感谢社会各界和广大人民群众的监督。

网络舆情作为社会舆情,或者说是民意,在互联网空间的直接映射,日益成为政府制定方针政策、实施服务管理的重要决策参考。当然,网络社会并不完全等同于现实社会,网络意见表达与真实社会意愿反映之间仍存在一定偏差。

### 4. 网络舆情的负面影响

(1) 网络舆情可能成为敌对势力的利用工具。由于网络舆情关注度高,就可能被敌对势力利用,作为其思想渗透的工具,威胁国家安全、扰乱社会秩序。

(2) 网络舆情可能影响现实社会稳定。网络信息的真实性、可信度降低,网络匿名环境的情绪型言论会产生非理性共鸣,少数不法分子借机造谣、煽动,故意激化矛盾、蛊惑人心。网民对所谓"意见领袖"易盲从、容易诱发线下行动。而公权力大、公益性强、公众关注度高的"三公部门"和其中的公职人员,极容易成为网络热点新闻炒作的焦点。

(3) 网络舆情可能引发网络黑灰产业。利用网络舆情进行网络敲诈、网络诽谤等,此类法律问题日益增多,影响了网络生态环境。

### 4.4.2 互联网舆情导控

针对互联网舆情导控,近年来,习近平总书记作了一系列重要讲话。习近平指出,互联网已经成为舆论斗争的主战场。在互联网这个战场上,我们能否顶得住、打得赢,直接关系我国意识形态安全和政权安全(2013 年 8 月 19 日,习近平在全国宣传思想工作会议上的讲话)。做好网上舆论工作是一项长期任务,要创新改进网上宣传,运用网络传播规律,弘扬主旋律,激发正能量,大力培育和践行社会主义核心价值观,把握好网上舆论引导的时、度、效,使网络空间清朗起来(2014 年 2 月 27 日,习近平主持召开中央网络安全和信息化领导小组第一次会议)。网民大多数是普通群众,来自四面八方,各自经历不同,观点和想法肯定是五花八门的,不能要求他们对所有问题都看得那么准、说得那么对。要多一些包容和耐心,对建设性意见要及时吸纳,对困难要及时帮助,对不了解情况的要及时宣介,对模糊认识要及时廓清,对怨气怨言要及时化解,对错误看法要及时引导和纠正,让互联网成为我们同群众交流沟通的新平台,成为了解群众、贴近群众、为群众排忧解难的新途径,成为发扬人民民主、接受人民监督的新渠道(2016 年 4 月 19 日,习近平在网络安全和信息化工作座谈会上的讲话)。

互联网舆情导控工作是公安机关开展网上斗争的重要组成部分,是从维护社会政治稳定的要求出发,组织专门力量,使用专门手段和专门方法,采取公开与隐蔽相结合、谋略与技术相呼应的斗争方式,通过网上发帖、转发、评论的方式对舆情进行引导,对互联网上造成危害的言论、议论、舆论热点和炒作进行疏导、化解、干扰、阻止、压制和反制。公安机关需要进一步加强敏感舆情监测预警,加强网上正面宣传,加强网上公开巡查执法。

#### 1. 引导方式

在发生不当网络舆情事件时,通过公布事实进行说明教育、发挥组织团体作用、借力案例和法律法规进行暗示等方法来引导舆情事件朝正确方向发展。主要方式包括两类。

(1) 非网络引导方式。通过新闻发布、新闻报道,公布事实,并进行剖析评论,让网民了解真相,使公共事务透明化、公开化,达到对事实澄清的效果。

(2) 网络引导方式。在官方微博等群众信赖的渠道上公布事实;对知名网站进行规范管理,使其成为社会舆论的引导场所;对网络论坛版主加强审查,使网络论坛版主承担起监督的责任;让意见领袖对社会事务进行评论,充分发挥意见领袖的引领作用。通过在多种网络工具的发声,实现在网络传播渠道上的舆情引导。

#### 2. 控制方式

网络舆情是网民心理活动的体现,对网络舆情应以疏导为主、控制为辅。舆情控制是以强制手段避免带来的不良影响,维护社会秩序保护国家安全。舆情控制可分为技术控制和法律控制两种方式，其中技术控制的方法包括以下几种。

(1) 立刻删除有害舆论信息。网络有害舆论信息一经发现应立刻删除，避免扩散，造成更坏影响。

(2) 采取技术措施过滤有害信息。网站通过设置过滤功能，避免有害主题或信息的出现，防止有害舆论信息扩散。

(3) 封堵地址防止境外渗透。若有害信息网站在境外，为阻止网民访问、防止有害信息的传播，可进行相关地址封堵。

### 4.4.3 互联网舆情管控

互联网舆情管控是互联网舆情导控的重要组成部分，属于网上公开巡查执法。

#### 1. 工作目标

绝不允许危害国家安全和社会政治稳定的人员在网上形成组织，绝不允许危害国家安全和社会稳定的言论、议论和舆论在网上形成气候，切实维护健康有序的互联网舆论环境。

#### 2. 工作原则

(1) 发现在早、处置在小、预防在先、控制有力。

(2) 提前预警、低调稳妥、依法处置、防止危害。

发现是前提，控制是基础，可控是目标，协调是关键。

#### 3. 工作任务

(1) 及时准确掌握网上舆情动态。

(2) 快速有效处置网上违法信息和不良信息。

(3) 积极主动引导控制网上舆论。

2014 年，各省公安厅成立舆情引导处置中心，为执法勤务机构。

网安部门在舆情管控工作中的任务：①监测发现舆情，向有关部门提出工作建议；②落地查证；③协调网站、平台进行技术处理；④做好协助配合工作。

对突发重大事件，在事发当时编报网上舆情情况后，要对该舆情事件进行跟踪监测，对网民评论数、转载数、微博传播情况(粉丝数、发博文数)、点击浏览数等情况进行比较，反映舆情发展趋势，并对新增观点和整体舆论进行分析研判。

在一些涉外事件中，时常出现一些非理性事件甚至暴力事件，在依法处置的同时，需要进行宣传引导，理性爱国，自觉抵制利用网络实施违法犯罪活动。

### 4.4.4 互联网舆情导控案例

#### 1. 镇江交警护学岗引发舆情

公安民警早晚在中小学门前设立护学岗是一件好事。2015 年 3 月 23 日，网民 tuzimike1 以“领导的车子，服务就是不一样”为题发帖，并配发了一段视频，称镇江市交警大队交警见到领导的车子主动上前开门服务，此帖迅速引发热议。

3月24日中午11点左右，实名认证的“镇江交警大队”回复网友：“经查，车号苏LV65××系某房地产开发公司的车辆，平时是公司员工朱某驾驶，朱某的小孩在中山路小学读书。为保证学校周边道路畅通及学生安全，护学岗民警不论是谁，只要是学生都会主动上前开门，护送学生过马路，让家长及时驾车离开，防止道路拥堵。”很是汹涌的跟帖，似乎戛然而止。

下午5点，“镇江交警大队”发帖称，“孩子是祖国的未来，很难说，这些学生将来不是领导，为这些未来的‘领导’服务我们愿意。”此帖一出，波澜又起，这则网帖的点击浏览量超过了3.3万人次，跟帖更是过百，来势比质疑的原始帖还猛。

从本案例可以看出，前一个回复回答了网民的关切，是非常恰当的，避免了仇官情绪的扩展，而后一个回复则没有很好把脉，没有达到舆情导控的目的。

### 2. 湖南衡阳“警察夫妇打人”事件

2019年7月20日，一段“警察打人”的视频在网上流传，迅速引起了广大网友关注，“受害人”贺某伟爆料打人者是湖南省衡阳市公安局石鼓分局某派出所副所长张某以及湖南衡阳市某看守所所长龚某雅夫妇俩。

7月21日，湖南省衡阳市公安局发布了第一份通报，对涉事的警察夫妇分别做出了停职调查和责令配合调查的处理。

调查结果如下。7月15日晚，张某、龚某雅与好友唐某两家带小孩(一男一女，均为7岁)及肖某蓓(女)在大不同酒店吃晚饭。聚餐结束时小孩龚某告诉肖某蓓，有陌生男子亲唐某(女孩)脸，两个孩子指认，当晚同在大不同酒店就餐的贺某(处于大量饮酒状态)是亲吻唐某的男子。

龚某雅知道情况后，质问贺某伟，贺某伟突然将毫无防备的龚某雅踹倒在地，后又将肖某蓓打倒在地，后继续追打龚某雅，将龚某雅打倒并骑在她身上，击打其头部。媒体披露了完整视频。

接到求救电话从二楼包厢赶到现场的张某，抓住贺某伟将其打倒在地，并骑在贺某伟身上对其进行击打，在将贺打倒在地后，又对其踢了几脚，致其倒地不起。

7月25日，湖南衡阳官方通报“男子举报警察夫妇打人”事件，认定贺某伟酒后失态、行为不当是整个事件的起因，并殴打龚某雅等人。依法对贺某伟作出行政拘留十五日，罚款一千元。张某在制止时将贺某伟打倒在地后，再次脚踢贺某伟属行为失当，决定对张某停职30天，并给予政务警告处分、取消拟提拔副科实职资格。

中国警察网微信公号第一时间对通报进行了转发，并评论，“小编今天要多说两句：警服从来都不是枷锁，如果民警连自己的家人都无法好好保护，又如何能保护好人民群众呢?”

人民日报微评：保护不了妻、幼，谈何保护群众？应对涉警舆情，第一时间响应，启动调查，公布真相，值得肯定，但是矫枉过正，严厉处罚警察，不可取。女童被辱、妻子被殴，警察张某制止过当虽属欠妥，但在危急关头确也不乏合情合理的成分。

本案例中，警方第一时间发布通报，对涉事的警察夫妇启动调查，非常及时，但是在调查清楚事实的情况下，如此处罚警察，显然是错误的，公安部督察审计局深夜发文要求湖南公安协调纠正当地对民警张某的处分。

归根结底，正确的舆论导向对于合理处理问题能发挥积极作用。

# 习题 4

1. 什么是互联网信息监控？互联网信息监控工作的流程有哪些？
2. 哪些属于互联网违法信息？查处流程是什么？
3. 网警进行信息搜集时对地域、内容、时间有哪些要求？
4. 信息分析研判包括哪些内容？
5. 互联网信息编报的流程有哪些？有什么要求？
6. 应对网络谣言，应如何巡查执法？
7. 什么是网络舆情？互联网舆情导控的要点有哪些？
8. 就一件你跟踪关注的舆情，写一篇综合报告。
9. 怎样才能成为优秀的信息巡查执法民警？

# 第5章 电子数据取证

## 5.1 电子数据取证概述

2004年2月23日下午1时左右，昆明市公安局接到报案称，云南大学学生公寓宿舍内发现一具男性尸体。经现场勘查和访问，在该宿舍柜子内共发现4具被钝器击打致死的男性尸体，而同宿舍学生马加爵失踪了。通过昆明一家银行的录像资料显示，马曾于2月15日下午持其中两名死者的存折到银行取走了4000元。种种迹象表明，马有重大犯罪嫌疑。当地公安机关迅速成立了专案组开展工作，当日即通过公安部向全国发出通缉令，重金悬赏通缉马加爵。公安部技术专家对马在宿舍内使用过的电脑进行分析，发现他出逃前曾对硬盘进行过格式化，专家对硬盘进行了电子数据恢复，发现马加爵在案发前后曾经大量浏览海南的旅游、出租屋、房地产以及交通等信息，其中尤为关心三亚地区。针对这些情况公安部门立刻制定了周密的抓捕预案，最终于3月15日在三亚市将马缉拿归案。此案的成功破获，电子数据取证技术为公安机关提供了准确而详细的情报，起到了至关重要的作用。

时至今日，随着人工智能、虚拟现实、物联网、云计算、大数据等技术的进步，现实社会中的犯罪类型已经向网络空间迁移，并且滋生出网络空间特有的犯罪类型。据统计，中国网络犯罪占犯罪总数的1/3，并以每年近30％的速度增长。可以预见，未来绝大多数犯罪都会涉及网络，甚至杀人、强奸等恶性犯罪亦不例外。“互联网＋犯罪”时代，电子数据无疑成为证明网络犯罪事实的重要依据。面对网络犯罪持续高发、形式多变的复杂态势，对网络犯罪侦查打击也提出了顺势变革的要求，而在推进“以审判为中心”的诉讼制度改革的背景下，证据标准要求做到“案件事实清楚，证据确实、充分”。

电子数据取证作为一门法庭科学，已融入各个警种的业务，在现场勘查、情报搜集、数据鉴定、案件分析、技术支持等方面起到重要支撑作用。由于电子数据的存在形态和取证模式与传统证据存在较大差异，其收集和使用对传统刑事诉讼规则带来了巨大冲击和挑战。面对新形势的迫切要求，公安机关亟待提升电子数据取证意识和能力。

除在刑事执法领域能更加强有力地支撑打击各类犯罪外，电子数据取证技术应用日益广泛，早已扩展到知识产权保护、纪检监察、工商管理、税务稽查、企业内部调查、民事诉讼等领域，与社会生活的关系也越来越密切。

### 5.1.1 电子数据的概念及界定

电子数据(electronic data)是一种新的证据类型，常用中文表述方式包括“电子证据”“数字证据”“计算机证据”“电子物证”等。英文表述方式包括“electronic evidence” “computer evidence”“digital evidence”等。2012 年,《中华人民共和国刑事诉讼法》修正,首次明确了“电子数据”这一称谓,并确立了电子数据法定证据种类的地位。目前,刑事、民事、行政三大诉讼法均承认了电子数据独立的法律地位,对电子数据这一新型证据类型的称谓也予以统一,这是我国证据种类立法的巨大进步,电子数据已经成名副其实的“证据之王”,电子数据取证司法应用空间日益广阔。

广义上讲,只要以电子形式存储、处理、传输的信息都是电子数据。从技术层面来看,电子数据,是指基于计算机应用、通信和现代管理技术等电子化技术手段形成包括文字、图形符号、数字、字母等的客观资料。而狭义上的电子数据即三大诉讼法中所规定的电子数据。电子数据取证指的是运用计算机及相关科学、技术原理和方法获取电子数据以证明某个客观事实的过程,它包括电子数据的确定、收集、保护、分析、归档以及法庭出示等环节。

2016 年最高人民法院、最高人民检察院和公安部(简称“两高一部”)联合发布的《关于办理刑事案件收集提取和审查判断电子数据若干问题的规定》(以下简称《规定》)第一条采取“概括＋例举＋排除”的方式,对电子数据作了明确界定,具体如下。

电子数据是案件发生过程中形成的,以数字化形式存储、处理、传输的,能够证明案件事实的数据。

电子数据包括但不限于下列信息、电子文件:

(1) 网页、博客、微博客、朋友圈、贴吧、网盘等网络平台发布的信息;

(2) 手机短信、电子邮件、即时通信、通讯群组等网络应用服务的通信信息;

(3) 用户注册信息、身份认证信息、电子交易记录、通信记录、登录日志等信息;

(4) 文档、图片、音视频、数字证书、计算机程序等电子文件。

以数字化形式记载的证人证言、被害人陈述以及犯罪嫌疑人、被告人供述和辩解等证据,不属于电子数据。确有必要的,对相关证据的收集、提取、移送、审查,可以参照适用本规定。

针对《规定》第一条给出的概念和界定,需要注意以下几个问题。

定义中将电子数据限定为“案件发生过程中”,是为了将案件发生后形成的证人证言、被害人陈述以及犯罪嫌疑人、被告人供述和辩解等电子化的言词证据排除在外。不宜将“案件发生过程中”狭义理解为必须是实行行为发生过程中。例如,性侵犯罪发生前行为人与被害人往来的短信、网络诈骗实施前行为人设立的钓鱼网站等,只要与案件事实相关的,均可以视为“案件发生过程中”形成的电子数据。

《规定》列举了多种电子数据类型,对不同类型的电子数据的取证程序要求可能存在差别,如对于通信信息的收集、提取可能涉及技术侦查措施,应当经过严格的批准手续。

证据具有三性,即客观性、关联性和合法性。作为证据的种类之一,电子数据无疑也应具备此三性,即:电子数据必须是客观存在的;且与需要证明的案情之间有一定的关系或联系;由法定机关、法定人员依照法定程序收集和取得。符合以上特性的电子数据才认定为证据,否则不能作为法定证据来使用。

## 5.1.2 电子数据的特征

电子数据和传统证据相比，最本质的区别在于其存在形式。电子数据是世界万物的数字化。电子数据与其他传统证据相比，除了同样具备客观性、关联性和合法性三个基本特性外，由于其存在形式的特殊性，电子数据还具有以下几方面的特性。

### 1. 无形而有万形

电子数据虽然客观存在，但非物理实体，必须依赖介质存储、传输和处理，表现形态千变万化。可称得上是"无形而有万形"。

这里所说的"形"是指物体的物理形态，电子数据是客观存在的，却没有一般物体的形。现代计算机采用二进制编码，即 0 和 1。电子数据最本质的或者最原始的状态就 0 和 1 编码的组合。这些 0 和 1 要借助光、磁、电等介质进行存储、传输和处理。其记录的内容不但肉眼看不到，具有无形性，而且单凭人的思维难以解读，只有借助工具，把难以理解的 0 和 1 转换为人可以识别的文字、图案、视频、音频、动画等形式，通过显示器、打印机等输出设备显示或打印后才能为人识别。随着技术的发展，未来电子数据还有可能衍生出其他的表现形态。

电子数据的载体是各种电子设备，随着物联网技术的发展和万物互联时代的到来，越来越多的设备具备了智能处理功能。要求公安民警注意学习了解相关知识，有利于案件现场迅速有效地捕捉到电子数据证据。同时还要注意到，现在电子设备普遍具备网络连接性能，云技术的蓬勃发展带来了云存储的概念，电子数据既可以存在于本地的客户端，也可以保存在云端的服务器，所以找寻电子数据的过程中，不要忽略基于网络的电子数据取证。

### 2. 脆弱性与稳定性并存

电子数据自身的特点决定了其存储、传输、处理容易受到篡改或破坏。存储环境影响、操作不当、设备故障、人为故意都有可能改变甚至破坏电子数据的内容。因此，对电子数据的操作应严谨规范，避免对电子数据篡改破坏。对收集的电子数据应妥善保管，远离磁场、高温环境，避免静电、潮湿、灰尘和试剂的腐蚀。应采用适当的存储介质进行电子数据的保全备份。对存储介质操作前应先进行写保护，并打封签字，避免介质损坏或被修改，取证后封存。

电子数据具有脆弱性的同时，又具有稳定的另一面。绝大多数情况下对于电子数据的增加、删除、修改都会留有一定的痕迹，而且适宜的情况下被破坏的数据可以通过技术手段被恢复到破坏前的状况。同时电子数据可以方便精确地进行复制，如果不考虑人为篡改、差错和故障等因素，复件内容与原件内容完全一致，且可长期无损保存。

### 3. 易失性与持久性并存

在一些场景下，电子数据具有易失性。如大家熟悉的内存又叫做随机存取存储器(random access memory，RAM)，这种存储器在断电时将丢失其存储内容。内存的取证分析可以查看分析系统进程、系统服务、网络连接等重要数据。内存分析有一个非常经典的工具 Volatility，用于解析内存镜像信息，在案件现场勘验中遇到开机的设备，不能贸然关机封存，应当充分考虑到电子数据的易失性，及时固定电子数据证据。

当存储条件适宜时，电子数据又可以长期无损保存。比如 2019 年 10 月 28 日上午，重庆市万州区一辆公交车与小轿车在万州长江二桥相撞后，公交车直接坠入江中。10 月 31 日凌晨潜水人员将行车记录仪以及 SD 卡打捞出水后，公安机关经过模拟实验，对 SD 卡内数据进行成功修复，终于提取到事发之前车辆内部的监控视频。

### 5.1.3　电子数据取证的基本原则

电子数据自身的特点决定了其取证过程要科学严谨，符合客观规律，遵循普遍性指导原则，同时也要依据其独特性遵循特定原则，目的就是保证电子数据的完整性、取证过程的可溯性、取证过程的合法性。业内普遍认同四个基本原则，即：不损害原则；避免使用原始证据原则；证据及时固定原则；遵循相关的法律法规、操作规范的原则。综合国内外提出的电子数据取证原则，归纳如下。

#### 1. 普遍性指导原则

1）合法性原则

证据的收集、固定、保全要严格按照相应法律法规及标准实施，电子数据取证的主体、程序、手段都必须合法。

2）及时高效性原则

电子数据证据具有较强的时效性，如网络连接、系统日志、进程通信等都会发生动态变化，因此进行电子数据取证时应做好充分预案，及时采取保护措施，尽力避免证据的销毁和破坏。在确定取证对象之后，应该尽早收集证据，保证相关电子数据没有受到任何破坏或损失。

3）客观全面性原则

要全面收集能够反映案件真实情况的电子数据，并且要求在收集时，既收集存在于计算机软硬件上的电子数据，也收集其他相关设备中的电子数据；既收集文本，也收集图形、图像、动画、音频、视频等各种信息。

4）建立证据保管链原则

自确定取证对象起，就必须建立电子证据保管链记录。在取证过程中，以发现取证对象为起点，以取证结束为终点，记录整个取证过程。采用录像、拍照或者笔录等方式，准确连续记录整个取证过程，包含时间、地点、人员、设备型号、开关机状态、正在运行的程序、现场操作过程和方法、取证分析操作过程和方法、所使用的软硬件技术等，避免人为破坏电子数据，保证数据真实可靠。另外在取证后也要记录电子数据的保管、流转等情况。

5）保密性原则

电子数据取证人员在取证过程中，往往会接触涉及国家秘密、商业机密、个人隐私等方面的信息。取证人员应该在自己的本职工作范围内进行取证，不查阅与取证无关的其他信息，若因工作需要了解上述信息，应对信息进行严格保密。

### 2. 特定原则

1）无损取证原则

一是要保障电子数据处于安全的环境之中，应妥善保存，在提取、运输、保存、分析和检验的过程中必须避免受到高磁场、高温、灰尘、积压、潮湿、腐蚀性化学试剂等因素的影响，造成电子证据的变化或丢失。

二是取证过程必须保障电子数据的完整性，利用相关的专业设备或软件，在提取电子数据时使用只读锁等专业设备和方法保证介质处于只读模式，确保数据的清洁，保证数据的无损，提取到真实完整的数据。

三是要确保电子数据的安全无损，尽量避免直接在原始数据上进行取证操作。这点可以通过保全备份技术实现，原始电子数据可以通过克隆或镜像技术进行复制之后再对拷贝数据进行分析。

2）具备专业技能原则

进行电子数据取证操作的人员应该具备相应的技术基础和实际操作水平，异常情况下，如果有人提出必须访问目标计算机中的原始数据，该人必须有能力完成并且解释该行为的原因和后果，并给出证据。

3）可追溯原则

电子数据取证活动需要明确记录并保存。取证过程可以根据记录文档进行追溯和重复，并得到相同的结果。

## 5.1.4 电子数据取证的一般步骤

### 1. 电子数据的发现

电子数据的发现指在侦查和现场勘查中发现涉案电子数据。在获得法律授权、确定人员和装备的情况下明确取证对象目标，决定哪些设备和数据应该被获取。如硬盘、U盘、照片、图表、文档、数据库等。如果进行现场取证，还应获取案件有关的额外信息，如：电子邮箱；ISP登录用户名；网络拓扑图；用户、系统日志；用户名、密码等。

### 2. 电子数据的获取

电子数据的特性决定了获取的步骤应十分谨慎，任何错误行动都将破坏证据，并可能导致完全不同的结果。电子数据必须保存于原始状态中，防止被不正确的处理方法所影响、损坏或者被删除。进行电子数据获取时应采取写保护（只读）技术，根据案件情况采用磁盘复制（克隆或镜像）、文件拷贝及易失性数据提取技术等方法。

### 3. 电子数据的固定

电子数据的固定，保证了现场勘查和侦查获得数据的完整性和真实性。对作为证据使用的电子数据，应当采取扣押和封存电子数据原始存储介质、计算电子数据完整性校验值、制作和封存电子数据备份、冻结电子数据、对收集和提取电子数据的相关活动进行录像等方法保证其完整性。由于客观原因无法或者不宜收集、提取电子数据的，可以采取打印、拍照或者录像等方式固定相关证据。

#### 4. 电子数据的分析

电子数据分析的目的是为了证实信息的存在、信息的来源及信息传播途径，重构犯罪行为、动机及嫌疑人特征。分析是电子数据取证的核心和关键，是最体现取证人员取证能力的环节。不同类型的案件需要采取不同的分析方法，如系统仿真、数据恢复、文件过滤、关键词搜索、统计比对、密码破解等技术。

#### 5. 电子数据的展示

电子数据取证的最后阶段，也是最终目的，是整理并展示取证分析结果，以形成“证据链”供法庭作为诉讼证据。取证人员将获取的相关证据和原始记录，按照司法要求以一定的格式客观、准确地报告事实，并形成鉴定意见或者检验报告。意见或报告里要体现犯罪行为的时间、地点、直接证据信息、系统环境信息，同时要包括取证过程以及对电子数据的分析结果和报告。

## 5.2 电子数据取证规范

电子数据之所以能成为一种新的证据种类，就是因为它与传统证据之间存在诸多差异。俗话说，“没有规矩，不成方圆。”电子数据证据走向成熟，规范电子数据的提取和运用，更好地证明案件事实，一定要有完备的法律法规和标准规范体系来加以规制。

电子数据证据规制既要基于法律规则又要基于技术规则。技术规则必须为法律所用，法律规则对电子数据的取证行为做出规范。现行的法律法规及标准，都是充分考虑到电子数据的技术特点，经过了无数次实践摸索而形成的。

### 5.2.1 电子数据取证相关法律法规

在刑事司法领域执法和司法实践推动下，基于公安机关打击网络犯罪案件中电子数据取证经验，我国刑事司法领域逐步建立起电子数据取证规则体系。作为 2012 年《中华人民共和国刑事诉讼法》新增的法定证据种类，电子数据在证明案件事实的过程中发挥着越来越重要的作用。针对司法实践中产生的新情况和新问题，立法机关通过司法解释、规范性文件等方式，对电子数据的收集与提取、移送与展示、审查与判断作了全面规定，通过建立和完善见证人规则、专家辅助人规则、笔录规则、鉴定规则等，构建起了我国刑事电子数据的规则体系。

2012 年以前，对电子数据的大多数规定仅仅局限于鉴定的范畴，极少有文件提及电子数据收集提取的问题。在案件侦查、起诉和审判的实践过程中，多将电子数据转化为其他证据类型使用。

2012 年,修改后的《中华人民共和国刑事诉讼法》将电子数据确立为法定证据类型,从根本上确立了电子数据的独立证据地位。同年,最高人民法院出台了《关于适用〈中华人民共和国刑事诉讼法〉的解释》(法释〔2012〕21 号),其中第九十三条和第九十四条对电子数据审查判断的最基本原则进行了规定。

2014 年,两高一部联合出台了《关于办理网络犯罪案件适用刑事诉讼程序若干问题的意见》(公通字〔2014〕10 号),其中专设一章对电子数据的收集、提取等专门性问题进行了明确。

2016 年,两高一部又联合出台了《关于办理刑事案件收集提取和审查判断电子数据若干问题的规定》(法发〔2016〕22 号,以下简称"两高一部《规定》"),进一步统一了公检法部门在司法实践中对电子数据的认识和判断标准,提出了电子数据收集提取、审查判断的具体方法,明确了电子数据真实性、合法性、关联性审查的原则,确立了"扣押原始存储介质为主、提取电子数据为辅、打印拍照为例外"的电子数据取证原则。

为使各地公安机关更好地执行"两高一部《规定》",规范公安机关在办理刑事案件过程中的电子数据取证工作,公安部于 2018 年 12 月 13 日发布了《公安机关办理刑事案件取证规则》(公通字〔2018〕41 号),共 5 章 61 条,实际上是根据两高一部《规定》的相关要求,对公安机关办理刑事案件收集、提取涉案电子数据作出的进一步细化规定。主要明确了:电子数据取证的阶段划分;强调了原始存储介质的扣押封存;电子数据现场取证规范;"拍照打印"方式的适用情形;无见证人时录像规范;登记保存的适用情形;网络在线提取和远程勘验的区别;网络在线提取的适用范围;冻结电子数据的程序和期限问题;电子数据检查的性质;电子数据检查见证人等问题。

2021 年 6 月 22 日,两高一部发布《关于办理电信网络诈骗等刑事案件适用法律若干问题的意见(二)》,针对司法实践中存在的新的突出问题,如跨境电信网络诈骗犯罪案件的取证等问题进行了规定。

目前,我国已经形成了比较完善的电子数据取证法律法规及标准体系。除三大诉讼法及其司法解释之外,还有大量的相关司法解释、部门规章以及规范性文件涉及电子数据证据。刑事司法领域电子数据取证相关法律法规见表 5-1。同时,越来越多的民事案件也涉及电子数据,相关法律法规如表 5-2 所示。民事诉讼案件在证明分类、证明对象、证明程度方面与刑事案件有区别,但电子数据技术原理及基本原则是相通的。本节主要介绍刑事案件电子数据取证规则。

**表 5-1 刑事司法领域电子数据取证相关法律法规**

| 法律 | 中华人民共和国刑事诉讼法(2018 年修正) |
|---|---|
| 司法解释(司法解释性质文件) | 最高人民法院、最高人民检察院、公安部、国家安全部、司法部《关于办理死刑案件审查判断证据若干问题的规定》<br>最高人民法院关于适用《中华人民共和国刑事诉讼法》的解释 |

续表

| | |
|---|---|
| 司法解释(司法解释性质文件) | 最高人民检察院刑事诉讼规则(试行)<br>最高人民法院、最高人民检察院《关于办理走私刑事案件适用法律若干问题的解释》<br>最高人民法院、最高人民检察院、公安部《关于办理网络犯罪案件适用刑事诉讼程序若干问题的意见》<br>最高人民法院、最高人民检察院、公安部《关于办理电信网络诈骗等刑事案件适用法律若干问题的意见》(一)、(二)<br>最高人民法院、最高人民检察院、公安部《关于办理刑事案件收集提取和审查判断电子数据若干问题的规定》<br>最高人民法院、最高人民检察院《关于办理扰乱无线电通讯管理秩序等刑事案件适用法律若干问题的解释》 |
| 部门规章 | 公安机关办理刑事案件程序规定 |
| 规范性文件 | 最高人民检察院《电子证据勘验程序规则》(试行)<br>计算机犯罪现场勘验与电子证据检查规则<br>公安机关执法细则(第三版)<br>公安机关办理刑事案件电子数据取证规则 |

**表 5-2　民事诉讼电子数据取证相关法律法规**

| | |
|---|---|
| 法律 | 中华人民共和国民事诉讼法 |
| 司法解释(司法解释性质文件) | 最高人民法院关于适用《中华人民共和国民事诉讼法》的解释<br>最高人民法院关于民事诉讼证据的若干规定<br>最高人民法院关于互联网法院审理案件若干问题的规定 |
| 规范性文件 | 杭州互联网法院民事诉讼电子数据证据司法审查细则(试行)<br>广东广州南沙法院互联网电子数据证据举证、认证规程(试行)<br>北京互联网法院电子诉讼庭审规范(试行) |

## 5.2.2　电子数据取证相关标准及规范

根据《中华人民共和国标准化法》及《标准化工作指南》(GB/T 20000),对电子数据取证标准做如下界定:电子数据取证标准是指电子数据取证领域需要统一的技术要求,按照规定的程序经协商一致制定供电子数据取证相关从业人员共同使用和重复使用的文件。电子数据取证标准为电子数据的确定、收集、保护、分析、归档、鉴定以及法庭出示等环节提供规则、指南或特性。

电子数据取证是一个动态的过程,包括确定、收集、保护、分析、归档、鉴定、法庭出示等多个环节。值得注意的是,随着电子数据取证领域的扩展,电子数据取证标准的实施主体除侦查人员外,还有技术支持人员、第三方鉴定机构人员、电子数据取证产品提供商等。同时,律师、公证人员、法官等也需要密切关注电子数据取证标准的实践运用。

电子数据取证标准用于指导电子数据取证工作,提升电子数据取证工作的质量,规范电子数据取证工作流程。推进电子数据取证标准化工作,加强电子数据取证标准建设,对规范电子数据取证工作、维护司法公正、保障人民合法权益有着重要的意义。

电子数据取证相关标准和规范主要集中在刑事执法领域和司法鉴定领域。

### 1. 刑事执法领域

在刑事执法领域，《关于办理刑事案件收集提取和审查判断电子数据若干问题的规定》第二条规定："侦查机关应当遵守法定程序，遵循有关技术标准，全面、客观、及时地收集、提取电子数据。"第七条规定："收集、提取电子数据，应当由两名以上侦查人员进行，取证方法应当符合相关技术标准。"第二十四条规定："对收集、提取电子数据是否合法，应当着重审查以下内容：(一)收集、提取电子数据是否由二名以上侦查人员进行，取证方法是否符合相关技术标准。"

《关于办理网络犯罪案件适用刑事诉讼程序若干问题的意见》中关于电子数据的取证与审查部分第十三条规定，"收集、提取电子数据，应当由两名以上具备相关专业知识的侦查人员进行。取证设备和过程应当符合相关技术标准，并保证所收集、提取的电子数据的完整性、客观性。"

《公安机关办理刑事案件电子数据取证规则》第一章总则第二条规定："公安机关办理刑事案件应当遵守法定程序，遵循有关技术标准。"第三章电子数据的检查和侦查实验第四十五条规定："电子数据检查应当符合相关技术标准。"

### 2. 司法鉴定领域

《全国人民代表大会常务委员会关于司法鉴定管理问题的决定》(2005 年 2 月 28 日第十届全国人民代表大会常务委员会第十四次会议通过)第十二条规定："鉴定人和鉴定机构从事司法鉴定业务，应当遵守法律、法规，遵守职业道德和职业纪律，尊重科学，遵守技术操作规范。"

2016 年颁布的《司法鉴定程序通则》(司法部令第 132 号)第二十三条规定："司法鉴定人进行鉴定，应当依下列顺序遵守和采用该专业领域的技术标准、技术规范和技术方法：(一)国家标准；(二)行业标准和技术规范；(三)该专业领域多数专家认可的技术方法。"

《公安机关电子数据鉴定规则》(公通字〔2017〕6 号)第三十五条规定："鉴定人应当按照本专业的技术规范和方法实施鉴定，并全面、客观、准确地记录鉴定的过程、方法和结果。"

截至 2023 年 12 月，我国电子数据取证相关标准包括推荐性国家标准 4 项，公共安全行业标准 37 项，认证认可行业标准 8 项，电子数据鉴定领域目前有司法鉴定行业标准 12 项和指导性技术文件 10 项，详见表 5-3。

**表 5-3　电子数据取证相关标准**

| | |
|---|---|
| 推荐性国家标准 | GB/T 29360—2023 法庭科学 电子数据恢复检验规程<br>GB/T 29361—2023 法庭科学 电子数据文件一致性检验规程<br>GB/T 29362—2023 法庭科学 电子数据搜索检验规程<br>GB/T 31500—2015 信息安全技术存储介质数据恢复服务要求 |
| 公共安全行业标准 | GA/T 754—2008 电子数据存储介质复制工具要求及检测方法<br>GA/T 755—2008 电子数据存储介质写保护设备要求及检测方法<br>GA/T 756—2021 法庭科学 电子数据收集提取技术规范<br>GA/T 757—2008 程序功能检验方法<br>GA/T 828—2009 电子物证软件功能检验技术规范<br>GA/T 829—2009 电子物证软件一致性检验技术规范 |

续表

| | |
|---|---|
| 公共安全行业标准 | GA/T 976—2012 电子数据法庭科学鉴定通用方法<br>GA/T 977—2012 取证与鉴定文书电子签名<br>GA/T 978—2012 网络游戏私服检验技术方法<br>GA/T 1069—2021 法庭科学 电子物证手机检验技术规范<br>GA/T 1070—2021 法庭科学 计算机开关机时间检验技术规范<br>GA/T 1071—2021 法庭科学 电子物证 Windows 操作系统日志检验技术规范<br>GA/T 1170—2014 移动终端取证检验方法<br>GA/T 1171—2014 芯片相似性比对检验方法<br>GA/T 1172—2014 电子邮件检验技术方法<br>GA/T 1173—2014 即时通讯记录检验技术方法<br>GA/T 1174—2014 电子证据数据现场获取通用方法<br>GA/T 1175—2014 软件相似性检验技术方法<br>GA/T 1176—2014 网页浏览器历史数据检验技术方法<br>GA/T 1474—2018 法庭科学 计算机系统用户操作行为检验技术规范<br>GA/T 1475—2018 法庭科学 电子物证监控录像机检验技术规范<br>GA/T 1476—2018 法庭科学 远程主机数据获取技术规范<br>GA/T 1477—2018 法庭科学 计算机系统接入外部设备使用痕迹检验技术规范<br>GA/T 1478—2018 法庭科学 网站数据获取技术规范<br>GA/T 1479—2018 法庭科学 电子物证伪基站电子数据检验技术规范<br>GA/T 1480—2018 法庭科学 计算机操作系统仿真检验技术规范<br>GA/T 1554—2019 法庭科学 电子物证检验材料保存技术规范<br>GA/T 1564—2019 法庭科学 现场勘查电子物证提取技术规范<br>GA/T 1568—2019 法庭科学 电子物证检验术语<br>GA/T 1569—2019 法庭科学 电子物证检验实验室建设规范<br>GA/T 1570—2019 法庭科学 数据库数据真实性检验技术规范<br>GA/T 1571—2019 法庭科学 Android 系统应用程序功能检验方法<br>GA/T 1572—2019 法庭科学 移动终端地理位置信息检验技术方法<br>GA/T 1663—2019 法庭科学 Linux 操作系统日志检验技术规范<br>GA/T 1664—2019 法庭科学 MS SQL Server 数据库日志检验技术规范<br>GA/T 1713—2020 法庭科学 破坏性程序检验技术方法<br>GA/T 1977—2022 法庭科学 计算机内存数据提取检验技术规范 |
| 司法鉴定技术标准及规范 | SF/Z JD0400001—2014 电子数据司法鉴定通用实施规范<br>SF/Z JD0401001—2014 电子数据复制设备鉴定实施规范<br>SF/Z JD0400002—2015 电子数据证据现场获取通用规范<br>SF/Z JD0402003—2015 即时通讯记录检验操作规范<br>SF/Z JD0403003—2015 计算机系统用户操作行为检验规范<br>SF/Z JD0403002—2015 破坏性程序检验操作规范<br>SF/Z JD0402002—2015 数据库数据真实性鉴定规范<br>SF/Z JD0402004—2018 电子文档真实性鉴定技术规范<br>SF/Z JD0403004—2018 软件功能鉴定技术规范<br>SF/Z JD0404001—2018 伪基站检验操作规范<br>SF/T 0075—2020 网络文学作品相似性检验技术规范<br>SF/T 0076—2020 电子数据存证技术规范<br>SF/T 0077—2020 汽车电子数据检验技术规范<br>SF/T 0103—2021 文件相似性鉴定技术规范<br>SF/T 0104—2021 银行卡侧录器鉴定技术规范<br>SF/T 0105—2021 存储介质数据镜像技术规程<br>SF/T 0143—2023 移动终端数据鉴定设备技术要求和测试评价方法<br>SF/T 0144—2023 民用无人机电子数据鉴定技术规范 |

续表

| | |
|---|---|
| 司法鉴定技术标准及规范 | SF/T 0145—2023 智能移动终端应用程序功能鉴定技术规范<br>SF/T 0146—2023 文件恢复工具技术要求和测试评价方法<br>SF/T 0157—2023 移动终端电子数据鉴定技术规范<br>SF/T 0158—2023 软件相似性鉴定技术规范 |
| 认证认可行业标准及规范 | RB/T 214—2017 检验检测机构资质认定能力评价 检验检测机构通用要求<br>RB/T 219—2017 检验检测机构资质认定能力评价 司法鉴定机构要求<br>RB/T 174—2018 司法鉴定/法庭科学机构能力认可专业要求<br>RB/T 005—2019 司法鉴定/法庭科学机构认可领域分类要求<br>CNAS-CL08:2018 司法鉴定/法庭科学机构能力认可准则<br>CNAS-CL08-A001:2018 司法鉴定/法庭科学机构能力认可准则在电子数据鉴定领域的应用说明<br>CNAS-AL13:20200831 司法鉴定/法庭科学机构认可领域分类<br>CNAS-AL14:20200831 司法鉴定/法庭科学机构认可仪器配置要求 |

除了国内电子数据取证相关标准规范外,还要关注和了解国际通用的电子数据取证标准规范。目前跨境诈骗等案件多发高发,而涉案国家电子数据取证规则并不相同。在案件办理过程中,应注意遵循国际以及涉案国家的标准规范,在平等基础上协商解决问题,探索和推进跨境案件侦办工作。如 2016 年南京警方在柬埔寨跨境打击电信诈骗犯罪时,经协商,由柬方现场抓捕,控制犯罪嫌疑人,随后中方勘查人员进入现场提取证据,有效进行证据转换,大大提高了办案效率。

## 5.3 电子数据保全技术

### 5.3.1 电子数据保全概念

电子数据保全是指以某种形式将收集到的电子证据保存和固定下来,加以妥善保管,以便相关司法人员、律师或技术人员在分析、认定案件事实时使用。电子数据保全是证据保全的一种,但是由于电子数据具有数据量大、易篡改、易丢失等特点,其保全技术方法又具有独特之处。

在实践中,电子数据的保全备份有多种方法,例如:在犯罪或入侵现场进行实际勘查时,封存相关计算机硬件设备、打印结果,以及犯罪场所内部工作人员的工作日志、磁盘介质等;采用适当的存储介质对包含犯罪行为的电子证据制作副本,用于后期对证据进行分析和评估;运用磁盘镜像技术将硬盘中所有数据按其物理存放格式进行完全备份,并采取实物管理与软件加密相结合的方式进行完整性保护等。

### 5.3.2 电子数据保全常用技术

目前,电子数据保全备份常用技术主要包括克隆、镜像、只读技术、完整性校验、区块链存证技术等。其中克隆和镜像是磁盘完整复制的两种方法。硬盘文件的复制更多是针对逻辑层面的数据,无法对删除的数据以及文件碎片进行复制;而磁盘完整复制针对硬盘中所有的数据进行拷贝，包含了硬盘逻辑分区中的数据以及未分配空间里的删除数据和数据碎片。同时制作检验用的精确拷贝，检验可在备份数据上进行，降低了在原证据盘上检验带来的风险。数据镜像产生的数字指纹，可对原证据盘在检验前后数据是否发生变化进行对比，有利于法庭质证。

### 1. 磁盘克隆

克隆(clone)是对整个磁盘物理级数据“位对位”精确复制，因此可以获得所有文件，且包括所有已被删除或隐藏的文件、未分配区域、磁盘闲散空间等，这些存储区域的数据可以通过后期各种处理方法提取成为有效的电子数据或线索。克隆技术一般要通过专业设备进行。如图 5-1 为集成了硬盘克隆功能、只读锁的现场勘查箱，可以进行只读分析、高速硬盘复制、批量取证、快速取证分析、动态仿真，支持多种只读和复制接口。要注意在进行硬盘克隆时，硬盘复制机一端连接源硬盘，另一端连接目标硬盘，将源硬盘中的数据复制到目标硬盘中，要仔细确认源盘和目标盘接口是否接入正确的接口，否则可能造成关键数据被覆盖。

图 5-1　现场勘查工具箱

### 2. 磁盘镜像

镜像(image)一般指将硬盘数据完整复制生成镜像文件，镜像文件一般有 DD、E01(Ex01)、AFF 等格式。镜像文件同样也可获取所有文件，包含已被删除或隐藏的文件、未分配区域、磁盘闲散空间等。

DD 是目前被最广泛使用的一种镜像格式，也称为原始格式(RAW image)。DD 镜像通过对涉案设备进行位对位复制获取备份文件。由于 DD 镜像没有经过压缩，镜像文件与原始证据磁盘容量完全一致。即便原始证据磁盘仅有很少的数据，也一样需要同样的磁盘容量。另外 DD 镜像文件中没有保存额外信息的空间。因此，对于硬盘序列号、调查员姓名、镜像地点等信息必须保存在镜像文件之外的单独.txt 文件中。

E01 镜像是 EnCase 的证据文件格式，EnCase 以一系列特有的压缩片段格式保存证据文件。每一个片段都可以在需要时被单独地调用并解压缩，因此可以实现随机地访问镜像中的数据。EnCase 证据文件中包含有 3 个组成部分：文件头、校验值和数据块。这三部分组成了对于一个原始证据的描述，并可用于将证据文件重新恢复至硬盘。EnCase 格式是非公开的、具有知识产权的商业软件镜像格式，因而其最大的问题是兼容性。Ex01 及 Lx01(L01)格式是 EnCaseV7 采用的新格式，该格式最大的变化是支持数据加密，设置密码后若不知道密码，无法读取镜像中的数据；但 E01 及 L01 文件所添加的密码，仅用来限制镜像文件的打开，数据部分并未真正加密，很多取证工具可以直接忽略 E01 及 L01 文件的密码。

硬盘镜像获取一般分为硬件方法和软件方法。硬件方法采取拆除硬盘，通过硬盘复制机(克隆机)进行镜像的方式，或者利用硬件写保护设备和镜像软件共同实现对硬盘数据全面获取。但这种镜像方式也遇到了新的挑战，目前很多设备采用内置存储介质，无法拆卸或难以拆卸，或者由于各种原因不便进行拆除，无法采用传统的硬盘复制机或只读锁设备来进行证据固定。免拆机镜像方式逐渐受到重视。免拆机镜像一般在 U 盘中内置可启动的完整操作系统，以只读方式挂载原始存储介质以获取完整镜像。

软件方法获取磁盘镜像可以使用 Linux/UNIX 系统 dd 命令、winhex、FTK Imager、Paraben's Forensic Replicator、Mac Quisition 等工具软件进行操作，使用 Winhex 制作磁盘镜像文件方法如图 5-2 所示。

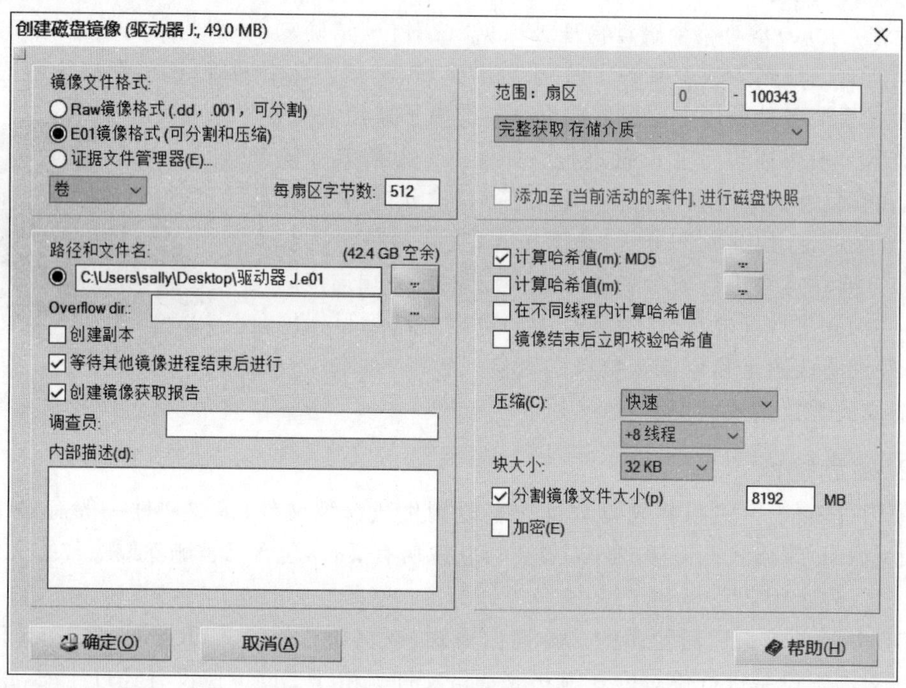


图 5-2 使用 Winhex 制作磁盘镜像文件

### 3. 只读技术

两高一部《规定》中提到“电子数据检查，应当对电子数据存储介质拆封过程进行录像，并将电子数据存储介质通过写保护设备接入到检查设备进行检查；有条件的，应当制作电子数据备份，对备份进行检查；无法使用写保护设备且无法制作备份的，应当注明原因，并对相关活动进行录像。”

“写保护”的目的是对原始存储介质进行保护，保证数据不会受到改变与破坏，从而保证取证工作司法有效。对于原始存储介质进行检查，可以选用一体化只读接口(写保护只读锁)，如图 5-3 所示。写保护只读锁是电子数据取证、信息安全、数据恢复等行业的常用设备，支持多种硬盘、U 盘接口，包括 SATA、IDE、SAS、USB 等，能满足现场各类情况的需要。根据具体需求也可采用不同的分体式只读接口。

图 5-3 只读锁

### 4. 完整性校验

收集、提取的电子数据，以及截屏、屏幕录像等生成的文件都需要进行完整性校验。其主要工作是计算得到完整性校验值，该值是指为防止电子数据被篡改或者破坏，使用散列算法等特定算法对电子数据进行计算，得出的用于校验数据完整性的数据值。

两高一部《规定》中规定对作为证据使用的电子数据，应当采用计算电子数据完整性校验值等方法来保护电子数据的完整性。电子数据取证领域中数据完整性的概念，指的是电子数据处于原始状态、没有受到篡改和破坏。实践中根据 Hash 函数具有单向、不可逆的特性，利用 Hash 函数计算散列值以检验数据完整性。

Hash(散列，音译为哈希)函数是密码学的基本工具，主要作用有检测传输中消息是否被篡改，防止伪造电子签名和消息认证码；作为安全组件设计多种密码体制和安全通信协议等。Hash 函数可以将任意长的消息压缩为一个固定长度的摘要，也就是散列值。用数学公式可以简单表示为 Y=H(M)，其中 Y 为计算结果散列值，H 为哈希函数，M 为原始数据。不管是一个文件，还是一块硬盘，都可以通过哈希函数计算其散列值。

哈希函数种类繁多，用于取证领域的主要有 MD5、SHA-1、SHA-256、SHA-512 等，分属 MD 和 SHA 两大家族。MD(message digest)，又称信息摘要算法。MD5 从 MD2/3/4 演化而来，MD5 散列长度通常是 128 比特(32 个十六进制字符)，是目前被广泛使用的散列算法之一，主要用于密码加密和文件校验等。

SHA(secure hash algorithm)，又称安全散列算法，由美国国家安全局(NSA)设计，美国国家标准与技术研究院(NIST)发布。1993 年美国国家标准与技术研究院公布了安全散列算法 SHA，这个版本常被称为 SHA-0，但很快发现有问题并撤回。1995 年发布了修订版本 FIPS PUB 180-1(通常称为 SHA-1)。NIST 在 2006 年将 SHA-2 加入到 FIPS 180 中。SHA-2 包括多个版本，最常见的是 SHA-256 和 SHA-512。NIST 在 2015 年将 SHA-3 添加到 FIPS180 中。SHA-3 使用了与以前 SHA 版本不同的算法。

以文本“电子数据”作为原始数据，使用不同哈希函数来进行散列值的计算，结果如表 5-4 所示。

**表 5-4　不同散列值计算结果**

| 算法 | 散列值位数(二进制) | 散列值位数(十六进制) | “电子数据”散列值 |
|---|---|---|---|
| MD5 | 128 | 32 | 1372ef081e31960f72d2267c87676287 |
| SHA-1 | 160 | 40 | 1a9be3c99f28eb8e2204834b9cd4f328eb76d70d |
| SHA-256 | 256 | 64 | b2a014926b274ae5c58c111d4dfdd10a0eb9b3020a2b9ba0daa02af607d52582 |
| SHA-512 | 512 | 128 | 8c4a4b5dadac450e3125294febe25b359127d8f4128b3e1bff6e225bf26973ab70a5c789a15577a24c1a60493be5c1bc5c2b64a07077ee4b7ec278df5538d98d |

哈希函数产生独特的散列值，当两个不同的值或文件产生相同的散列，就会产生所谓

的碰撞。哈希值位数越大，组合越多，其安全性就越高。

2004 年 8 月 17 日，在美国加州圣巴巴拉召开的国际密码学会议上安排了三场关于杂凑函数的特别报告。其中，来自中国的王小云教授作了 MD5、HAVAL-128、MD4 和 RIPEMD 算法碰撞的报告。这次报告引发了业内对哈希函数安全性的质疑。

2017 年 2 月 23 日，荷兰阿姆斯特丹 CWI 研究所和 Google 公司的研究人员在谷歌安全博客上发布了世界上第一例公开的 SHA-1 哈希碰撞实例，在 SHAttered 上给出了两个内容不同，但具有相同 SHA-1 消息摘要的 PDF 文件。

虽然 MD5 和 SHA-1 存在一定的碰撞概率，但目前碰撞技术只是突破了“找到不同的消息(M1，M2) 有相同的指纹，即 H(M1) ＝H(M2) 是困难的”抗碰撞性，在电子数据取证的应用场景下，需要满足“给定消息 M1，计算另一个消息 M2 使 H(M1) ＝H(M2) 是困难的”，也即抗第二原像攻击。MD5、SHA-1 仍可作为一种用于验证数据完整性的有效方式，在实践中可以通过计算不同哈希值交叉验证。同时注意选择可靠的哈希计算工具，或者使用两种以上工具计算，防止因软件本身问题发生校验错误。

### 5. 区块链存证

简单来说，区块链存证是利用区块链去中心化及分布式存储的特点将电子数据存储在可信的联盟链上，保证上链数据不可篡改，真实有效。区块链对于电子证据的作用可以总结为 4 点：防止篡改，事中留痕，事后审计，安全防护。利用区块链技术提高了电子证据的可信度和真实性。2018 年 3 月，最高人民法院审判委员会通过了《关于互联网法院审理案件若干问题的规定》，规定当事人提交的电子证据，通过电子签名、可信时间戳、散列值校验、区块链等证据收集、固定和防篡改的技术手段或通过电子取证存证平台认证，互联网法院应当确认。

区块链摈弃了传统的存储中心，通过分布式节点存储数据，每当有一个新区块上链，全网全节点都会进行同步，并通过相应的共识技术保证内部节点对存储内容更改的有效性，维护一个完整的可查找的数据库。每一个区块都至少有两部分信息：上一个区块的哈希值及当前区块的数据信息。

由于每个区块都要存储上一区块的哈希值，使得相邻区块间形成了链式结构，如果要篡改其中的一个区块，就需要把这个链上后面所有的区块都改掉，而且，每个区块上链的时候还会打上国家权威的时间戳，使区块上链的时间可追溯，更增加了篡改的难度。

区块链不是一项单一技术，它是一些技术的有机组合。一是区块链的核心技术，依靠共识机制、签名验签、链式存储结构、P2P 通信等，区块链体现出不可篡改、可追溯、多方维护的特性，提供了非常坚实的数据存储基础；二是为了对接司法业务场景，区块链还能提供相关技术，包括电子身份认证、时间戳服务、数据加解密、数据存储、执行智能合约等。

通过在电子证据的获取和保存过程中应用区块链存证，可以有效、完整地向法庭呈现电子证据形成的全过程：在存证环节，区块链可以提供规范的数据存储格式、原数据的保障、安全存储，以及可追溯，提高证据的真实性；在取证环节，区块链给司法带来的价值在于数据经由参与节点共识，独立存储、互为备份，用来辅助电子证据的真实性认定；在示证环节，可采用智能合约，区块链浏览器示证，以提高电子证据的合法性和真实性；在质证环节，区块链可以固化取证和示证这两个环节，全流程可追溯，增强电子证据的合法性认定。

## 5.4 电子数据的收集、提取

收集、提取电子数据，可以根据案情需要采取以下一种或者几种措施、方法：一是现场收集、提取电子数据；二是网络在线提取电子数据；三是冻结电子数据；四是调取电子数据。

### 5.4.1 现场收集、提取电子数据

刑事案件现场勘查、搜查、逮捕和行政执法等环节中现场收集、提取电子数据主要包括：扣押、封存原始存储介质，现场提取电子数据及打印、拍照或者录像等方式固定和登记保存原始存储介质等方式手段，其工作流程及工作内容通常如下。

#### 1. 法律授权

实施搜查收集、提取电子数据应符合相关法律规定，通过相关审批及获取授权。

#### 2. 评估及准备

1）案件相关信息和嫌疑人信息评估

深入研究案件类型、案件背景，有利于取证人员判断嫌疑人行为动机。

2）电子数据存储环境评估

分析涉案电子数据存储情况，如个人计算机的种类、数量、容量，服务器的存放位置、操作系统类型、服务器应用、磁盘阵列类型等。

3）预案准备

对案件进行充分评估后，可以根据情况进行取证的相关准备，包括以下几方面。

(1) 制定取证策略。

根据拟取证的对象情况确定取证的方法、预案、取证顺序。包括是否需要与传统取证方式相结合，如 DNA、痕迹等，以免毁灭证据。

(2) 确定人员。

按照人员的不同专业特长，配备符合实际需要的取证人员。现场收集、提取电子数据应当由二名以上侦查人员进行。必要时，可以指派或者聘请专业技术人员在侦查人员主持下进行收集、提取电子数据。

现场收集、提取电子数据，应当根据《中华人民共和国刑事诉讼法》的规定，由符合条件的人员担任见证人。由于客观原因无法由符合条件的人员担任见证人的，应当在笔录中注明情况，并全程录像，对录像文件应当计算完整性校验值并记入笔录。针对同一现场多个计算机信息系统收集、提取电子数据的，可以由一名见证人见证。

下列人员不得担任刑事诉讼活动的见证人：生理上、精神上有缺陷或者年幼，不具有相应辨别能力或者不能正确表达的人；与案件有利害关系，可能影响案件公正处理的人；行使勘验、检查、搜查、扣押等刑事诉讼职权的公安、司法机关工作人员或者其聘用人员。

(3) 确定使用的取证设备及软件。

取证硬件设备包括笔记本电脑、专用介质复制设备、专用存储介质、录像设备、照相机等,其他配件包括拆卸工具、记号笔、证据标签、封条、物证袋、便携式打印机,以及根据实际情况需要配备的设备。软件主要包括综合取证分析软件、手机取证软件、现场勘验相关的其他必要软件。

(4) 确定取证目标。

决定哪些设备和数据应该被获取,如硬盘、U 盘、照片、图表、文档等。如果进行现场取证,还需获取与案件有关的额外信息。例如,数据库,电子邮箱,ISP 登录用户名,网络拓扑图,用户、系统日志,用户名、密码等。

### 3. 现场指挥

公安机关对刑事案件现场勘验、检查应当统一指挥,周密组织,明确分工,落实责任,及时完成各项任务。一般案件的现场勘验,由侦查部门负责人指定的人员现场指挥;重大、特别重大案件的现场勘验,由侦查部门负责人现场指挥;必要时,案发地公安机关负责人应当亲自到现场指挥。对于案情重大、现场复杂的案件,上级公安机关认为有必要时,可以直接组织领导现场勘验。刑事案件现场的电子数据现场勘验指挥员,应当由具有现场勘验专业知识和组织指挥能力的民警担任。

### 4. 现场保护

现场提取电子数据可以采取以下措施保护相关电子设备。

(1) 根据案件现场具体情况,划定保护范围,禁止无关人员进入现场,有条件的应当设置警戒线和告示牌。

(2) 控制现场人员到特定区域,维持现场秩序,保证安全,严防意外。

(3) 应首先确保人员安全,如现场存在危险未排除的情况,则须等待危险排除之后再进行电子数据现场收集、提取。

(4) 对现场的电源节点和网络节点进行保护,确保现场勘验能够正常进行。

(5) 现场保护人员应与现场勘验人员进行沟通,确认电子存储介质状态,正确处置。查看电子存储介质上是否有破坏性程序运行,如删除、磁盘整理、杀毒程序等,如有则立即切断电源或是中断操作,笔记本电脑可通过移除电池切断电源。

(6) 根据案件现场具体情况,有条件的可以采取更改访问权限,断开网络连接等措施,保护计算机信息系统内电子数据不被远程恶意破坏。

(7) 保护原始物证:未经同意,禁止任何人触碰、操作现场的任何电子设备,禁止任何人携带电子存储介质、纸张及其他证据离开现场。

### 5. 现场评估及了解

现场勘验开始前,应对现场进行评估和了解,以确定勘验顺序。

(1) 现场评估。

① 评估现场的危害程度、工作量以及所需的专业技术等。完成涉案人员身份排查,初步厘清分工,确定勘验顺序。根据工作量大小组织勘验力量;根据现场所涉及的知识领域确定是否指派或聘请具有专门知识的人员参加。

② 对于单位(企业)环境,先找到网络管理部门(技术负责人),获取网络拓扑结构图,确定嫌疑计算机位置。

③ 对于家庭环境,查看网络布线、WiFi 情况,并获取 WiFi 名称、覆盖范围、接入设备、账号及密码。

(2) 向相关人员了解、收集并在有关笔录中注明以下情况。

①原始存储介质及应用系统管理情况,网络拓扑与系统架构情况,是否由多人使用及管理,管理及使用人员的身份情况。

②原始存储介质及应用系统管理的用户名、密码情况。

③原始存储介质的数据备份情况,有无加密磁盘、容器,有无自毁功能,有无其他移动存储介质,是否进行过备份,备份数据的存储位置等情况。

(3) 现场拍照(录像):进入现场之后,可通过绘图、录像或照相等方式对现场环境进行记录。

① 现场照相一般顺序:小区入口→楼栋→楼层→门牌号→房间→电子存储介质→数据固定提取。

② 记录电子存储介质的位置信息、原始状态等。

③ 必要时,绘制现场草图、网络拓扑图。

④ 对需要进行现场获取的电子数据存储介质,在对其移动或关机前分别进行屏幕拍照和编号。

### 6. 现场原始存储介质的搜查

(1) 电子数据存储设备的搜查。

应搜查计算机、移动存储介质(包括 U 盘、移动硬盘、光盘、存储卡、存储芯片等)、手机、数码相机、智能穿戴设备、录音笔、摄像机、MP4、电子书等电子数据存储设备。并注意搜查具有伪装性质的电子存储介质。

(2) 电子数据存储介质附属设备的搜查。

如电子数据存储介质的连接线、外接设备、电源适配器、加密锁(如 USB-Key)等。

(3) 其他证据的搜查。

① 纸质文档资料,如写有账号密码的纸片等。

② 嫌疑人随身携带的物品等。

### 7. 现场电子数据提取

刑事案件现场,一般由刑事现场勘验人员提取足迹、指纹、DNA 等易被破坏的生物信息后,再进行电子数据现场提取。若案件侦查无须对足迹、指纹、DNA 等易被破坏生物信息勘验的,可直接进行电子数据现场提取。

在提取数据之前,应对运行中的系统时间(时区)与北京时间核对并记录。

(1) 易丢失数据的提取固定。

易丢失数据包括但不限于以下几种。

① 内存数据:打开并未保存的文档,最近的聊天记录,用户名及密码,其他取证活动相关的文件信息。

② 系统信息：存储介质的状态，正在运行的进程，操作系统信息，网络信息，其他取证活动相关的电子数据。

③ 网络传输数据等电子数据。

（2）正在运行的计算机信息系统功能或者应用程序关闭后，无法提取的，包括但不限于：打开的聊天工具中的聊天记录，打开的网页，打开的邮件客户端中的邮件，其他取证活动相关的电子数据信息，已加载的加密容器的分区数据。

### 8. 扣押、封存原始存储介质

（1）扣押要求。

对需扣押的原始存储介质，应当会同在场见证人和原始存储介质持有人（提供人）查点清楚，当场开列《扣押清单》一式三份，写明原始存储介质名称、编号、数量、特征及其来源等，由侦查人员、持有人（提供人）和见证人签名或者盖章，一份交给持有人（提供人），一份交给公安机关保管人员，一份附卷备查。

（2）封存要求。

① 保证在不解除封存状态的情况下，无法使用或者启动被封存的原始存储介质，必要时，具备数据信息存储功能的电子设备和硬盘、存储卡等内部存储介质可以分别封存。

② 封存前后应当拍摄被封存原始存储介质的照片。照片应当反映原始存储介质封存前后的状况，清晰反映封口或者张贴封条处的状况。必要时，照片还要清晰反映电子设备的内部存储介质细节。封存袋上标明提取时间、人员姓名以及设备的名称、型号等信息，并让数据持有人（提供人）签字确认。

③ 封存具有无线通信功能的原始存储介质，应当采取信号屏蔽、信号阻断或者切断电源等措施。

④ 对于已经关闭的系统，应对相关电子设备和存储介质直接进行封存，采用的封存方法应当保证在不接触封存状态的情况下，无法使用被封存的存储介质和启动被封存电子设备。对于不能关闭的电子设备和存储介质进行封存的，其封存方法应当保证在不接触封存状态的情况下，电子设备和存储介质可保持原有运行功能。

⑤ 需在手机开机状态进行封存的应采用供电措施，使用具有信号屏蔽功能的专用物证袋或者调整至飞行模式，关闭 GPS、红外、WiFi、蓝牙等功能再进行封存；需在手机关机后封存的，应注意关机前调整至飞行模式，并去除定时开机、关机、闹钟功能以及密码等安全措施再关机封存。

### 9. 文书制作

刑事案件现场勘查、搜查、逮捕时，按照《公安机关刑事案件法律文书式样》制作相关笔录，提取电子数据的，还需制作《电子数据现场提取笔录》（如图 5-4 所示）。《电子数据现场提取笔录》应注明电子数据的来源、事由和目的、对象、提取电子数据的时间、地点、方法、过程、不能扣押原始存储介质的原因、原始存储介质的存放地点，并附《电子数据提取固定清单》（如图 5-5 所示），注明类别、文件格式、完整性校验值等，由侦查人员、电子数据持有人（提供人）签名或者盖章；电子数据持有人（提供人）无法签名或者拒绝签名的，应当在笔录中注明，由见证人签名或者盖章。

**电子数据现场提取笔录**

时间 ______年______月______日______时______分

至______年______月______日______时______分

地点: ____________________

指挥人员姓名、单位: ____________________

侦查人员姓名、单位: ____________________

记录人姓名、单位: ____________________

电子数据来源: ____________________

电子数据持有人（提供人）: ____________________

见证人: ____________________

提取对象: ____________________

____________________

事由及目的: ____________________

____________________

过程、方法及结果: ____________________

____________________

不能扣押原始存储介质的原因: ____________________

原始存储介质的存放地点: ____________________

备注: ____________________

侦查人员: ____________________

电子数据持有人（提供人）/见证人: ____________________

记录人: ____________________

图 5-4　电子数据现场提取笔录

扣押、封存原始存储介质时，按照《公安机关刑事案件文书式样》制作相关笔录（包含《现场勘验笔录》《搜查笔录》《扣押笔录》），开具《扣押清单》。

对原始存储介质采取登记保存措施时，按照《公安机关刑事法律文书式样》制作《登记保存清单》。对无法扣押的原始存储介质且无法一次性完成电子数据提取的，经登记、拍照或者录像后可以封存，尔后交其持有人（提供人）保管，并且开具《登记保存清单》一式两份，由侦查人员、持有人（提供人）和见证人签名或者盖章，一份交给持有人（提供人），另一份连同照片或者录像资料附卷备查。

**电子数据提取固定清单**

| 案由 | | | | | |
|---|---|---|---|---|---|
| 提取固定时间 | | | | | |
| 电子数据 | 类别 | 来源 | 文件格式 | 完整性校验值 | 备注 |
| | | | | | |
| | | | | | |
| | | | | | |
| | | | | | |
| | | | | | |
| | | | | | |
| | | | | | |
| | | | | | |
| 电子数据持有人（提供人）<br>/见证人（适用时）:<br><br>年　月　日 | | 侦查人员:<br><br><br>年　月　日 | | 办案单位（盖章）<br><br><br>年　月　日 | |

图 5-5　电子数据提取固定清单

## 5.4.2　网络在线提取电子数据

网络在线提取电子数据，是指公安机关根据侦查犯罪的需要，在网络上对公开发布的电子数据、境内远程计算机信息系统上的电子数据进行收集、提取，以发现和提取相关线索或证据，并出具笔录的过程。

### 1. 适用范围

对公开发布的电子数据、境内远程计算机信息系统上的电子数据，可以通过网络在线提取。需要注意的是，大量赌博、淫秽色情、诈骗等网站、论坛位于境外，境内人员均可以注册、登录、访问，对这类网站中的电子数据可以使用网络在线提取。

### 2. 人员要求

二名以上侦查人员，必要时可以指派或者聘请专业技术人员在侦查人员主持下开展工作。

### 3. 笔录要求

网络在线提取、远程勘验使用代理服务器、点对点传输软件、下载加速软件等网络工具的，应当在《网络在线提取笔录》或者《远程勘验笔录》中注明采用的相关软件名称和版本号。

### 4. 关键信息记录

网络在线提取或者网络远程勘验时，应当使用电子数据持有人、网络服务提供者提供的用户名、密码等远程计算机信息系统访问权限。采用技术侦查措施收集电子数据的，应当严格依照有关规定办理批准手续。收集的电子数据在诉讼中作为证据使用时，应当依照《中华人民共和国刑事诉讼法》第一百五十四条规定执行。

网络在线提取时，对可能无法重复提取或者可能会出现变化的电子数据，应当采用录像、拍照、截获计算机屏幕内容等方式记录以下信息。

(1) 远程计算机信息系统的访问方式。

(2) 提取的日期和时间。

(3) 提取使用的工具和方法。

(4) 电子数据的网络地址、存储路径或者数据提取时的进入步骤等。

(5) 计算完整性校验值的过程和结果。

网络在线提取电子数据应当在有关笔录中注明电子数据的来源、事由和目的、对象，提取电子数据的时间、地点、方法、过程，不能扣押原始存储介质的原因，并附《电子数据提取固定清单》，注明类别、文件格式、完整性校验值等，由侦查人员签名或者盖章。

### 5. 同步录像

对以下犯罪案件，网络在线提取、远程勘验过程应当全程同步录像。

(1) 严重危害国家安全、公共安全的案件。

(2) 电子数据是罪与非罪，是否判处无期徒刑、死刑等定罪量刑关键证据的案件。

(3) 社会影响较大的案件。

(4) 犯罪嫌疑人可能被判处五年有期徒刑以上刑罚的案件。

(5) 其他需要全程同步录像的重大案件。

### 6. 远程勘验

1) 适用范围

网络在线提取时需要进一步查明下列情形之一的，应当对远程计算机信息系统进行网络远程勘验。

(1) 需要分析、判断提取的电子数据范围的。

(2) 需要展示或者描述电子数据内容或者状态的。

(3) 需要在远程计算机信息系统中安装新的应用程序的。

(4) 需要通过勘验行为让远程计算机信息系统生成新的除正常运行数据外电子数据的。

(5) 需要收集远程计算机信息系统状态信息、系统架构、内部系统关系、文件目录结构、系统工作方式等电子数据相关信息的。

(6) 其他网络在线提取时需要进一步查明有关情况的情形。

2) 组织指挥

网络远程勘验由办理案件的县级公安机关负责。上级公安机关对下级公安机关刑事案件网络远程勘验提供技术支援和指导。对于案情重大、现场复杂的案件,上级公安机关认为有必要时,可以直接组织指挥网络远程勘验。

3) 见证要求

网络远程勘验应当首先考虑由符合条件的人员作为见证人。由于客观原因无法由符合条件的人员担任见证人的,应当在《远程勘验笔录》中注明情况并录像,录像可以采用屏幕录像或者录像机录像等方式,录像文件应当计算完整性校验值并记入笔录。

4) 文书制作

远程勘验结束后,应当及时制作《远程勘验笔录》,详细记录远程勘验有关情况以及勘验照片、截获的屏幕截图等内容,并由侦查人员和见证人签名或者盖章。远程勘验并且提取电子数据的,应当按照《公安机关办理刑事案件电子数据取证规则》第二十六条的规定,在《远程勘验笔录》注明有关情况,并填写《电子数据提取固定清单》。

《远程勘验笔录》应当客观、全面、详细、准确、规范,能够作为还原远程计算机信息系统原始情况的依据,符合法定的证据要求。对计算机信息系统进行多次远程勘验的,在制作首次《远程勘验笔录》后,逐次制作补充《远程勘验笔录》。

## 5.4.3 冻结电子数据

冻结电子数据,即通过技术手段,锁定相关电子数据,防止对其进行增加、删除、修改等操作。随着云计算等信息技术的发展,越来越多的电子数据存储在云系统中。为适应实践需要,针对云计算、大数据环境下,难以将海量数据封存、扣押,以及数据难以提取的问题,两高一部《规定》第十一条、第十二条规定了电子数据的冻结要求和方法。

### 1. 冻结的适用范围

(1) 数据量大、无法或者不便提取的。如在一起传播淫秽物品牟利案中,涉案 70 个网络云盘,相关淫秽视频 150 余万部,共 1000TB,若全部下载到硬盘中,将不必要地耗费大量资源。

(2) 提取时间长、可能造成电子数据被篡改或者灭失的。

(3) 通过网络应用可以更为直观地展示电子数据的。如在一起非法集资案中,大量电子数据是从云系统提取的,这些数据只有在云环境下才能方便地查看、筛选,为提取后查看、筛选这些数据,侦查机关不得已耗费了大量人力物力,又搭建了一个相同的云环境,增加了不必要的办案成本。

(4) 其他需要冻结的情形。

### 2. 冻结具体操作

(1) 计算电子数据的完整性校验值。

(2) 锁定网络应用账号。

(3) 采取写保护措施。

(4) 其他防止增加、删除、修改电子数据的措施。

### 3. 审批与解除

冻结电子数据,应当经县级以上公安机关负责人批准,制作《协助冻结电子数据通知书》,注明冻结电子数据的网络应用账号等信息,送交电子数据持有人、网络服务提供者或者有关部门协助办理。

冻结电子数据的期限为六个月。有特殊原因需要延长期限的,公安机关应当在冻结期限届满前办理继续冻结手续。每次续冻期限最长不得超过六个月。继续冻结的,应当按规定重新办理冻结手续。逾期不办理继续冻结手续的,视为自动解除。

电子数据需解冻时,应当经县级以上公安机关负责人批准,在三日以内制作《解除冻结电子数据通知书》,通知电子数据持有人、网络服务提供者或者有关部门执行。

## 5.4.4 调取电子数据

《中华人民共和国刑事诉讼法》第五十四条第一款规定,“人民法院、人民检察院和公安机关有权向有关单位和个人收集、调取证据。有关单位和个人应当如实提供证据。”

《公安机关办理刑事案件电子数据取证规则》第四十一条规定,公安机关向有关单位和个人调取电子数据,应当经办案部门负责人批准,开具《调取证据通知书》,注明需要调取电子数据的相关信息,通知电子数据持有人、网络服务提供者或者有关部门执行。被调取单位、个人应当在通知书回执上签名或者盖章,并附完整性校验值等保护电子数据完整性方法的说明,被调取单位、个人拒绝盖章、签名或者附说明的,公安机关应当注明。必要时,应当采用录音或者录像等方式固定证据内容及取证过程。公安机关应当协助因客观条件限制无法保护电子数据完整性的被调取单位、个人进行电子数据完整性的保护。

《公安机关办理刑事案件电子数据取证规则》第四十二条规定,公安机关跨地域调查取证的,可以将《办案协作函》和相关法律文书及凭证传真或者通过公安机关信息化系统传输至协作地公安机关。协作地办案部门经审查确认后,在传来的法律文书上加盖本地办案部门印章后,代为调查取证。协作地办案部门代为调查取证后,可以将相关法律文书回执或者笔录邮寄至办案地公安机关,将电子数据或者电子数据的获取、查看工具和方法说明通过公安机关信息化系统传输至办案地公安机关。办案地公安机关应当审查调取电子数据的完整性,对保证电子数据的完整性有疑问的,协作地办案部门应当重新代为调取。

# 5.5 电子数据的检验与分析

## 5.5.1 电子数据检查

电子数据检查,是指公安机关电子数据取证人员按照法律法规及相关程序规定,运用专业知识、仪器设备和技术标准，对已扣押、封存、固定的电子数据进行检查，以发现和提取与案件相关的线索或证据，并依据检出结果出具电子数据检查笔录的过程。

### 1. 适用范围

对扣押的原始存储介质或者提取的电子数据，需要通过数据恢复、破解、搜索、仿真、关联、统计、比对等方式，以进一步发现和提取与案件相关的线索和证据时，可以进行电子数据检查。

### 2. 人员要求

电子数据检查的指挥员应当由具有电子证据检查专业知识和组织指挥能力的民警担任。对于重大、特别重大案件，指挥员由案发地公安机关负责人担任。必要时，上级公安机关可以直接组织电子数据检查工作。

电子数据检查，应当由二名以上具有专业技术的侦查人员进行，必要时，可以指派或者聘请有专门知识的人参加。

电子数据检查过程无须见证人。

### 3. 移交电子数据

电子数据检查，应当保护在移交过程中电子数据的完整性。移交时，应当办理移交手续，并按照以下方式核对电子数据。

（1）核对其完整性校验值是否正确。

（2）核对封存的照片与当前封存的状态是否一致。

对于移交时电子数据完整性校验值不正确、原始存储介质封存状态不一致或者未封存可能影响证据真实性、完整性的，检查人员应当在有关笔录中注明。

### 4. 基本要求

（1）通过写保护设备接入到检查设备进行检查，或者制作电子数据备份、对备份进行检查。

（2）无法使用写保护设备且无法制作备份的，应当注明原因，并全程录像。

（3）检查前解除封存、检查后重新封存前后应当拍摄被封存原始存储介质的照片，清晰反映封口或者张贴封条处的状况。

（4）检查具有无线通信功能的原始存储介质时，应当采取信号屏蔽、信号阻断或者切断电源等措施保护电子数据的完整性。

### 5. 一般步骤和流程

1）一般要求

移动终端电子数据检查应当在信号屏蔽、信号阻断或者切断电源等条件下进行。无法拆机的电子数据存储介质，检查须在开机状态下进行的，对检材拆封至封存过程全程录像，并注明原因。

2）检材编号

对检材进行唯一性编号。

3）检材拆封

（1）对检材的封存状态进行拍照。

（2）对检材拆封过程进行录像。

（3）对检材的标识、属性进行拍照。

（4）在不影响数据正常读取的前提下，在检材适当位置粘贴检材编号。

4）记录

（1）记录检材的开、关机状态。

（2）记录检材的物理状态。

（3）记录检材的 SIM 卡、SD 卡等外部组件安装情况。

（4）记录检材外部硬件状态信息。

5）电子数据检查

为确保数据安全，启动杀毒软件对取证平台操作系统进行杀毒。

（1）完整性校验。

将原始检材通过写保护设备连接至取证设备，计算原始检材的完整性校验值。

（2）备份。

有条件的情况下，应当制作原始检材的电子数据备份。备份制作完成后，验证备份的完整性校验值是否与原始检材一致。

（3）检查。

将检材备份通过写保护设备连接至取证设备，使用取证软件对备份进行检查，依据检查目的提取与案件相关的电子数据，并计算其完整性校验值。

对无法制作备份的检材，将原始检材通过写保护设备连接至取证设备，使用取证软件对检材进行检查，依据检查目的提取与案件相关的电子数据，并计算其完整性校验值。

对无法使用写保护设备且无法制作备份的检材，直接浏览检材或借助相关设备对原始检材进行检查，应当注明原因，并全程录像。计算检出电子数据的完整性校验值。

通过数据恢复、破解、搜索、仿真、关联、统计、比对等方式进行电子数据检查。

（4）记录提取电子数据的路径。

6）检材封存

（1）检查完毕后，重新对检材封存，注明检材的相关属性。

（2）对检材的封存状态拍照。

7）文书制作

检查电子数据，应当制作《电子数据检查笔录》，记录以下内容。

（1）基本情况。包括检查的起止时间，指挥人员、检查人员的姓名、职务，检查的对象，检查的目的等。

（2）检查过程。包括检查过程使用的工具，检查的方法与步骤等。

（3）检查结果。包括通过检查发现的案件线索、电子数据等相关信息。

（4）其他需要记录的内容。

电子数据检查时需要提取电子数据的，应当制作《电子数据提取固定清单》，记录该电子数据的来源、提取方法和完整性校验值。

需要展示图片的，制作《图片记录表》，内容包括编号、备注、需要展示的图片。

## 5.5.2 电子数据侦查实验

### 1. 适用范围

为了查明案情，必要时，经县级以上公安机关负责人批准可以进行电子数据侦查实验。

### 2. 基本内容

(1) 验证一定条件下电子设备发生的某种异常或者电子数据发生的某种变化。

(2) 验证在一定时间内能否完成对电子数据的某种操作行为。

(3) 验证在某种条件下使用特定软件、硬件能否完成某种特定行为、造成特定后果。

(4) 确定一定条件下某种计算机信息系统应用或者网络行为能否修改、删除特定的电子数据。

(5) 其他需要验证的情况。

### 3. 基本要求

(1) 应当采取技术措施保护原始存储介质数据的完整性。

(2) 有条件时，电子数据侦查实验应当进行二次以上。

(3) 侦查实验使用的电子设备、网络环境等应当与发案现场一致或者基本一致。必要时，可以采用技术方法对相关环境进行模拟或者进行对照实验。

(4) 禁止可能泄露公民信息或者影响非实验环境计算机信息系统正常运行的行为。

### 4. 过程记录

进行电子数据侦查实验，应当使用拍照、录像、录音、通信数据采集等一种或多种方式客观记录实验过程。

### 5. 文书制作

进行电子数据侦查实验，应当制作《电子数据侦查实验笔录》，记录侦查实验的环境、设备、过程和结果，并由参加侦查实验的人员签名或者盖章。

## 5.5.3 电子数据委托检验与鉴定

### 1. 适用范围

为了查明案情，解决或弄清案件中某些专门性问题，应当指派、聘请有专门知识的人员进行鉴定，或者委托公安部指定的机构出具报告。需要聘请有专门知识的人员进行鉴定，或者委托公安部指定的机构出具报告的，应当经县级以上公安机关负责人批准。

### 2. 送检要求

侦查人员送检时，应当封存原始存储介质，采取相应措施保护电子数据完整性，并提供必要的案件相关信息。

### 3. 指定机构要求

公安部指定的机构及其承担检验工作的人员应当独立开展业务并承担相应责任，不受其他机构和个人影响。公安部指定的机构应当具备必需的仪器、设备，并且依法通过资质认定或者实验室认可；应当运用科学方法进行检验、检测，并出具报告；应当按照法律规定和司法审判机关要求承担回避、保密、出庭作证等义务，并对报告的真实性、合法性负责。

委托公安部指定的机构出具报告的其他事宜，参照《公安机关鉴定规则》等有关规定执行。

电子数据鉴定机构，除公安机关鉴定机构外，还有社会司法鉴定机构。可以委托具有电子数据鉴定资质的鉴定机构进行鉴定。

#### 4. 鉴定文书

1）对于公安机关指定的鉴定机构

《公安机关鉴定规则》规定如下。

鉴定文书分为《鉴定书》和《检验报告》两种。

客观反映鉴定的由来、鉴定过程，经过检验、论证得出鉴定意见的，出具《鉴定书》。

客观反映鉴定的由来、鉴定过程，经过检验直接得出检验结果的，出具《检验报告》。

鉴定文书应当包括：标题；鉴定文书的唯一性编号和每一页的标识；委托鉴定单位名称、送检人姓名；鉴定机构受理鉴定委托的日期；案件名称或者与鉴定有关的案（事）件情况摘要；检材和样本的描述；鉴定要求；鉴定开始日期和实施鉴定的地点；鉴定使用的方法；鉴定过程；《鉴定书》中应当写明必要的论证和鉴定意见，《检验报告》中应当写明检验结果；鉴定人的姓名、专业技术资格或者职称、签名；完成鉴定文书的日期；鉴定文书必要的附件；鉴定机构必要的声明。

鉴定文书的制作应当符合以下要求。

(1) 鉴定文书格式规范，文字简练，图片清晰，资料齐全，卷面整洁，论证充分，表述准确，使用规范的文字和计量单位。

(2) 鉴定文书正文使用打印文稿，并在首页唯一性编号和末页成文日期上加盖鉴定专用章。鉴定文书内页纸张两页以上的，应当在内页纸张正面右侧边缘中部骑缝加盖鉴定专用章。

(3) 鉴定文书制作正本、副本各一份。正本交委托鉴定单位，副本由鉴定机构存档。

(4) 鉴定文书存档文件包括：鉴定文书副本、审批稿、检材和样本照片或者检材和样本复制件、检验记录、检验图表、实验记录、鉴定委托书、鉴定事项确认书、鉴定文书审批表等资料。

(5) 补充鉴定或者重新鉴定的，应当单独制作鉴定文书。

鉴定后，鉴定机构应当出具鉴定文书，并由鉴定人及授权签字人在鉴定文书上签名，同时附上鉴定机构和鉴定人的资质证明或者其他证明文件。

2）对于社会司法鉴定机构

《司法鉴定程序通则》规定如下。

司法鉴定机构和司法鉴定人应当按照统一规定的文本格式制作司法鉴定意见书。司法鉴定意见书应当由司法鉴定人签名。多人参加的鉴定，对鉴定意见有不同意见的，应当注明。司法鉴定意见书应当加盖司法鉴定机构的司法鉴定专用章。

司法鉴定意见书应当一式四份，三份交委托人收执，一份由司法鉴定机构存档。司法鉴定机构应当按照有关规定或者与委托人约定的方式，向委托人发送司法鉴定意见书。

委托人对鉴定过程、鉴定意见提出询问的，司法鉴定机构和司法鉴定人应当给予解释或者说明。

司法鉴定意见书出具后，发现有下列情形之一的，司法鉴定机构可以进行补正：①图像、谱图、表格不清晰的；②签名、盖章或者编号不符合制作要求的；③文字表达有瑕疵或者错别字，但不影响司法鉴定意见的。补正应当在原司法鉴定意见书上进行，由至少一名司法鉴定人在补正处签名。必要时，可以出具补正书。对司法鉴定意见书进行补正，不得改变司法鉴定意见的原意。

司法鉴定机构应当按照规定将司法鉴定意见书以及有关资料整理立卷，归档保管。

#### 5. 电子数据司法鉴定分类

根据《声像资料司法鉴定执业分类规定》（司法部 2020 年 6 月 19 日第 23 次部长办公会议审议通过），声像资料司法鉴定包括录音鉴定、图像鉴定、电子数据鉴定。电子数据鉴定包括电子数据存在性鉴定、电子数据真实性鉴定、电子数据功能性鉴定、电子数据相似性鉴定等。

（1）电子数据存在性鉴定。包括电子数据的提取、固定与恢复及电子数据的形成与关联分析。其中电子数据的提取、固定与恢复包括对存储介质（硬盘、光盘、U 盘、磁带、存储卡、存储芯片等）和电子设备（手机、平板电脑、可穿戴设备、考勤机、车载系统等）中电子数据的提取、固定与恢复，以及对公开发布的或经所有权人授权的网络数据的提取和固定。电子数据的形成与关联分析包括对计算机信息系统的数据生成、用户操作、内容关联等进行分析。

（2）电子数据真实性鉴定。包括对特定形式的电子数据，如电子邮件、即时通信、电子文档、数据库数据等的真实性或修改情况进行鉴定。依据相应验证算法对特定形式的电子签章，如电子签名、电子印章等进行验证。

（3）电子数据功能性鉴定。包括对软件、电子设备、计算机信息系统和破坏性程序的功能进行鉴定。

（4）电子数据相似性鉴定。包括对软件（含代码）、数据库、电子文档等的相似程度进行鉴定，对集成电路布图设计的相似程度进行鉴定。

### 5.5.4 电子数据检验分析技术

电子数据取证技术与 IT 技术的发展是一脉相承的，IT 技术的进步，催生了多种新技术应用，也随之带来了网络犯罪等一系列问题，公安实践中面临着电子数据取证的挑战。电子数据取证本质是在法律法规标准框架下，在侦查思维的基础上，运用 IT 技术对数据进行分析，并进行数据组织和重建。电子数据取证在技术层面涉及计算机基础知识与技术、密码学、网络技术、通信技术、存储等科学技术。

正因为电子数据取证技术涉及技术多、对象繁杂，其分类视角和标准也各不相同。如

图 5-6 所示，电子数据取证技术按照取证对象可分为 PC 取证、手机取证、IOT 设备取证等；按照取证场景可分为现场取证、网络在线提取、远程勘验、侦查实验、检验鉴定；按照取证对象所采用的操作系统可分为 Windows 取证、Linux 取证、Android 取证、mac OS 取证、iOS 取证等；按照取证分析技术可分为网络数据分析、密码破解、数据恢复等；按照分析对象可分为注册表取证、日志取证、文件取证、数据库取证、病毒和木马分析取证等；按照取证阶段采用的不同技术可分为发现、固定、提取、分析、展示取证技术等。分类视角和标准的繁杂反映的正是取证技术包罗万象，从业者需要广泛和深入地了解操作系统、硬件设备、软件架构等各个方面的知识和技术。

| 对象： | 场景： | 操作系统： | 分析技术： | 分析对象： | 阶段： |
|---|---|---|---|---|---|
| PC 取证 | 现场取证 | Windows 取证 | 网络数据分析 | 注册表 | 发现 |
| 手机取证 | 网络在线提取 | Linux 取证 | 密码破解 | 日志 | 固定 |
| IOT 设备取证 | 远程勘验 | Android 取证 | 数据恢复 | 文件 | 提取 |
| 无人机取证 | 侦查实验 | mac OS 取证 | | 数据库 | 分析 |
| 汽车取证 | 检验鉴定 | iOS 取证 | | 病毒和木马分析 | 展示 |
| 法律法规标准 | | 侦查思维 | | IT 技术 | |

图 5-6 电子数据取证技术

在实践中，需要提取出有用数据，分析判断其中的关联性。将数据转换为可读可见的形式，所有分析最好在原始证据的备份中进行，防止原始数据遭到破坏。不同类型的案件需要不同的分析方法，典型的技术方法主要有下列几种。

### 1. 数据恢复

数据恢复，就是将由于硬件损坏、分区、格式化、删除、病毒破坏或其他原因导致的丢失或不可正常访问的数据恢复至正常状态的过程。数据恢复不同于数据备份，不是所有的情况都可以恢复。造成数据丢失的原因有很多，包括软硬件故障、异常断电、死机、病毒破坏、黑客入侵、误操作、磁盘阵列损坏、口令丢失、文件结构损坏等，这些都需要进行数据修复。尽管数据恢复与电子数据取证有不同的特点，但又有天然而紧密的关系。电子数据取证的前提是必须能正常获取和分析数据，而数据删除、格式化等操作是常见的反取证手法。因此数据恢复技术是电子数据取证的重要内容，数据恢复是电子数据取证能否成功挖掘到涉案线索的前置条件和必要步骤。

从逻辑上来看，数据恢复可分为 4 个层次：存储介质（硬件）、系统、应用和文件。数据恢复技术按照技术本身的特点可分为硬件修复技术和软件修复技术。

硬件修复技术主要通过硬件更换技术、软件重建技术和盘片读取技术解决问题，修复数据。通常，硬盘由于电源过大或本身电路板质量问题，致使芯片损坏或电路板烧坏的情况，数据恢复起来相对较容易。由于某种原因致使硬盘的读写参数错误，使硬盘无法识别或误认，数据无法读取，这种情况无须开盘处理，可以重写固件程序来解决。而由于错误关机或突然断电，硬盘使用时间长久，硬盘盘片会出现坏道，无法导出或无法读取数据，以及磁头损坏、偏移、不寻址、磁盘异响等问题，需要开盘处理的，必须在专用的洁净工作间里进行修复，操作比较复杂。

软件修复技术主要针对可以正常进行读写操作的存储设备，分为系统级修复技术和文件级修复技术。系统级修复技术包括对分区表及文件系统信息的修补技术，比如FAT32系统的引导扇区、FAT表、目录表以及UNIX系统中的超级块等，这些信息一旦受损或丢失，就看不到系统分区，系统中的文件就无法正常读取。文件级修复技术又分为损坏文件的恢复和文件碎片的提取，在文件相对完整的情况下，文件头和数据区损坏不大，可以将文件恢复；若文件损坏很大，数据区存有小部分信息，则只能提取文件碎片，这些碎片一般存在于分区内未重复使用的部分和数据簇内的剩余部分，但它们只对于特殊的要求才有意义。

### 2. 密码破解

当系统或文件被密码保护，需要利用密码破解技术破解密码，以达到访问内容的目的。计算机取证中的密码主要有计算机开机密码、操作系统登录密码、网络密码、应用程序生成文件密码等。需要破解密码的常用应用程序如Office系统软件、压缩工具WinRAR、Web管理密码等。可以通过暴力破解、密码绕过移除、社会工程学、漏洞利用等方法进行密码破解和获取。

### 3. 关键词检索

目前的常用取证工具可以针对过滤或者查找到的文件的信息和元数据进行分析，主要关注以下方面。

查看文件信息，例如文件名、文件大小等信息以及其他关联文件信息。

确定关联文件的数量和类型，例如，IE历史访问记录关联的下载文件。

检查文件内容，检查文件元数据等内容。通过分析文件数据结构，提取文件中隐含的数据。例如图像文件中的定位信息。

关键词搜索不依赖文件系统，设置的关键词以二进制的形式在介质中进行遍历，直到命中结果。关键词搜索往往可以搜索到删除文件、文件松弛区(slack space)和未分配空间(unallocated space)的关键词，以达到找到数据的目的。

关键词搜索与数据编码尤其是字符编码密切相关。例如，在一个数据文件中搜索十进制数23456，其十六进制数是5BA0，一般以A0 5B形式存放，如果是文本字符23456，则其存放形式可能是32 33 34 35 36，因为英文字符常见的是ASCII码，每个字符1字节，如字符0..9的编码是十六进制数30..39，字符A..Z的编码是41..5A，字符a..z的编码是61..7A。在Unicode编码中，英文字符是2个字节，扩充ASCII编码，前置00，如字符a的编码是0061。Unicode编码中也有中文字符编码，简体中文是大陆汉字编码，如“中”的编码是2D4E。中国国家标准中，GB18030是汉字编码方案，1个汉字2字节。浏览器上的网址常出现UTF-8编码，1个汉字3字节。电子邮件常常使用Base64编码。因此，在取证工具中搜索字符串时需要选择正确的编码方案，否则存在的信息也可能搜索不到。平时浏览器中偶尔会出现乱码现象，这时需要人工干预，选择正确的编码。

数据编码示例：图5-7是一个照片文件(jpg文件)的头部部分信息。该jpg文件以

FF D8 开头,(手机)相机制造商是 HUAWEI(48 55 41 57 45 49 00,ASCII 串,以 00 结束),拍摄时间是 2020:08:03 19.20.56(32 30 32 30 3A 30 38 3A 30 33 20 31 39 2E 32 30 2E 35 36 00,ASCII 串,以 00 结束),图像宽度是 3000(0B B8,十六进制整数),高度是 4000(0F A0,十六进制整数),其他信息不一一解读,具体参考 Exif 文件格式。

|  | 00 | 01 | 02 | 03 | 04 | 05 | 06 | 07 | 08 | 09 | 0A | 0B | 0C | 0D | 0E | 0F |
|---|---|---|---|---|---|---|---|---|---|---|---|---|---|---|---|---|
| 0 | FF | D8 | FF | E1 | 3B | 2C | 45 | 78 | 69 | 66 | 00 | 00 | 4D | 4D | 00 | 2A |
| 10 | 00 | 00 | 00 | 08 | 00 | 0E | 01 | 00 | 00 | 03 | 00 | 00 | 00 | 01 | 0B | B8 |
| 20 | 00 | 00 | 01 | 01 | 00 | 03 | 00 | 00 | 00 | 01 | 0F | A0 | 00 | 00 | 01 | 02 |
| 30 | 00 | 03 | 00 | 00 | 00 | 03 | 00 | 00 | 00 | FA | 01 | 0F | 00 | 02 | 00 | 00 |
| 40 | 00 | 07 | 00 | 00 | 00 | B6 | 01 | 10 | 00 | 02 | 00 | 00 | 00 | 09 | 00 | 00 |
| 50 | 00 | BE | 01 | 12 | 00 | 03 | 00 | 00 | 00 | 01 | 00 | 00 | 00 | 00 | 01 | 1A |
| 60 | 00 | 05 | 00 | 00 | 00 | 01 | 00 | 00 | 00 | C8 | 01 | 1B | 00 | 05 | 00 | 00 |
| 70 | 00 | 01 | 00 | 00 | 00 | D0 | 01 | 28 | 00 | 03 | 00 | 00 | 00 | 01 | 00 | 02 |
| 80 | 00 | 00 | 01 | 31 | 00 | 02 | 00 | 00 | 00 | 21 | 00 | 00 | 00 | D8 | 01 | 32 |
| 90 | 00 | 02 | 00 | 00 | 00 | 14 | 00 | 00 | 01 | 00 | 02 | 13 | 00 | 03 | 00 | 00 |
| A0 | 00 | 01 | 00 | 01 | 00 | 00 | 87 | 69 | 00 | 04 | 00 | 00 | 00 | 01 | 00 | 00 |
| B0 | 01 | 14 | A4 | 0B | 00 | 07 | 00 | 00 | 00 | 04 | 69 | 70 | 70 | 00 | 00 | 00 |
| C0 | 04 | DC | 48 | 55 | 41 | 57 | 45 | 49 | 00 | 00 | 53 | 45 | 41 | 2D | 41 | 4C |
| D0 | 31 | 30 | 00 | 00 | 00 | 00 | 00 | 48 | 00 | 00 | 00 | 01 | 00 | 00 | 00 | 48 |
| E0 | 00 | 00 | 00 | 01 | 53 | 45 | 41 | 2D | 41 | 4C | 31 | 30 | 20 | 31 | 30 | 2E |
| F0 | 31 | 2E | 30 | 2E | 31 | 36 | 32 | 28 | 43 | 30 | 30 | 45 | 31 | 36 | 30 | 52 |
| 100 | 33 | 50 | 33 | 29 | 00 | 00 | 00 | 08 | 00 | 08 | 00 | 08 | 32 | 30 | 32 | 30 |
| 110 | 3A | 30 | 38 | 3A | 30 | 33 | 20 | 31 | 39 | 3A | 32 | 30 | 3A | 35 | 36 | 00 |
| 120 | 00 | 2E | 01 | 0D | 00 | 07 | 00 | 00 | 00 | 00 | 00 | 00 | 00 | 00 | 82 | 9A |

图 5-7　jpg 文件头

### 4. 时间戳

时间戳技术,是指计算机系统中的文件、注册表、日志等都保存有时间属性。通过查看电子数据的时间戳,可以确定其产生、改变、删除等行为发生的时间和先后顺序。在案件分析时需要辨别时间戳真伪,正确利用。

例如:文件有创建时间、修改时间和最后访问时间,Office 文档有文件的"最后一次保存日期"和"最后一次打印的时间"。如今,文件系统中文件的访问非常频繁,为减少系统开销,很多操作系统会延长更新甚至取消更新文件的最后访问时间。

Facebook 网站给用户提供了修改帖子发布时间的功能,但任何被改过发布时间的帖子上,都会出现这么一个"时钟"标签,而只要把鼠标移动到这个标签上,就会显示帖子的原始发布时间。

### 5. 系统仿真

系统仿真技术可以加载硬盘或者镜像文件,将其模拟为虚拟机,以实现对其中数据的场景还原、分析,完成取证。有的系统仿真工具,能够绕过或直接清除 Windows 系统密码,避免对原始数据进行直接操作而造成的数据损坏。最为重要的是,能够通过直接操作目标系统的方式,以系统用户的视角获取线索证据,提高取证效率。

### 6. 关联分析

电子数据取证过程中会获得大量的证据数据,主要来源于 3 方面:一是计算机主机系统方面的证据,主要包括来自硬盘、内存、外设中的数据;二是来自网络方面的证据,主要包括实时获取的网络通信数据流在网络设备上产生的记录,以及网络安全设备上的日志和登录日志；三是来自其他数字设备的证据，如手机、手持电子设备等。这些可疑数据的数量非常庞大并且不断更新，面对这样庞大的、变化的数据，单纯依靠技术人员的经验去分析、获取有用的证据是不现实的，需要借助工具从海量数据中获取有用的证据，或者获取有用的信息来指导下一次的数据分析和检测。利用机器学习等数据挖掘方法从海量数据中发现有价值信息，通过关联分析、分类分析等方法帮助发现证据及其特征。

### 7. 统计比对

由于当前各类案件涉及的数据量越来越大，很多案例动辄涉及几十 GB，甚至 TB 级的数据，必须进行分类及统计分析，才能发现电子数据证据的特征、规律，从数据表层挖掘出背后蕴含的犯罪事实。针对巨量甚至海量数据进行运算挖掘，常见处理操作包括去噪、去重、分类、汇总、过滤、筛选、比对、碰撞等，必要时要编写程序进行处理。如传销案件中，针对传销团伙层级、成员数量以及涉案金额的统计分析。

## 习题 5

1. 电子数据证据与传统证据相比具有什么特点？
2. 电子数据取证的原则是什么？
3. 分析硬盘克隆（对位复制）与镜像的异同。
4. 请写出电子数据现场勘查的基本流程。
5. 在进行电子数据现场勘查时，主要完成哪些方面的工作？
6. 易丢失数据提取和在线分析应当遵循的原则是什么？
7. 在进行远程勘验时，主要完成哪些方面的工作？

# 第 6 章 网络犯罪侦查

网络与现实中的空气和水一样，已经渗透到人类生活的各个方面。显而易见的是，随着对网络的依赖性越来越强，人们日常生活越来越数字化和信息化，现实社会中的犯罪类型也不断向网络空间转移，并且滋生出网络空间特有的新型网络犯罪类型。根据公安部第三研究所网络安全法律研究中心与百度联合发布的《2019 年网络犯罪防范治理研究报告》，2018 年全球因网络犯罪导致的经济损失高达每分钟 290 万美元，泄露的可标识数据记录为每分钟 8100 条，而头部企业因网络安全漏洞所付出的成本则达到每分钟 25 美元。根据 2018 年腾讯公司的调研和测算，中国黑灰产业已达千亿元规模，从事互联网地下黑灰产业链的规模超过 40 万人，其中包括触及法律底线、构成网络犯罪的行为，也包括利用网络规则漏洞、从事灰色产业的从业者。另外，据统计我国网络犯罪数量已占犯罪总数的三分之一，且每年以近 30%的幅度增长。

当今社会网络黑产犯罪愈发猖狂，网络黑色产业链为了谋取不当利益不断演进，逐步形成了一条专业精细、分工明确、上下游紧密捆绑、利益关系错综复杂的产业链，尤其是网络具有空间跨度大等特点，资金流向分散复杂，导致现阶段对网络黑产犯罪的侦查活动变得异常困难。因此国家互联网信息办公室于 2016 年 12 月 27 日发布《国家网络空间安全战略》，明确指出网络空间安全已经上升到国家安全层面。为此，遏制网络空间黑灰产业发展以及惩治网络犯罪，是维护网络空间安全、社会安全乃至国家安全的当务之急。

## 6.1 网络犯罪概述

### 6.1.1 网络犯罪概念

网络犯罪由计算机犯罪概念发展演变而来，但又与之存在一定的区别，属于学理罪名，是依据犯罪学理论归类划分的犯罪类型，不是刑法规范意义上的罪名。2001 年 11 月 23 日，欧洲理事会 26 个欧盟成员国以及美国、加拿大、日本和南非等国家的政府官员在匈牙利布达佩斯签署《网络犯罪公约》，自此“网络犯罪”这个新生的法律术语诞生。狭义的网络犯罪是指《中华人民共和国刑法》所规定的网络犯罪活动；广义的网络犯罪是指涉及网络的犯罪。

两高一部《关于办理网络犯罪案件适用刑事诉讼程序若干问题的意见》（公通字〔2014〕10 号）中，称网络犯罪案件包括：①危害计算机信息系统安全犯罪案件；②通过危害计算机信息系统安全实施的盗窃、诈骗、敲诈勒索等犯罪案件；③在网络上发布信息或者设立主要用于实施犯罪活动的网站、通讯群组，针对或者组织、教唆、帮助不特定多数人实施的犯罪案件；④主要犯罪行为在网络上实施的其他案件。

2021 年 1 月，最高人民检察院发布《人民检察院办理网络犯罪案件规定》，从案件办理角度考虑，指出“本规定所称网络犯罪是指针对信息网络实施的犯罪，利用信息网络实施的犯罪，以及其他上下游关联犯罪。”这个规定拓展了传统意义上网络犯罪的概念，更加有利于打击各类网络犯罪，尤其是从源头打击和全链条打击。

互联网应用的高速发展，移动智能终端（主要是智能手机、平板电脑等）和网络即时通信工具（如微信、微博、QQ 等）的普及，电子商务环境的成熟和电子支付手段（在线支付、移动支付）的便捷，愈发加速当前传统违法犯罪向以电信、互联网等为媒介的非接触性犯罪转移，借助网络的新型犯罪日益增多。

## 6.1.2 网络犯罪的表现形式

计算机网络犯罪类型不断变化，犯罪手段翻新迅速。网络攻击、网络诈骗、网络色情、网络赌博、网络制假贩假等高发多发。网络侵犯公民个人信息、网络制造传播谣言、网络敲诈勒索、网络恐怖主义、网络制毒贩毒等持续上升。按照计算机网络本身在网络犯罪中的角色划分，可将当前网络犯罪归纳为以下 3 种类型：网络是犯罪对象、网络是犯罪工具和网络是犯罪空间，各自的内涵如图 6-1 所示。

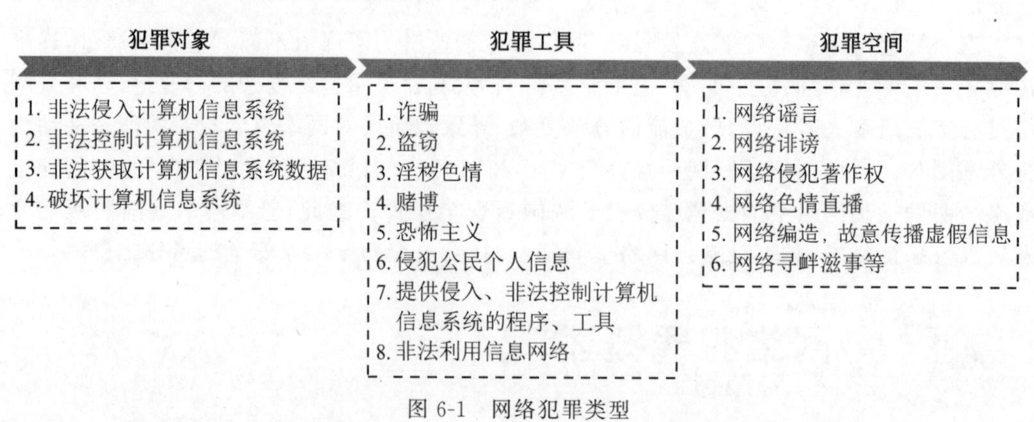


图 6-1 网络犯罪类型

### 1. 常见的网络犯罪类型

针对现阶段常见的网络犯罪，选取以下几类进行重点介绍。

1）电信诈骗

电信诈骗一般是不法分子通过电话、网络和短信等方式，编造虚假信息设置骗局，骗取受害人信任，对受害人实施远程、非接触式诈骗，诱使受害人给不法分子汇款或转账的犯罪行为。电信诈骗已经形成了“开发制作—批发零售—诈骗实施—分赃销赃”的完整黑色产业链，而且产业分工日趋精细。当前电信诈骗的黑色产业链如图 6-2 所示。

2）恶意程序

为达到不正当目的，利用恶意程序在用户不知情或未授权的情况下，通过隐蔽、欺骗或违反用户意愿的其他手段执行恶意扣费、信息窃取、远程控制、恶意传播、资费消耗、系统破坏、诱骗欺诈、流氓行为等行为。当前网络环境下，数量最多的恶意程序类型为远程

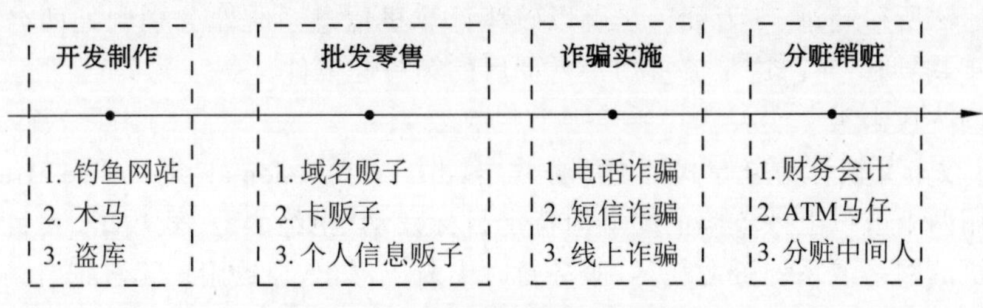


图 6-2 电信诈骗黑色产业链

控制木马、僵尸网络木马和流量劫持木马。

实施犯罪阶段，犯罪团队核心成员不会直接参与盗窃、诈骗和敲诈，而是以勒索病毒采取虚拟货币作支付工具，这给后期的案件定性及侦查带来了极大的难度。实施敲诈勒索时，又具体分为技术手段勒索（DDoS、恶意代码、漏洞勒索等）和非技术手段勒索（职业打假、PS 造假举报、购物差评等）。

2017 年 4 月，某安卓平台出现仿冒“手机百度”的恶意软件，该恶意软件可以完全控制手机，在后台不仅拦截重要短信，而且偷偷定制运营商收费业务，用以谋取利益。经公安机关溯源调查后发现，黑产通过与手机门店合作，在其售卖时将恶意固件植入到手机内，等待激活手机后下载恶意软件，并通过云端服务器对众多手机发送指令，达到非法控制的目的。公安机关根据溯源结果、嫌疑人虚拟身份信息以及手机号实施落地抓捕。

3）流量劫持

流量劫持是一种利用非法或恶意手段劫持正常网络流量，通过擅自篡改网络数据内容或改变网络数据流向，产生用户非预期行为的网络攻击技术。主要采用的方法有流氓软件劫持、网页木马劫持、运营商劫持、路由器劫持等。当前流量劫持的黑色产业链如图 6-3 所示。

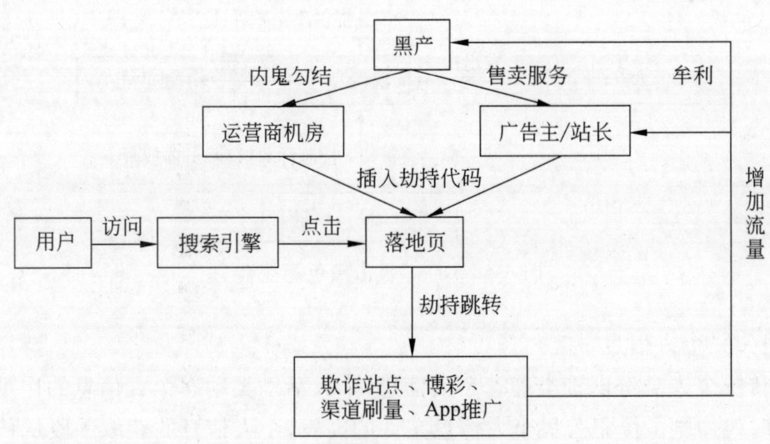


图 6-3 流量劫持黑色产业链

2013 年年底，被告人付某豪、黄某超等人租赁多台服务器，使用恶意代码修改用户路由器的 DNS 设置，进而使用户登录 2345.com 等导航网站时跳转至其设置的 5w.com 导航网站，再将获取的互联网用户流量出售给杭州久尚科技有限公司（系 5w.com 导航网站所有者)，违法所得超过75万元。法院以破坏计算机信息系统罪分别判处两名被告人有期徒刑三年，缓刑三年。这是流量劫持入刑后的第一起案件。

4) DDoS攻击类

DDoS攻击又被称为分布式拒绝服务攻击(distributed denial of service attack)，攻击方一般使用两个或以上被攻陷的终端向特定目标发动"拒绝服务"式攻击，其目的在于使目标计算机的网络或系统资源耗尽，服务暂时中断或停止，导致用户无法正常访问网络。

2016年10月，美国DNS服务商Dyn遭到大型DDoS攻击，在该事件中Twitter甚至出现24小时0访问的局面，峰值流量达到了1.1Tb/s。2018年3月，知名代码托管网站GitHub遭遇了有史以来最严重的DDoS网络攻击，峰值流量达到了1.35Tb/s。2019年的Memcached DDoS攻击，峰值流量高达1.7Tb/s，更是创造了全新的历史纪录。国内与国外情况类似，被攻击的区域多发于江浙、北京、香港等互联网建设较好的地区。DDoS攻击目标的行业众多，涉及互联网所有行业，其中以游戏行业为最，多数攻击目的出于敲诈勒索钱财或者恶意竞争，并在新兴的音频、视频行业中有上升的趋势，这和当今流行的直播、短视频等有关。除此之外，现阶段在医疗、制造业、物联网等行业中DDoS也时有发生。

根据《2019年中国互联网网络安全报告》，在网络治理行动的持续高压下，DDoS攻击资源大量向境外迁移，DDoS攻击的控制端数量和来自境外的反射攻击流量的占比均超过90%。针对我国目标的大规模DDoS攻击事件中，来自境外的流量占比超过50%。

DDoS规模和数量的激增，主要原因是DDoS工具的自动化和服务化，超过60%的DDoS攻击事件为僵尸网络控制发起，处理这类案件基本没有应对方法，因为此类攻击基本都是用"肉鸡"(被黑客远程控制的计算机)，IP的溯源取证会比较困难。当前DDoS攻击黑色产业链如图6-4所示。

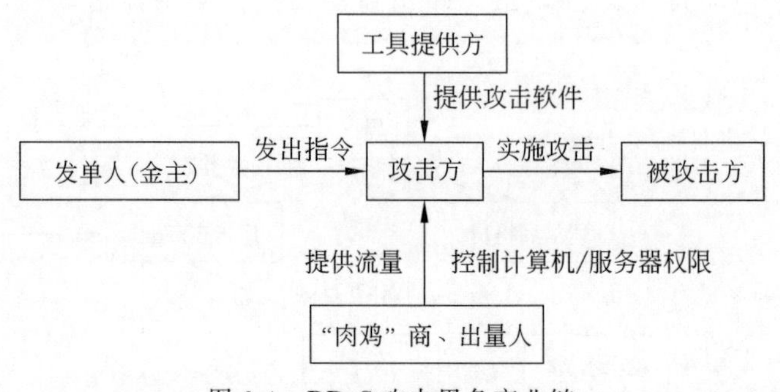


图6-4 DDoS攻击黑色产业链

5) 侵犯公民个人信息

相较于传统个人身份识别类静态个人信息，个人活动类动态个人信息的比重开始增加。移动互联网时代加剧了侵犯公民个人信息案件的高发，个人信息的获取手段从传统的诱骗、撞库向非法爬取数据等方式转变。当前侵犯公民个人信息黑色产业链如图6-5所示。

2018年4月，百度收到用户举报，称其在使用手机百度搜索后，接到关于搜索词产品的电话推销，而用户称其除了进行搜索外，自己并没有透露过相关信息。百度根据用户提供的线索，迅速盘查溯源，锁定了目标网站使用非法平台所提供的相关接口非法获取网民

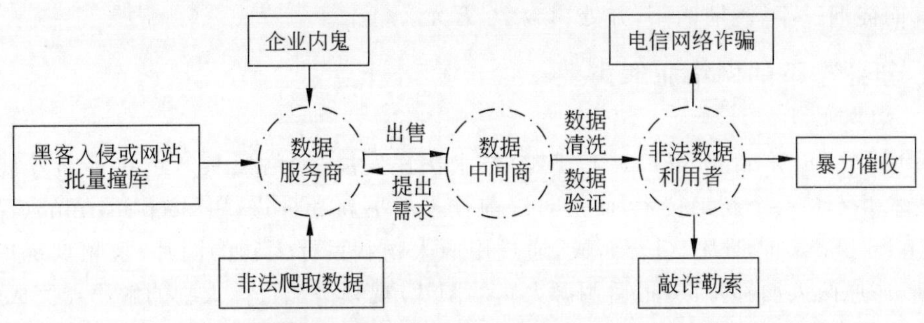


图 6-5　侵犯公民个人信息黑色产业链

在访问页面时的手机号、搜索关键词、IP 地址及设备型号，具体过程如图 6-6 所示，立即向警方举报并提供相关线索。

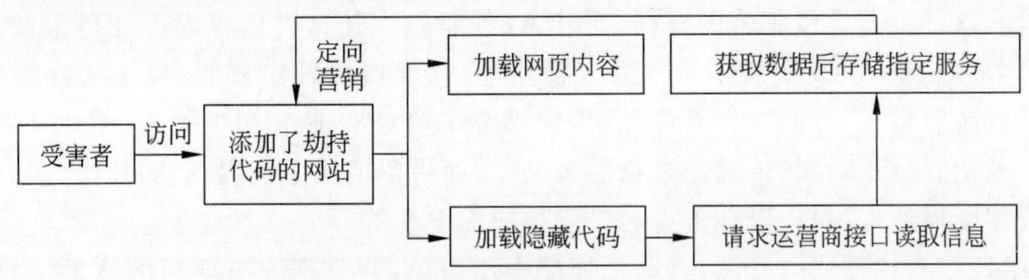


图 6-6　非法获取公民个人信息实现过程

警方经过对涉案非法平台的深入分析，定位到被告人存储非法获得数据所使用的服务器。确认该服务器中非法获取并存储公民手机号码、搜索关键词、手机型号、所在地区等信息 1000 万余条。最终以侵犯公民个人信息罪，分别判处几名被告人有期徒刑三年。

6）侵犯知识产权

侵犯知识产权呈现出新变化，其中通过网盘、微信、微博等渠道传播实施的侵犯著作权案件格外引人关注，主要包括：侵犯商业秘密，销售侵权复制品，非法制造注册商标标识，假冒注册商标。据上海某检察院的统计，2012 年至 2014 年该院办理的知识产权犯罪案件中，“网络作为犯罪工具”“以运行于网络上的计算机软件作为犯罪对象”，以及二者兼而有之的案件数量，占了侵犯知识产权犯罪案件的一半以上。为此，2019 年修正的《中华人民共和国反不正当竞争法》新增规定将“电子侵入”视作不正当获取商业秘密的侵权手段，但是由于商业秘密的非公开性、同一性以及重大损失等举证存在困难，导致大多数涉嫌侵犯商业秘密的案件较难以构成“侵犯商业秘密罪”立案，只能通过其他刑事罪名立案，如“非法侵入计算机信息系统罪”“非法获取计算机系统数据罪”“侵犯公民个人信息罪”等。

2014 年年底，实时公交查询软件“酷米客”开发公司（深圳市谷米科技有限公司）发现后台数据被不明人员盗用，经过追查 IP 地址，发现来源于杭州阿里巴巴工业园区。报案后，经过警方的调查，发现是由武汉元光科技有限公司开发的一款同类手机软件“车来了”通过非法手段入侵其后台抓取数据。经过深圳市南山区警方调查取证后，依法拘留多名嫌疑人，南山检察院正式批准逮捕涉案的“车来了”CEO 邵某霜等人。2017 年 7 月，深圳南山区人民法院宣判：车来了创始人兼 CEO 邵某霜犯非法窃取计算机信息系统数据罪，判处有期徒刑三年、缓刑四年,并处罚金 10 万元。

### 2. 新业态下的网络犯罪类型

1) AI 换脸类

AI(artificial intelligence,人工智能)技术快速发展,网络黑灰产也在不断发展。AI 换脸技术并不是一个新兴技术,而是对以前技术的更新和推进,由 deep learning(深度学习)和 fake photo(假照片)组合而成,通过用源人物和目标人物的图片/视频训练模型分别识别、还原两人面部特征,最后用源人物的图片/视频搭配目标人物的解码器完成转换,将源人物的人脸替换为目标人物的人脸。

AI 换脸技术让各种"换脸"变得更加容易、更加逼真,更容易侵害人们的肖像权、名誉权及其相关著作权等一系列权利。比如利用他人的照片,将某些低俗或色情视频中的头像进行替换,从而引起他人社会评价降低,甚至有人利用换脸技术编造不实的传闻,引起社会恐慌,这都会涉嫌侵犯公民权利,而且 AI 换脸技术让这种侵权成本变得很低。此外通过 AI 技术歪曲、篡改影视作品中的人物角色,构成侵犯著作权罪;将违法视频主角换脸,偷换成政府官员,以此进行敲诈勒索,构成敲诈勒索罪;制作色情视频、图片并出售,构成制作、复制、出版、贩卖、传播淫秽物品牟利罪;而将色情或恶搞视频、图片中人物替换为他人,公然贬损他人人格、破坏他人名誉则构成侮辱罪等。

现阶段技术模型代码开源,自动化处理操作简单,并且不断出现新的技术工具,换脸与换声技术相结合更增加了防范的难度。当前涉及 AI 换脸换声技术的网络犯罪示意图如图 6-7 所示。

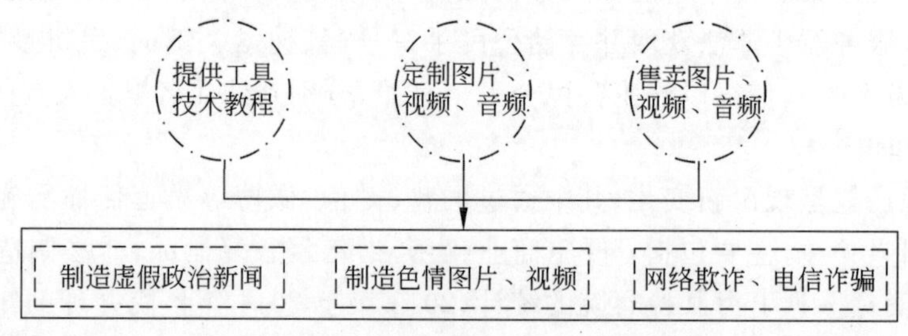


图 6-7 新兴 AI 换脸换声技术的网络犯罪

2) 网络黑公关类

网络"黑公关"是指打着"公关"的旗号,按照纯粹商业目的在网上发布虚假新闻或评论,以诋毁和诽谤目标企业和个人来获利的行为。主要以网络资源为杠杆,对目标进行打击和讹诈,是一种畸形的商业模式。网络"黑公关"幕后组织严密,规模庞大,一般同时养有众多大 V、大号,且通过机器人维持着庞大的"僵尸粉",成为舆论场上的一支"黑军"。另外网络"黑公关"牵涉广泛,套路复杂,多种机构都易牵连其中,公司往往成为舆论引导的"背锅侠"。当前涉及网络"黑公关"的黑色产业链如图 6-8 所示。

3) 滥用网络短视频类

"双击 666""老铁没毛病"以上说辞从 2018 年至今,已然成为网络热词,也成为许多网民的口头禅。抖音 App 在 2018 年上半年席卷全球,在全球苹果市场下载次数排行榜

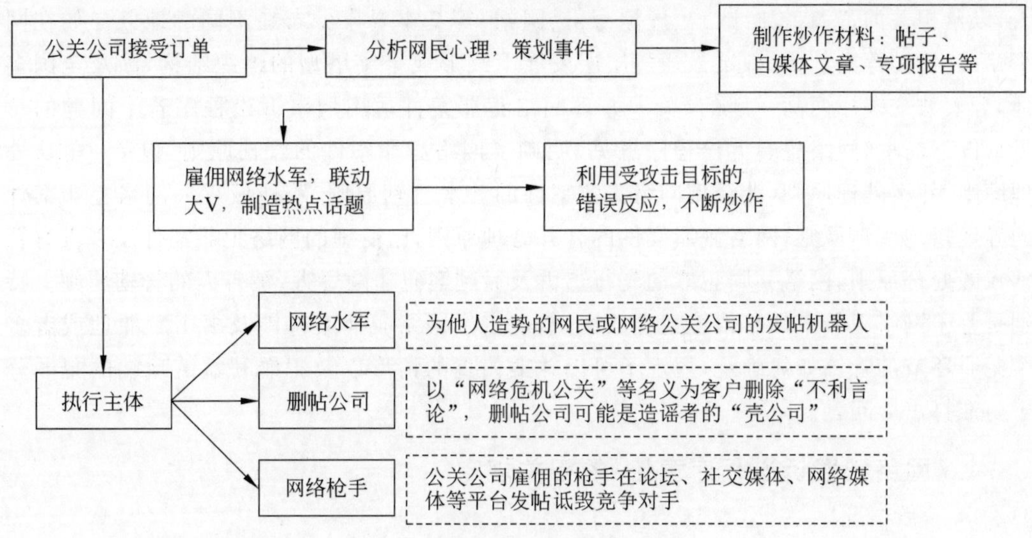


图 6-8　网络“黑公关”黑色产业链

第一(中国、日本、泰国等)，单个视频传播信息量大，耗时短(15 秒～1 分钟)，适合碎片化时间的阅读。而视频内容监管缺失、违规操作行为又较为隐蔽，导致直播平台、短视频成为传统网络犯罪的引流场和网络诈骗、色情、赌博等违法犯罪行为的新媒介。

2019 年 1 月，“网络生态治理专项行动”正式启动，对各类网站、移动客户端、论坛贴吧、即时通信工具、直播平台等重点环节中的淫秽色情、低俗庸俗、暴力血腥、恐怖惊悚、赌博诈骗、网络谣言、封建迷信、谩骂恶搞、威胁恐吓、标题党、仇恨煽动、传播不良生活方式和不良流行文化这 12 类负面有害信息进行了整治，集中解决网络生态重点环节突出问题，取得了一定成效。此类行动今后需要持续开展。

由网络犯罪的发展变化可见，网络为犯罪提供了手段工具和场所并形成了新的犯罪空间。网络技术的发展和互联网应用的更迭，愈发加速新型网络空间犯罪的复杂化、多样化和隐秘化，导致公安机关对实施的犯罪活动不仅难以防范，而且难以侦查取证。

## 6.2　网络犯罪刑事程序法律规制

最高人民法院、最高人民检察院、公安部于 2014 年 5 月印发《关于办理网络犯罪案件适用刑事诉讼程序若干问题的意见》(公通字〔2014〕10 号)，于 2016 年 12 月发布《关于办理电信网络诈骗等刑事案件适用法律若干问题的意见》(法发〔2016〕32 号)，于 2021 年 6 月发布《关于办理电信网络诈骗等刑事案件适用法律若干问题的意见(二)》(法发〔2021〕22 号)；公安部于 2020 年 8 月 15 日发布了《公安部关于修改〈公安机关办理刑事案件程序规定〉的决定》(公安部令第 159 号)，完善了网络犯罪管辖和电子数据取证相关的内容。

### 6.2.1　网络犯罪案件的管辖

与计算机网络相类似，网络犯罪也存在跨地域特性，与犯罪相关的人员(被害人、嫌疑人)以及相关的资源(银行账户、虚拟身份、网站)等基本要素分布在不同的地区。如在网络赌博、传销等案件中,嫌疑人通过层层发展下线形成金字塔型的组织结构,涉及全国多地,且人数众多。两高一部的《关于办理网络犯罪案件适用刑事诉讼程序若干问题的意见》(以下简称《网络犯罪诉讼程序意见》明确了网络犯罪案件的管辖原则,包括:争议处理原则,并案处理原则,涉众型网络犯罪案件的并案管辖原则,跨地域重大网络犯罪案件的异地指定管辖原则,网络犯罪案件的合并处理原则,已受理的网络犯罪案件发现没有管辖权的处理原则,网络共同犯罪的先行追诉及后到案犯罪嫌疑人、被告人的管辖原则。特别是鉴于网络犯罪案件与传统案件的区别,规定了网络犯罪案件涉及多个犯罪地或者多个犯罪环节的管辖如何确定,规定了可以并案侦查的情形以及犯罪利益链顶端的犯罪分子由谁打击等问题。

### 1.《网络犯罪诉讼程序意见》的相关规定

1) 一般情况

网络犯罪案件由犯罪地公安机关立案侦查。必要时,可以由犯罪嫌疑人居住地公安机关立案侦查。网络犯罪案件的犯罪地包括用于实施犯罪行为的网站服务器所在地,网络接入地,网站建立者和管理者所在地,被侵害的网络信息系统或其管理者所在地,犯罪嫌疑人、被害人使用的网络信息系统所在地,被害人被侵害时所在地,以及被害人财产遭受损失地等。涉及多个环节的网络犯罪案件,犯罪嫌疑人为网络犯罪提供帮助的,其犯罪地或者居住地公安机关可以立案侦查。

2) 多个犯罪地

有多个犯罪地的网络犯罪案件,由最初受理的公安机关或者主要犯罪地公安机关立案侦查。有争议的,按照有利于查清犯罪事实、有利于诉讼的原则,由共同上级公安机关指定有关公安机关立案侦查。需要提请批准逮捕、移送审查起诉、提起公诉的,由该公安机关所在地的人民检察院、人民法院受理。

3) 并案侦查的情形

具有下列情形之一的,有关公安机关可以在其职责范围内并案侦查,需要提请批准逮捕、移送审查起诉、提起公诉的,由该公安机关所在地的人民检察院、人民法院受理。

(1) 一人犯数罪的。

(2) 共同犯罪的。

(3) 共同犯罪的犯罪嫌疑人、被告人还实施其他犯罪的。

(4) 多个犯罪嫌疑人、被告人实施的犯罪存在关联,并案处理有利于查明案件事实的。

4) 多层级链条、跨区域网络犯罪

对因网络交易、技术支持、资金支付结算等关系形成多层级链条、跨区域的网络犯罪案件,共同上级公安机关可以按照有利于查清犯罪事实、有利于诉讼的原则,指定有关公安机关一并立案侦查,需要提请批准逮捕、移送审查起诉、提起公诉的,由该公安机关所在地的人民检察院、人民法院受理。

5）特殊情形

具有特殊情况，由异地公安机关立案侦查更有利于查清犯罪事实，保证案件公正处理的跨省（自治区、直辖市）重大网络犯罪案件，可以由公安部商最高人民检察院和最高人民法院指定管辖。

6）存在他罪

人民检察院对于公安机关移送审查起诉的网络犯罪案件，发现犯罪嫌疑人还有犯罪被其他公安机关立案侦查的，应当通知移送审查起诉的公安机关。人民法院受理案件后，发现被告人还有犯罪被其他公安机关立案侦查的，可以建议人民检察院补充侦查。人民检察院经审查，认为需要补充侦查的，应当通知移送审查起诉的公安机关。经人民检察院通知，有关公安机关根据案件具体情况，可以对犯罪嫌疑人所犯其他犯罪并案侦查。

7）检察院、法院报请指定管辖

为保证及时结案，避免超期羁押，人民检察院对于公安机关提请批准逮捕、移送审查起诉的网络犯罪案件，或第一审人民法院对于已经受理的网络犯罪案件，经审查发现没有管辖权的，可以依法报请共同上级人民检察院、人民法院指定管辖。

8）部分犯罪嫌疑人在逃

部分犯罪嫌疑人在逃，但不影响对已到案共同犯罪嫌疑人、被告人的犯罪事实认定的网络犯罪案件，可以依法先行追究已到案共同犯罪嫌疑人、被告人的刑事责任。在逃的共同犯罪嫌疑人、被告人归案后，可以由原公安机关、人民检察院、人民法院管辖其所涉及的案件。

### 2. 公安机关办理刑事案件程序规定

《公安机关办理刑事案件程序规定》第十六条规定，犯罪地包括犯罪行为发生地和犯罪结果发生地。犯罪行为发生地，包括犯罪行为的实施地以及预备地、开始地、途经地、结束地等与犯罪行为有关的地点；犯罪行为有连续、持续或者继续状态的，犯罪行为连续、持续或者继续实施的地方都属于犯罪行为发生地。犯罪结果发生地，包括犯罪对象被侵害地、犯罪所得的实际取得地、藏匿地、转移地、使用地、销售地。这个规定较好地解决了多年存在的案件管辖难问题。

### 3. 公安部刑事案件管辖分工规定

根据《公安部刑事案件管辖分工规定》（公通字〔2020〕9 号），网络安全保卫部门管辖以下 11 种案件：

（1）侵犯公民个人信息案（涉及《刑法》第二百五十三条之一的罪名）；

（2）组织考试作弊案（涉及《刑法》第二百八十四条之一第一款的罪名）；

（3）非法出售、提供试题、答案案（涉及《刑法》第二百八十四条之一第三款的罪名）；

（4）非法侵入计算机信息系统案（涉及《刑法》第二百八十五条第一款的罪名）；

（5）非法获取计算机信息系统数据、非法控制计算机信息系统案（涉及《刑法》第二百八十五条第二款的罪名）；

（6）提供侵入、非法控制计算机信息系统程序、工具案（涉及《刑法》第二百八十五条第三款的罪名）；

(7) 破坏计算机信息系统案(涉及《刑法》第二百八十六条的罪名);

(8) 拒不履行信息网络安全管理义务案(涉及《刑法》第二百八十六条之一的罪名);

(9) 非法利用信息网络案(涉及《刑法》第二百八十七条之一的罪名);

(10) 帮助信息网络犯罪活动案(涉及《刑法》第二百八十七条之二的罪名);

(11) 编造、故意传播虚假信息案(涉及《刑法》第二百九十一条之一第二款的罪名)。

### 6.2.2 网络犯罪案件的初查

《中华人民共和国刑事诉讼法》对刑事立案前公安机关可以采取的调查措施未作明确规定。然而,大量的网上违法犯罪线索如果不经过调查则很难确定是否达到立案标准,如网上发布信息声称销售枪支、毒品,未进行调查则无法确定是否存在销售枪支的事实,难以立案。这一问题致使大量网上违法犯罪线索难以进入侦查程序,很多违法犯罪嫌疑人肆无忌惮地发布销售违禁品的信息。《网络犯罪诉讼程序意见》对网络犯罪案件立案前的调查措施作出规范,对公安机关接受的案件或者发现的犯罪线索,在审查中发现案件事实或者线索不明,需要经过调查才能够确认是否达到犯罪追诉标准的,经办案部门负责人批准,可以进行初查,同时明确了初查的内容以及程序规定。

初查过程中,可以采取询问、查询、勘验、检查、鉴定、调取证据材料等措施,但不得对初查对象限制人身、财产权利,不得采取强制措施和查封、扣押、冻结财产。

### 6.2.3 网络犯罪案件的跨地域取证

网络犯罪相关网络数据、银行账户等要素分布在不同地方,动辄涉及全国各地,根据传统取证程序,通常需要办案地派民警携带法律文书到证据所在地开展证据调取工作,工作量巨大,难以有效调取相关证据。特别是,行为人通常借助计算机网络对不特定人实施侵害或者组织不特定人实施犯罪,被害人和涉案人员众多,公安机关难以逐一取证认定被害人数、被侵害计算机信息系统数、违法所得等犯罪事实。

为此,《网络犯罪诉讼程序意见》根据实践中的具体情况,专门对跨地域取证的有关问题作了规定,具体如下。

(1) 公安机关跨地域调查取证的,可以将办案协作函和相关法律文书及凭证电传或者通过公安机关信息化系统传输至协作地公安机关。协作地公安机关经审查确认,在传来的法律文书上加盖本地公安机关印章后,可以代为调查取证。

(2) 询(讯)问异地证人、被害人以及与案件有关联的犯罪嫌疑人的,可以由办案地公安机关通过远程网络视频等方式进行询(讯)问并制作笔录。远程询(讯)问的,应当由协作地公安机关事先核实被询(讯)问人的身份。办案地公安机关应当将询(讯)问笔录传输至协作地公安机关。询(讯)问笔录经被询(讯)问人确认并逐页签名、捺指印后,由协作地公安机关协作人员签名或者盖章,并将原件提供给办案地公安机关。询(讯)问人员收到笔录后,应当在首页右上方写明"于某年某月某日收到",并签名或者盖章。远程询(讯)问的,应当由办案地公安机关对询(讯)问过程进行录音录像,并随案移送。异地证人、被害人以及与案件有关联的犯罪嫌疑人亲笔书写证词、供词的,参照上述规定执行。

## 6.3 网络犯罪现场勘查

某市公安局网络安全保卫支队在办理一起涉网案件过程中，侦查人员进入一办公楼宇实施现场抓捕。在现场发现有打开的计算机，立即进行电子数据的固定，因怀疑有人删除了文件，首先使用工具 DiskProbe 进行数据恢复，发现了一个刚刚从桌面删除的文本文件，内容是一虚拟货币的地址，这是一个非常重要的证据。桌面实际是 C 盘上的一个文件夹，由于 C 盘是系统盘，操作频繁，被删除文件的区域有可能很快被覆盖，所以这样的恢复非常及时和重要，犯罪嫌疑人被侦查人员的技术所征服，很快如实交代了犯罪事实。此案例说明了及时勘查现场的重要性。

网络犯罪现场勘查的任务，是通过现场调查访问，发现、固定、提取与犯罪相关的电子证据及其他证据，制作和存储现场信息资料，判断案件性质，确定侦查方向和范围，为侦查破案提供线索和证据。这里只介绍电子数据的现场勘查。

现场勘验电子数据必须遵守两高一部《关于办理刑事案件收集提取和审查判断电子数据若干问题的规定》和公安部《公安机关办理刑事案件电子数据取证规则》《公安机关办理刑事案件程序规定》等规定。

2019 年 1 月，公安部印发《公安机关办理刑事案件电子数据取证法律文书式样（试行）的通知》（公通字〔2019〕4 号），要求公安机关办理刑事案件电子数据取证工作过程中，根据不同情形和不同环节选用相应法律文书。

### 6.3.1 现场勘查的准备工作

勘查前的准备是非常重要的。除常规法律文书和现场勘查所需的照相机、犯罪现场标识带等必备工具外，还必须在勘查前收集有关的信息资料，准备所需的勘查设备和勘查人员。根据两高一部《关于办理刑事案件收集提取和审查判断电子数据若干问题的规定》，收集、提取电子数据，应当由二名以上侦查人员进行。

电子数据现场勘查所需工具包括镜像工具、校验工具、录屏软件等，最好是即插即用，免安装的，还需要准备较大容量的移动硬盘。FTK Imager 是常见的计算机镜像工具，可以制作硬盘和内存镜像。

现场勘查中，一旦发现有重要的电子数据证据，可能现有人员和设备等难以完成勘查任务，必须及时报告现场指挥人员，寻求支持。

### 6.3.2 保护现场

保护现场，既要防止嫌疑人破坏现场的证据，进行必要的人员隔离，又要防止调查人员误操作破坏现场的证据。

需要特别强调的是，对现场计算机的处理，要保持计算机的电源状态。对现场计算机的一个处理原则是，对已经开着的计算机不要轻易关掉，对关着的计算机不要轻易打开。

对于开机状态的计算机，需要提取易失性数据，如果有正在使用的加密分区，需要做镜像，否则如果关机，有可能因没有密码而无法取证。

### 6.3.3 寻找证据源

电子数据的证据源包括计算机、移动通信设备、存储介质等。尤其注意查找 U 盘、无线路由设备。还要注意有无写有密码的记录本等其他物证。

智能家电等物联网设备的电子数据也可能用作证据或侦查线索。

### 6.3.4 收集、提取电子数据

根据有关规程收集、提取电子数据（详见 5.4 节），现场勘查中应着重注意如下事项。

#### 1. 易失性数据的固定

现场取证，首先处理可能很快消失的电子数据。例如计算机屏幕显示、命令窗口执行的操作、内存数据、剪贴板内容、临时文件、监视数据、路由表、电话来电显示等易失性数据。

还有正在使用的加密分区、虚拟机，需要做镜像。

硬件连接方式、计算机时钟等通过标记、拍照等方式进行固定。

提取的电子数据需要计算完整性校验值，有些需要进行现场录像或屏幕录像，照片、录像等电子数据也需要计算完整性校验值。

#### 2. 原始存储介质的扣押封存

能够扣押原始存储介质的，应当扣押、封存原始存储介质，并制作笔录，开具《扣押清单》，记录原始存储介质的封存状态。

拆除设备连接线时，应该在连接处两侧加上相同序号的标签。封存电子数据原始存储介质，应当保证在不解除封存状态的情况下，无法增加、删除、修改电子数据。比如计算机主机，封存时电源等接口和可拆卸部分应该封住。

电子数据作为证据，一定要与人关联起来，扣押封存的物品，应当记录物主信息，如果不能确认的，需要加以说明，以便尽快确认。

#### 3. 嫌疑人手机的现勘

（1）手机开启飞行模式要比关机更好，但尽量保证手机电量充足，如果有手机信号屏蔽设备效果更好。手机可能设置了定时开机、关机和闹钟功能，要及时检查、记录并解除（现场封存尤其要注意解除这些设置）。

（2）如有可能，应将手机的数据线一并封存，应记录 IMEI、屏保密码等，方便后续提取电子数据。手机屏保密码等其他重要密码需要现场验证，如 App 的登录密码、手机隐私空间的访问密码、手机云盘空间的访问密码等。

（3）手机相机的缓存数据（打开手机相机然后退出，部分手机会有退出相机前的缓存数据），现场勘查时针对此类数据可通过外部录像、截图等方式固定。

（4）如果手机正与其他设备连接，需切断连接，以防数据传输和同步覆盖。

#### 4. 服务器的现勘

服务器现场勘验需要弄清楚物理环境、网络环境、操作系统、所有磁盘阵列类型。

(1) 服务器如使用磁盘阵列，需要关机取出存储硬盘。在逐一固定磁盘数据时，需要提前记录好阵列磁盘顺序、相关配置等信息。

(2) 服务器如果需要关机，要按正常流程关机，否则部分程序在后期仿真分析会出现异常。

(3) 如果遇到大容量阵列存储且无须考虑数据恢复的情况，可使用类 PE 工具引导服务器对阵列中正常数据进行固定。

## 6.4 网络犯罪侦查谋略

现阶段，针对传统的网络犯罪，一线办案部门已实现通过网络社交关系群、地理位置信息及微博内容信息等多方面线索相结合，综合分析确定涉案人员地址、学校、工作单位等个人信息，形成了线索分析和网络定位相结合的综合技战术。此类侦查机制主要依据现有法律法规体系，以侦查破案、打击犯罪为目的，对涉网案件各个要素开展侦查。而对新形势下的网络犯罪，侦查打击手段需要突破传统的思路，全面融合电子数据取证、案件线索发现、网上行为溯源、现实活动刻画、精确打击及网络特侦等全套技术手段，全面提高动态环境下对网络犯罪的掌控能力、打击能力和防范能力。

实际开展侦查时，常常是多种侦查手段综合运用，利用网上监控、网络即时通信工具等 IP 定位、手机定位、网吧上网和视频监控系统、公安网资源库的查询比对等多种侦查手段和技术，同时还要结合传统侦查的调查走访、排查、布控等。

### 6.4.1 网络侦查模式

网络信息线索综合分析类似于传统案件侦办中的“由人到事”及“由事到人”的分析思路。通过对涉网信息的轨迹分析、对比碰撞、层层筛选和网络特征一致性认定，找出符合嫌疑人现实行为特征的网络特征线索和活动轨迹，以达到缩小侦查范围或排查出犯罪嫌疑人的目的。

主要分析模式有如下两种。

(1) 由网络虚拟行为人到现实自然人，即以网络虚拟行为人为中心，通过网络寻找其犯罪事实及相关证据，确定现实中的自然人身份。

(2) 由现实自然人到网络虚拟行为人，即通过现实自然人身份，确定其网络虚拟行为人的身份，寻找其网上犯罪事实及相关证据。

### 6.4.2 网络排查

网络排查是指在侦办涉网案件中对于各类网络信息进行整合分析，通过数据碰撞、层层筛选，从而获取相关破案线索，最终确定犯罪嫌疑人身份。

由于涉网案件线索始终贯穿于从案件初查、调查取证、现场勘查、直到定位抓捕嫌疑人的全过程,而线索的表现形式隐蔽复杂、技术性强,所以在侦查工作的各阶段对于案情的分析认定、对嫌疑人的认知刻画,侦查思维的重要性体现得尤为明显。如何将孤立的线索连贯起来、如何将隐藏或被破坏的线索挖掘出来,决定侦查工作的成败。网络犯罪案件的侦查过程如图 6-9 所示。

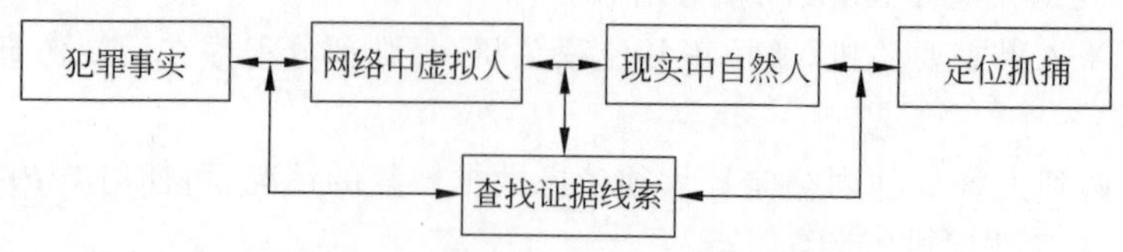


图 6-9　网络犯罪案件的侦查过程

### 1. 排查信息切入点

涉网案件所有的相关信息,都可作为网络空间线索排查的切入点,如网络即时通信、网络游戏、论坛、电子邮件、微博、博客、直播、视频弹幕以及网盘等。

### 2. 排查信息源

通过在虚拟世界里找出犯罪嫌疑人的网络社会关系、网络身份、网络活动等。相关信息进行碰撞是一种非常有效的方法,公安数据信息资源体系如图 6-10 所示。

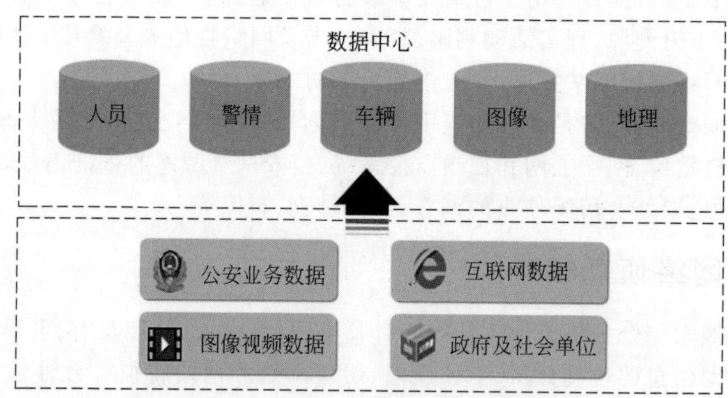


图 6-10　公安数据信息资源体系

互联网和公安内网的数据资源,大体分为以下几类。

1）公安机关自建数据库信息

该类数据资源主要有人口信息、车辆信息等,此类信息也是网络虚拟身份转向现实身份的重要途径。

2）互联网监控数据

互联网信息监控可以从微博、论坛、网络直播等发现犯罪情报信息。

3）侦查过程中获取的数据

侦查过程中获取的涉案数据,包括勘验和依法调取的数据等。

上述三类数据可以用于排查、碰撞、扩线等,进行深度挖掘,获取侦查线索或犯罪证据。

## 6.4.3　网络线索收集

网络空间线索排查是利用网侦技术手段和数据挖掘方法，搜寻相关涉网线索和信息，并在网络空间对案件中涉网信息进行排查的工作方式。网络信息线索主要包括以下几种。

### 1. 网络身份认证线索

网络身份认证线索，常见如通过 IP 地址对网络虚拟行为人的物理地址进行定位追踪。比如，利用网络虚拟行为人所发的微博、朋友圈等内容中所包含的大量个人信息；微博等自带定位信息；行为人活动轨迹、自拍照片；行为人关注的对象、信息等，都可以综合分析出虚拟行为人在现实中的身份。针对虚拟行为人已知的网络昵称、网络好友、网络群聊等各类网络信息，综合运用各类网络资源进行碰撞筛选，从而确定犯罪嫌疑人的大体信息，如年龄段、长相特征、籍贯、喜好等。

### 2. 网络通信内容线索

通过对虚拟行为人电子邮件、聊天内容等进行分析，可以整理出相关联系人、有关犯罪内容等线索。尤其是在相关信息中涉及其现实的地址、手机联系方式等，都是非常重要的线索。

### 3. 网络注册信息线索

《中华人民共和国网络安全法》规定，按照“后台实名、前台自愿”的原则，要求用户通过真实身份信息认证后注册账号，并对版块发起者和管理者实施真实身份信息备案、定期核验等。用户不提供真实身份信息的，互联网论坛社区服务提供者不得为其提供信息发布服务，诸如论坛、电子邮件、微博、博客、直播、视频弹幕以及网盘等。

各类网络应用都需要注册账号登录，其中绝大多数与手机号码等现实中的信息绑定，从一般用户习惯而言，一个用户通常使用一个网名，至多不会超过三个，即使有区别通常也是主用户名相同，后缀不同。在开展侦查工作的过程中，以一个账号的注册信息为基础，以绑定手机号码为主线，可挖掘出大量同样绑定该手机的网络账号(如图 6-11 所示)，从而对于网络信息线索有一个量的积累，便于后续的综合分析。

## 6.4.4　网络线索关联与扩线

网络犯罪案件的线索在初期往往是孤立的，但是一个案件的所有线索来源于同一犯罪主体、同一时空环境，那么这些线索之间就一定存在必然的联系。而网络扩线是指侦查人员根据已获取的人、事、物等犯罪信息，通过发散、关联、碰撞等方式获取尚未掌握的犯罪情况或者从表面无关的犯罪行为发现内在的联系，从而扩大战果、减少人民群众生命财产损失。

### 1. 发散关联原则

以人为例，可以围绕真实身份和虚拟身份进行扩线，由真实身份扩线虚拟身份或反之，由虚拟身份一致性扩线所有虚拟身份等。如在侦办网络犯罪案件中提取到某诈骗短

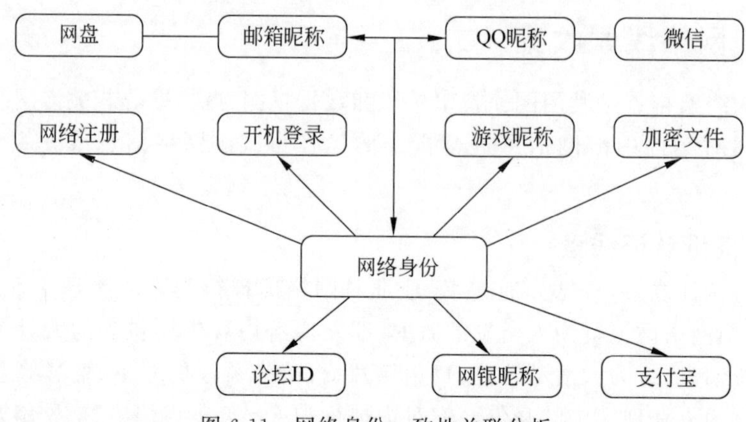


图 6-11　网络身份一致性关联分析

信，侦查人员即可通过互联网搜索引擎直接搜索诈骗短信中的网络链接或其他关键词。最终达到获取其他尚未掌握的犯罪情况等目的，丰富相关证据，进一步扩大战果。

**2. 双向关联原则**

在关联线索、拓展线索的过程中，并不是单纯的一个顺查或逆查的问题，很多时候要对单一线索做双向关联。例如网络诈骗案件，初期的线索可能仅有被害人提供的汇款账号信息和一个收取的电子邮件。对于电子邮件这一线索，侦查人员在初查阶段就应该采用双向关联的原则，一方面根据邮件信头分析其来源，通过 IP 寻找发件人也就是嫌疑人；另一方面，根据群发邮件的收信人列表，继续寻找其他受害人，了解案件的全面情况。这就是从被害人到嫌疑人和从被害人到被害人的双向关联调查。

## 6.5 网络犯罪侦查分析方法

与传统犯罪案件相比，网络犯罪案件存在高科技性、隐蔽性和虚拟性、跨地域性、严重危害性、形式多样性、电子证据易失性等特点，因而其侦查方法也有独特之处。在修订后的《中华人民共和国刑事诉讼法》中。电子数据成为八类法定证据类型之一，已经可以作为独立证据使用。网络电子数据作为网络犯罪侦查中一个重要的取证目标，它既包括网络设备中存储的“静态”电子数据，又包括网络线路中传输的“动态”电子数据。因此，对于网络犯罪案件中的电子数据提取需要格外注意。

本节主要介绍互联网环境下几大类电子数据源的侦查分析思路，具体包括服务器、网络 IP 地址、日志、电子邮件、网络即时通信以及网络交易的侦查分析。

### 6.5.1 服务器分析

服务器是网络犯罪侦查中经常遇到的取证对象之一，在网络犯罪过程中，服务器既会被用作作案工具，又会成为遭受入侵的“受害者”。而随着网络技术的发展，服务器不光是传统概念上的“高性能的以物理形式存在的计算机”，还包括采用特殊的软硬件技术，打破每台服务器物理上的界限，让CPU、内存、磁盘、I/O等硬件变成可以动态管理的“资源池”，将服务器物理资源抽象成逻辑资源，让一台服务器变成几台甚至上百台相互隔离的虚拟服务器。

Web服务器是一台在Internet上具有独立IP地址的计算机，可以向Internet上的客户机提供WWW、E-mail和FTP等各种Internet服务。任何网站，必须依托于服务器才能成为互联网中的一个节点，而发现涉及非法网站、网页线索后，首先要了解网站所有者的登记信息、域名注册信息、服务器所在位置、网站公开信息等，进而获得网页存放的服务器IP、地理位置及服务商联系方式。而早期国内的一些非法网站有一部分是自己搭建服务器，有些反侦查意识强的不法分子可能还会使用代理服务器等方式以隐藏其真实IP地址及物理地址。

### 1. 网站服务器初查

对网站域名注册信息进行查找与分析，包括：域名注册信息相关内容，网站IP地址，服务提供商，具体方法如下。

1）查找域名注册信息

一般通过网络到域名注册商处查询。国际顶级域名的域名信息，可以通过ICANN授权的域名注册商来查询；国内顶级域名的域名信息，可以在CNNIC的官方网站www.cnnic.cn查询。国内大多数域名服务商也提供各种各样的查询服务，或使用whois查询系统进行查询。

2）查询域名注册信息的内容

包括：域名所注册公司的名称，地址（城市、邮编等），域名注册人，技术维护者，管理者的姓名，联系方式（电话、传真、邮箱等），域名到期日期等信息。

3）注册域名付款的方式

域名注册有免费和收费两种，对于收费的注册域名，通常会在银行、网上银行、支付宝等第三方支付平台上留有支付凭证。

4）查询网站IP地址及网站服务器的定位信息

（1）在线获取IP地址。通过一些网站提供的域名转换IP功能实现，如www.123cha.com、www.ip138.com、www.nic.com（IP地址域名查询中心）、www.cnnic.net.cn（中国互联网信息中心）、www.beianchaxun.net（ICP备案查询）等网站均有此解析功能。

（2）使用PING命令查询。PING命令是通过ICMP检测网络连通性的一个工具，根据PING命令返回的信息，可以得到域名对应的IP地址。但是需要注意：有些网站由于受防火墙或路由器访问规则的限制，不允许使用PING命令。

（3）使用nslookup命令查询。nslookup命令是一个用于查询域名信息或诊断DNS服务器问题的工具，在执行“nslookup 域名”后，从执行命令返回的信息中可以看到域名对应的IP地址。该命令也支持IP地址解析到域名的反向查询。

（4）使用tracert命令查询。如果网站使用了代理服务器，采用上述方法是无法得到网站的真实IP地址的，而tracert命令的作用是跟踪路由，即从源主机到目标主机经过的路径，根据返回结果可查询出目标主机的真实IP地址。也可以使用Sniffer嗅探器类软件监听本机访问目标网址的所有数据包，找到目标的真实 IP 地址。

通过浏览器直接访问 IP 地址，可了解网站所在服务器的情况。租用服务器空间建立的网站，通过域名与 IP 地址访问时，返回结果通常是不同的，有些服务器不允许直接访问 IP 地址。

(5) 调查网站服务商的信息。确定网站服务器 IP 地址只是线索查找的一个中间环节，并不是最终目的，真正的目的在于了解网站服务器的具体情况。对于国内服务器而言，根据案情的需要，可以到为网站提供网络空间服务的网络服务商处调查以下内容：

① 查看服务器后台系统日志、应用日志等。

② 查看网站注册信息。

③ 查看并分析网站脚本文件。

④ 调查网站维护所用计算机。

因此，网站服务器线索追查流程如图 6-12 所示。

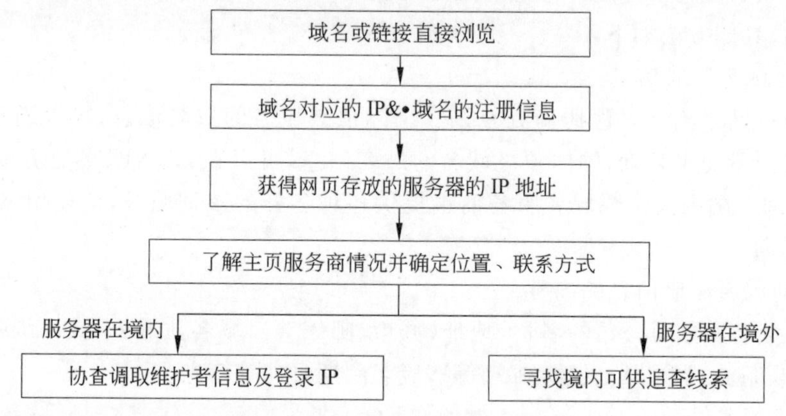


图 6-12　网站服务器线索追查流程

## 2. 网站服务器取证

1) 网站服务器取证整体思路

实际案件侦查过程中，通过前期对目标服务器本身及所处的环境初查，大致可将服务器分为境内和境外两种。不管目标服务器具体所处的环境(境内/境外)如何，实施勘验检查前，都必须制定成熟可行的勘验取证方案，遵守法律规定，不侵害当事人合法权益，采用的侦查技术必须可公开、可追溯、可再现。具体实施勘验检查时，根据制定的勘验取证方案对目标服务器上的电子数据实施取证，最后对取证的电子数据进行分析、固定、备份，并根据需要可在本地重建目标服务器，搭建还原涉案的原始网站。

对境内可接触的网站服务器，取证的主要做法是在线勘验检查，封存物理设备，提取分析固定电子数据。而对于境外网站服务器在侦查取证时，由于受侦查工作条件所限，以及部分地区存在法律差异，无法直接接触到境外的服务器等取证目标，可以通过勘验境内访问、下载过该信息的终端，间接获取电子数据。在当事人配合的情况下，可以使用账号/密码登录服务器进行网络在线提取。

2）网站服务器取证特点

（1）数据格式复杂、数据量大。

不同的网络设备、网络线路、网络应用所采用的数据格式不同，有些特殊的网络应用还使用了加密或特殊的算法。在网络环境中，电子数据分散保存在多个电子设备中，而随着近年来云存储技术的快速发展和普及应用，网络云盘中存储的数据动辄几 TB，甚至几十、上百 TB，网络中的电子数据已经超越了一个物理存储介质的容量，如此大的数据量给公安机关在打击网络犯罪中提取、固定电子数据提出了巨大的挑战。

（2）电子数据的时效性对取证时间提出更高的要求。

不论是“静态”还是“动态”的网络电子数据，由于人为因素和网络传输即时消失等因素，对于网络电子数据的提取、固定都是在与时间赛跑，稍有不慎，即将获取的关键电子数据突然消失或无法获取，会导致前功尽弃。

### 3. 网站服务器取证的基本流程

1）勘验取证准备

根据初查服务器的环境，主要准备“物”和“人”两个方面。

“物”的准备包括：能够连接和接入勘验对象的接入环境和工作环境、配备勘验专用工作站、堡垒机、性能可靠的高速存储设备；配备远程登录工具、远程访问客户端、文件上传下载工具、哈希校验工具、光盘刻录设备及光盘等用于提取、固定的工具；配备录屏、截屏软件、照相机、摄像机等取证过程的记录工具。为保证勘验工作站的绝对安全，还要在工作站上采取病毒防护和入侵防护等保护措施。

“人”的准备包括：具备相关专门知识的侦查人员，必要时可以聘请相关技术专家以确保取证工作的顺利实施和解决现场突发问题等。

2）勘验取证实施

这一阶段，根据勘验方案登录取证目标，获取网站源代码、前台配置文件、数据库备份、日志数据、各类文档、网络设备（如交换机、路由器、防火墙等）的配置信息、当前连接设备信息及日志、云存储中的音视频、光盘镜像、文档等与案件相关的电子数据。需要强调的是，在此过程中，需要对提取、固定的电子数据通过文件备份和校验值计算等方式进行证据固定；还要采取照相、录像、录屏、截屏等方式记录整个勘验取证的过程和关键步骤，并待取证完成后及时制作远程勘验笔录。

3）目标服务重建

根据实际工作的需要，可利用远程获取的完整“备份数据”（网站服务器的配置文件、后台管理服务器的代码、数据库文件等），通过本地仿真的方法将网站重新搭建起来，再对网站进行取证，这样对服务器镜像的取证也就是对网站的取证。

## 6.5.2 网络 IP 地址分析

### 1. IP 地址概念

IP 地址（internet protocol address）即网际协议地址，是一种在互联网上分配给主机的网络地址。常见的 IP 地址有 IPv6 和 IPv4 两类，按照 TCP/IP 协议规定，IPv4 地址用二进制来表示，每个 IP 地址长 32 位。但是为了使用方便，IP 地址会通过“点分十进制表示法”写成十进制的形式，使用“.”进行分隔，类似 A.B.C.D 的形式。IPv6 地址有 128 位(16 字节)地址长度，以十六进制表示的二进制数，用“:”分成类似 xxxx:xxxx:xxxx:xxxx:xxxx:xxxx:xxxx:xxxx 的形式，每个 x 是一个十六进制数。

### 2. IP 追踪方法

IP 地址具有地域性，可以通过追溯 IP 地址来发现网络攻击者，而攻击者会通过一些技术手段来伪装其真实的 IP 地址。常见的 IP 伪装主要有 IP 地址欺骗和 IP 代理两种方法，对于使用代理的情况，可利用多日志分析方法追踪真实 IP 地址。

IP 地址作为互联网协议语言中用来确认网络上每一台计算机的唯一标志，有着独一无二的证据地位。因此在网络犯罪案件证据收集的过程中，IP 地址的获取显得尤为重要。获得 IP 地址的方法很多，如对 Internet 数据的过滤、提取网络传输的电子数据、查询互联网中心数据库、网络扫描监听、E-mail 监控、日志提取分析等，均能得到相关的 IP 地址。下面介绍 IP 地址获取的常用方法。

1) IP 嗅探

利用抓包工具监听信息交互过程中发送接收的网络数据包，可抓取 IP 地址。根据抓包的原理不同，可将抓包方法分为两类：代理型抓包(图 6-13 所示)和监听型抓包(图 6-14 所示)。两者在一定侦查过程中可以相互代替，主要根据涉网案件的类别选取高效的方法。其中，代理型抓包软件以 Fiddler、Burp suite 为代表，用来抓取浏览器产生的数据包，会对每个流量包进行拦截；监听型抓包软件以 Wireshark 为代表，监控网卡流量，但不对流量进行任何拦截。

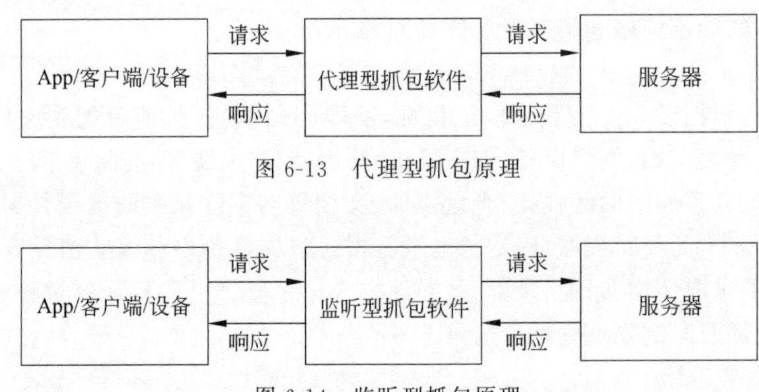


图 6-13　代理型抓包原理



图 6-14　监听型抓包原理

2) 本地主机捕获 IP

通过在 DOS 界面查询正在连接的端口，查找网络通信工具与某目标的对话，若新增的字条中出现以外部地址结尾且状态为 ESTABLISHED 的信息，其外部地址就是目标的网络 IP 地址。以微信 PC 版为例，具体操作如下：单击开始菜单中的“运行”按钮，输入 CMD 后打开 DOS 界面，输入“netstat-an”，即可显示正在与本机发生连接的端口，DOS 界面显示如图 6-15 所示。

其中与 IP 地址为 101.226.211.105 的端口连接显示 ESTABLISHED，即连接成功，

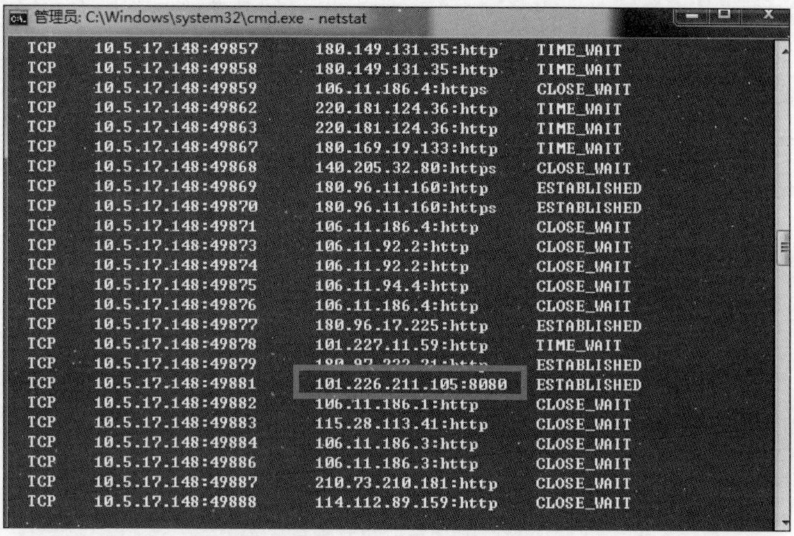

```
管理员: C:\Windows\system32\cmd.exe - netstat
TCP    10.5.17.148:49857    180.149.131.35:http    TIME_WAIT
TCP    10.5.17.148:49858    180.149.131.35:http    TIME_WAIT
TCP    10.5.17.148:49859    106.11.186.4:https     CLOSE_WAIT
TCP    10.5.17.148:49862    220.181.124.36:http    TIME_WAIT
TCP    10.5.17.148:49863    220.181.124.36:http    TIME_WAIT
TCP    10.5.17.148:49867    180.169.19.133:http    TIME_WAIT
TCP    10.5.17.148:49868    140.205.32.80:https    CLOSE_WAIT
TCP    10.5.17.148:49869    180.96.11.160:http     ESTABLISHED
TCP    10.5.17.148:49870    180.96.11.160:https    ESTABLISHED
TCP    10.5.17.148:49871    106.11.186.4:http      CLOSE_WAIT
TCP    10.5.17.148:49873    106.11.92.2:http       CLOSE_WAIT
TCP    10.5.17.148:49874    106.11.92.2:http       CLOSE_WAIT
TCP    10.5.17.148:49875    106.11.94.4:http       CLOSE_WAIT
TCP    10.5.17.148:49876    106.11.186.4:http      CLOSE_WAIT
TCP    10.5.17.148:49877    180.96.17.225:http     ESTABLISHED
TCP    10.5.17.148:49878    101.227.11.59:http     TIME_WAIT
TCP    10.5.17.148:49879    180.97.233.21:http     ESTABLISHED
TCP    10.5.17.148:49881    101.226.211.105:8080   ESTABLISHED
TCP    10.5.17.148:49882    106.11.186.1:http      CLOSE_WAIT
TCP    10.5.17.148:49883    115.28.113.41:http     CLOSE_WAIT
TCP    10.5.17.148:49884    106.11.186.3:http      CLOSE_WAIT
TCP    10.5.17.148:49886    106.11.186.3:http      CLOSE_WAIT
TCP    10.5.17.148:49887    210.73.210.181:http    CLOSE_WAIT
TCP    10.5.17.148:49888    114.112.89.159:http    CLOSE_WAIT
```

图 6-15 netstat 地址连接状态

则该 IP 地址即为目标连接通信的 IP 地址。

### 3. 基于 IP 地址的物理定位

网络定位是网安部门开展网上侦查的重要工作方法，主要是协助办案部门寻找和抓获犯罪嫌疑人。

IP 地址的定位需要一个含有对应真实地理位置的 IP 地址数据库。可通过在互联网上收集公布的国内外 IP 分配数据，以及个人搜集或验证的 IP 数据等方式实现数据库的建立；并在此前提下在线利用网络技术对远程主机进行跟踪和查询，获得具有该 IP 地址主机的一些有用信息；再利用已提取的 IP 地址在数据库中查询后，输出其对应的真实地理位置，从而实现对 IP 地址的定位。

全球 IPv4 库约有 43 亿 IP 地址数据，由于不同的 IP 地址具有不同的属性，可以将目前常用的 IP 地址分成 9 种不同的应用场景，分别是住宅用户、企业专线、学校机构、移动网络、WLAN 热点、基础设施、数据中心、交换中心、卫星通信。这 9 种应用场景又可分为非人类使用的场景和有真人使用的场景。

1）非人类使用的场景

如交换中心、数据中心和基础设施，这 3 类场景下的 IP 地址会定位到其所在机房。

2）真人使用的场景

如企业专线和学校机构，IP 地址使用人群出现的位置相对固定，能定位到街道级别。

而住宅用户、WLAN 移动网络和卫星通信用户，IP 地址使用人群出现的位置覆盖相对较广，只能定位到一定的区域。例如，对于住宅用户类，其 IP 地址可以覆盖一个行政区的部分区域，能定位到街道级别或者区县级别；对于 WLAN 热点类，其 IP 地址可定位到区县级别或者城市级别；对于移动网络类，其 IP 地址可定位到省级别；对于卫星通信类，其 IP 地址可定位到国家级别。

正常的网络服务中提取到的公网 IP 地址均可通过“站长之家”工具进行查询分析及定位。另外通过“IP 问问”“openGPS”工具组合使用，能够将基于 IP 地址的定位精度提升至街道级别，具体操作如图 6-16 所示。

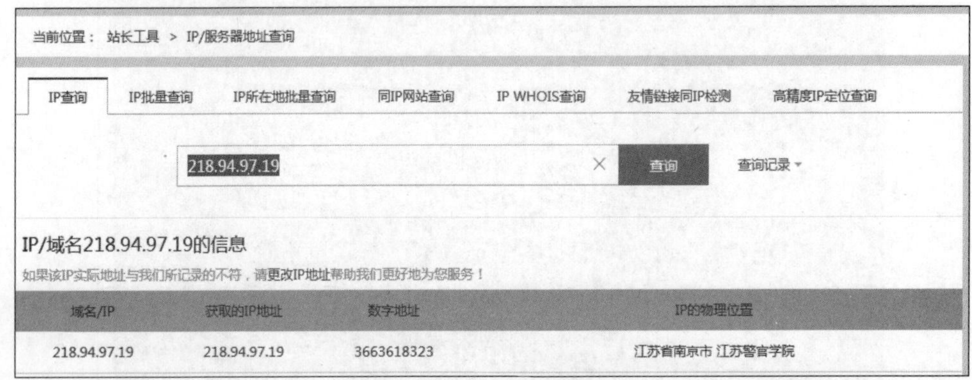


图 6-16　IP 地址对应物理位置查询

将提取到的 IP 地址，如 218.94.97.19 输入到“站长之家”IP 地址查询工具中，可得该 IP 的物理位置为江苏省南京市江苏警官学院。通过直接在百度中查询 IP 地址定位，并输入该 IP 地址，可得如图 6-17 所示的物理位置。

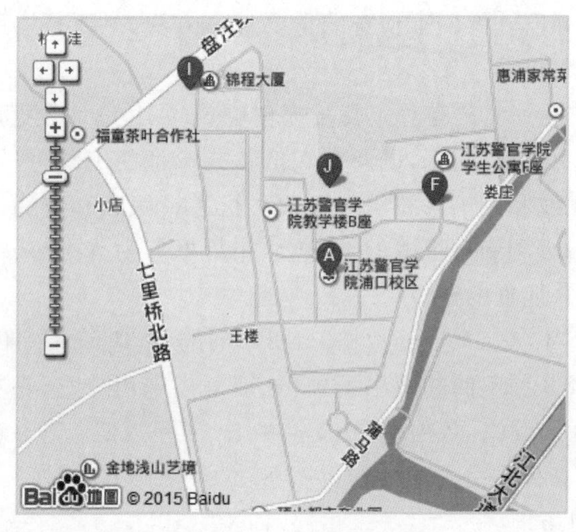


图 6-17　物理位置

由此方法可以把 IP 地址对应的网络服务器物理位置显示在地图上，便于直观了解。

## 6.5.3　日志分析

### 1. 日志

日志(log)是指系统中将操作和其操作结果按时间顺序进行记录，一次系统事件会被单独记录为一条日志记录。通常情况下，系统日志一般保存为文本文件，包含一个时间戳和一个信息。在涉网案件侦查过程中，日志详细记录了系统每天的运转情况和使用情况，是非常重要的电子数据。关于日志的提取分析对于涉网案件证据链的完整性具有重要意义。

1）以具体功能和来源分类

依据具体功能以及日志来源，可将日志划分为以下几种类型。

(1) 服务器系统类日志数据。

服务器系统类日志主要对程序运行情况、系统启动、磁盘内存使用情况进行汇总。

(2) 用户登录方面日志数据。

用户登录方面日志主要对业务系统、服务器等用户登录情况进行汇总。

(3) 模块访问类日志数据。

模块访问类日志主要对模块访问信息进行汇总，例如 IP 地址、模块 ID 等。

(4) 异常访问日志数据。

异常访问日志主要对访问时候出现的异常以及错误信息进行汇总。

(5) 信息日志数据。

信息日志主要对操作行为进行汇总，例如信息增加、SQL 语句。

(6) 业务系统日志数据。

业务系统日志主要对业务操作进行汇总。

(7) 网络日志数据。

网络日志主要对端口信息、网络流量、防火墙记录的 ACL 防火墙拒绝以及通过的信息进行汇总。

(8) 安全威胁日志数据。

安全威胁日志主要对漏洞以及安全警报等信息进行汇总。

2）以格式分类

日志数据拥有较为多元化的格式，通常可以分为以下几类。

(1) Json 格式日志数据：

```
2021-02-26 15:02:33.003 INFO [catalina-exec-75]com.ab.dh.car.service.impl.
Car Agent Service Impl.remote Query Agent():57->>>>>>>>>>>>>>>>Car Agent
Service Impl : JSON = {"code":-1,"content":{"token":"1","agent":null,
"cBrkrCde":null,"agentdept":null,"idcard":"429001197210245175","subject":
"CX","transfer":null,"idType":"0","memberId":"Kq4bGRQH","merchantType":
null,"merchantAgent":null,"ownerId":null,"teamId":null,"agentmobole":
"13886868909","agentname":"%E5%91%A8%E5%AE%97%E5%85%B5","cslsCde":
"114002529","provinceCode":null,"cityCode":null,"countyCode":null,
"companyId":null,"qpbj":null,"err Msg":"请先完成个人代理人认证"},"msg":"请先完
成个人代理人认证","success":false}
```

(2) XML 格式日志数据：

```
2021-02-26 15:03:38.283 INFO [catalina-exec-99]com.ab.dh.car.edi.util.Http
ClientEdiHelper.sendPostB2BRequest():52-<?xmlversion="1.0"encoding="UTF-
8"?>&lt;PACKAGE&gt;&lt;HEAD&gt;&lt;CHANNELUSER&gt;8005250003&lt;/CHANNELUSER&gt;&lt;CHNLPWD/&gt;
```

<CUSTOMERIP>210.39.191.217</CUSTOMERIP><SENDTIME>2018-02-26 15:03:36</SENDTIME><TRANCD>submit Tour</TRANCD></HEAD><BODY><RESULTCODE>1</RESULTCODE><MESSAGE>自动核保通过!</MESSAGE><ERRORMESSAGE/><UNDERWRITINGCODE>2</UNDERWRITINGCODE><CACLCODE/><PRODCODE>0320</PRODCODE></BODY></PACKAGE>

(3) CSV 格式日志数据:

[35c578df71bcdbc58c00ca14ca9406dab_file_decoder]type="Rizhi Decoder" appname="heka" charset="utf-8" exclude_line="" include_line="" time_format="" source_type="csv"

(4) HEX 格式日志数据:

2016-12-3122:06:05,084[pool-FrameExecutor-in286][com.dc.esb.container.adaptor.protocoladaptor.Protocol Flow Adaptor][INFO]-Displace--0--1--2--3--4--5--6-HEXValue-A-B--C--D--E--F----ASCII Code---
0010(0016) 3C 3F 78 6D 6C 20 76 65 72 73 69 6F 6E 3D 22 31 <?xml version="1
0020(0032) 2E 30 22 20 65 6E 63 6F 64 69 6E 67 3D 22 55 54 .0" encoding="UT
0030(0048) 46 2D 38 22 3F 3E 0D 0A 3C 73 65 72 76 69 63 65 F-8"?>..<service
0040(0064) 3E 0D 0A 3C 53 59 53 5F 48 45 41 44 3E 0D 0A 3C >..<SYS_HEAD>
0050(0080) 53 76 63 43 64 3E 33 30 31 30 33 30 30 30 36 3C Svc Cd>301030006<
0060(0096) 2F 53 76 63 43 64 3E 0D 0A 3C 53 76 63 53 63 6E /Svc Cd>..<Svc Scn
0070(0112) 3E 30 31 3C 2F 53 76 63 53 63 6E 3E 0D 0A 3C 43 >01</Svc Scn>..<C
0080(0128) 6E 73 6D 53 79 73 49 64 3E 32 33 31 30 31 31 3C nsm Sys Id>231011<
0090(0144) 2F 43 6E 73 6D 53 79 73 49 64 3E 0D 0A 3C 43 6E /Cnsm Sys Id>.<Tra
00e0(0224) 6E 44 74 3E 32 30 31 36 31 32 33 31 3C 2F 54 72 n Dt>20161231</Tr
00f0(0240) 61 6E 44 74 3E 0D 0A 3C 54 72 61 6E 54 6D 3E 31 an Dt>..<Tran Tm>1
0110(0272) 3C 2F 53 59 53 5F 48 45 41 44 3E 0D 0A 3C 41 50 </SYS_HEAD>.

(5) syslog 格式日志数据:

<156>event: devid=0 date="2018/03/16 15:05:41" dname=NB-IA-NF-USG-4000EP-logtype=16 pri=4 ver=0.3.0 user="" mod="ips" eventtype=IPSeventname="CGI 访问 HTTP_robots.txt_访问" severity="低" dsp_msg="检测到攻击:HTTP_robots.txt_访问;类型:CGI 访问"protocol=TCPsrcaddr=175.20.88.203srcport=6841destaddr=192.168.103.177 destport=80 repeated=1 eventdetails="/robots.txt" action="通过" if="" fwlog=0

(6) 不规范格式日志数据:

221.220.142.86--[26/Feb/2021:08:51:43+0800]"GET/api/v0/search/fields/?field=hostname&order=&page=1&query=*&size=20&sourcegroup=all&sourcegroupCn=%E6%89%80%E6%9C%89%E6%97%A5%E5%BF%97&time_range=-10m,now&type=chartHTTP/1.1" 200475"http://alltest.rizhiyi.com/dashboard/""Mozilla/5.0 (Windows NT 6.3; WOW64) Apple Web Kit/537.36 (KHTML, like Gecko) Chrome/37.0.2062.120 Safari/537.36""-" 0.070 0.070

## 2. 涉网案件日志分析

涉网案件侦查过程中,主要以 Web 日志和系统日志分析为主。其中,常见的 Web 日志格式主要有 Apache 的 NCSA 日志格式和 IIS 的 W3C 日志格式；系统日志主要分为 Windows 日志和 Linux 日志。

1）基本思路

涉网案件侦查中常常需要运用“时、空、内容”交叉定位的方法。“时”就是网络犯罪行为实施的时间；“空”就是犯罪行为实施的网络地址或物理地址；“内容”就是网络操作具体行为。利用日志文件中包含的 IP 地址、操作时间、操作内容信息，对网络行为时、空、内容之间的联系进行深度分析及关联，可查找犯罪线索，发现嫌疑人员。

2）具体分析方法

（1）Windows 日志。

在 Windows 系统中，日志文件一般存放在%systemroot%\system32\config\目录下。日志文件格式也是 Windows 系统所特有的，在 Windows NT 系统中储存文件为 evt 格式；在 Windows VISTA 或者更为高级的系统，其格式为 evtx，与 Windows NT 系统的日志文件不同的是，其存储格式出现了调整，使用 XML 进行保存，其读取方法也有所变化。在管理员操作权限中，可使用控制面板的事件查看器对日志信息进行查询，如图 6-18 所示。

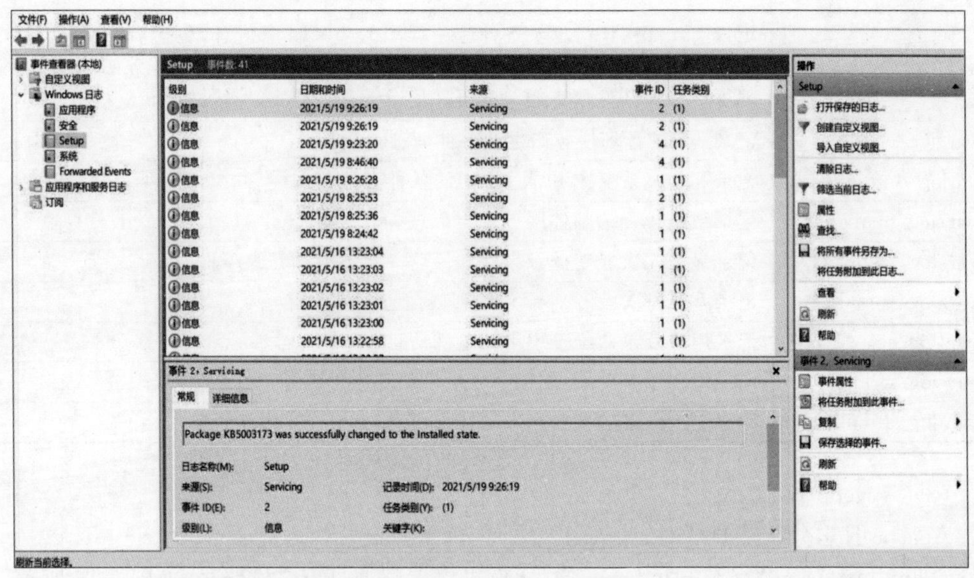


图 6-18　Windows 日志信息

Windows 的日志文件包括应用程序日志、安全日志、Setup 日志、系统日志，具体记录内容如表 6-1 所示。

针对计算机系统日志，可直接通过事件查看器对相关的日志事件 ID 进行分析。

（2）Linux 日志

Linux 日志一般存放在/var/log/目录下。对于 Linux 系统中的一些常见日志文件，通过/etc/rsyslog.conf 可查看相关系统日志配置情况，在需要的时候可以快速拓展线索并固定证据。Linux 系统的各种日志类型如表 6-2 所示。

**表 6-1 Windows 日志具体记录内容**

| 类 型 | 事件类型 | 描 述 | 文 件 名 |
|---|---|---|---|
| Windows系统日志 | 应用程序 | 应用程序日志包含由应用程序或程序员记录的事件。例如,数据库程序可在应用程序日志中记录文件错误。程序开发人员决定记录哪些事件 | %SystemRoot% \ System32 \ Winevt\Logs\Application.evtx |
| | 安全 | 安全日志包含有效和无效的登录尝试等事件以及与资源使用相关的事件,如制作、打开、删除文件或不同对象 | %SystemRoot% \ System32 \ Winevt\Logs\Security.evtx |
| | 系统 | 系统日志包含 Windows 系统组件记录的事件。例如,在启动过程中加载驱动程序或其他系统组件失败将记录在系统日志中。系统组件所记录的事件类型由 Windows 预先确定 | %SystemRoot% \ System32 \ Winevt\Logs\System.evtx |

**表 6-2 Linux 日志类型**

| 日 志 文 件 | 说 明 |
|---|---|
| /var/log/messages | 记录 Linux 内核消息及各种应用程序的公共日志信息,包括启动、I/O 错误、网络错误、程序故障等。对于未使用独立日志文件的应用程序或服务,一般都可以从该文件获得相关的事件记录信息 |
| /var/log/cron | 记录 crond 计划任务产生的事件消息 |
| /varlog/dmesg | 记录 Linux 系统在引导过程中的各种事件信息 |
| /var/log/maillog | 记录系统运行的邮件服务日志信息 |
| /var/log/lastlog | 记录最近几次成功登录事件和最后一次不成功登录事件 |
| /var/log/rpmpkgs | 记录系统中安装各 rpm 包的列表信息 |
| /var/log/secure | 记录用户登录认证过程中的事件信息 |
| /var/log/wtmp | 记录每个用户登录、注销及系统启动和停机事件 |
| /var/log/utmp | 记录当前登录的每个用户的详细信息 |

(3) Apache 日志

Apache 日志分析主要针对 access_log 文件,通过在终端输入"grep -i "CustomLog" /etc/httpd/conf/httpd.conf"查看 httpd.conf 文件,就可以看到该日志文件路径,如图 6-19 所示。

```
[root@localhost conf]# grep -i "CustomLog" /etc/httpd/conf/httpd.conf
# a CustomLog directive (see below).
#CustomLog logs/access_log common
#CustomLog logs/referer_log referer
#CustomLog logs/agent_log agent
CustomLog logs/access_log combined
#    CustomLog logs/dummy-host.example.com-access_log common
You have new mail in /var/spool/mail/root
[root@localhost conf]# █
```

图 6-19 Apache 日志文件路径

Access_log 访问日志,记录所有对 Apache 服务器进行请求的访问,包括访问域名时间、IP、访问 URL 等信息,如图 6-20 所示。

```
218.77.90.154 - - [17/Mar/2015:00:00:19 +0800] "GET /market/css/Public.css HTTP/1.1" 304 0
"http://192.168.153.1/firstaccount/toFirstAccountIndex.action" "Mozilla/5.0 (Windows NT 6.1) AppleWebKit/537.36 (KHTML
218.77.90.154 - - [17/Mar/2015:00:00:19 +0800] "GET /common/js/jquery1.5.js HTTP/1.1" 304 0
"http://192.168.153.1/firstaccountdcorder/queryFirstAccountDCOrderDetail.action?superbillid=12503161426518557797086 6&gameid=A1699" "Mozilla/5.0
(Windows NT 6.1) AppleWebKit/537.36 (KHTML
218.77.90.154 - - [17/Mar/2015:00:00:19 +0800] "GET /market/css/Personal.css HTTP/1.1" 304 0 "http://192.168.153.1/androidorder/shopSetup.action"
"Mozilla/5.0 (Windows NT 6.1) AppleWebKit/537.36 (KHTML
218.77.90.154 - - [17/Mar/2015:00:00:19 +0800] "GET /js/json2.min.js HTTP/1.1" 304 0
"http://192.168.153.1/firstaccountdcorder/queryFirstAccountDCOrderDetail.action?superbillid=125031614265185577970866&gameid=A1699" "Mozilla/5.0
(Windows NT 6.1) AppleWebKit/537.36 (KHTML
218.77.90.154 - - [17/Mar/2015:00:00:19 +0800] "GET /js/lbui.core.js HTTP/1.1" 304 0
"http://192.168.153.1/firstaccountdcorder/queryFirstAccountDCOrderDetail.action?superbillid=125031614265185577970866&gameid=A1699" "Mozilla/5.0
(Windows NT 6.1) AppleWebKit/537.36 (KHTML
218.77.90.154 - - [17/Mar/2015:00:00:19 +0800] "GET /js/lbui.service.js HTTP/1.1" 304 0
"http://192.168.153.1/firstaccountdcorder/queryFirstAccountDCOrderDetail.action?superbillid=125031614265185577970866&gameid=A1699" "Mozilla/5.0
(Windows NT 6.1) AppleWebKit/537.36 (KHTML
218.77.90.154 - - [17/Mar/2015:00:00:19 +0800] "GET /js/lbui.common.js HTTP/1.1" 304 0
"http://192.168.153.1/firstaccountdcorder/queryFirstAccountDCOrderDetail.action?superbillid=125031614265185577970866&gameid=A1699" "Mozilla/5.0
(Windows NT 6.1) AppleWebKit/537.36 (KHTML
```

图 6-20 Apache 服务器日志记录

(4) IIS 日志

在服务器终端查看 IIS 服务器 Web 日志文件位置,如图 6-21 所示。

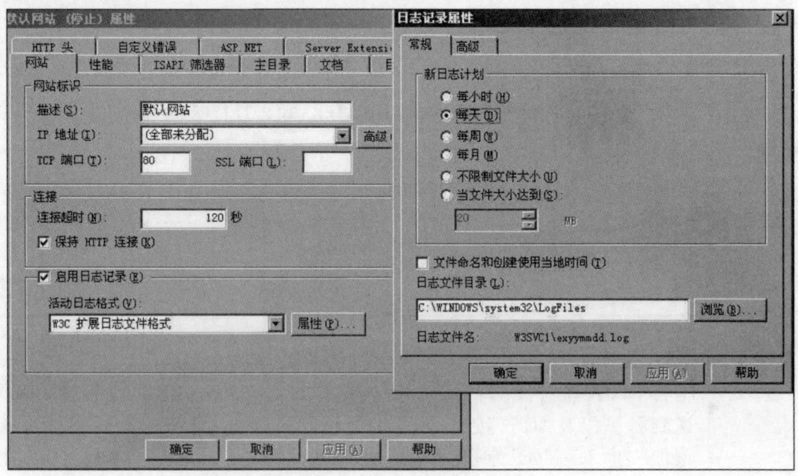


图 6-21 IIS 日志文件位置

打开文件夹下日志文件 ex170910.log,日志内容具体包括访问域名时间、IP 地址、访问 URL 等信息,如图 6-22 所示。

```
#Software: Microsoft Internet Information Services 6.0
#Version: 1.0
#Date: 2017-09-10 13:35:28
#Fields: date time s-sitename s-sip cs-method cs-uri-stem cs-uri-query s-port cs-username c-ip cs(User-Agent) sc-status sc-substatus sc-win32-status
2017-09-10 13:35:28 W3SVC1793847829 192.168.254.133 GET /index.asp - 80 -192.168.254.133 Mozilla/4.0+(compatible;+MSIE+6.0;+Windows+NT
+5.2;SV1;+.NET+CLR+1.1.4322) 404 2 0
2017-09-10 13:35:42 W3SVC1793847829 192.168.254.133 GET /index.asp - 80 -192.168.254.133 Mozilla/4.0+(compatible;+MSIE+6.0;+Windows+NT
+5.2;SV1;+.NET+CLR+1.1.4322) 404 2 0
2017-09-10 13:35:59 W3SVC1793847829 192.168.254.133 GET /index.asp - 80 -192.168.254.133 Mozilla/4.0+(compatible;+MSIE+6.0;+Windows+NT
+5.2;SV1;+.NET+CLR+1.1.4322) 404 2 0
2017-09-10 13:36:18 W3SVC1793847829 192.168.254.133 GET /index.asp - 80 -192.168.254.133 Mozilla/4.0+(compatible;+MSIE+6.0;+Windows+NT
+5.2;SV1;+.NET+CLR+1.1.4322) 404 2 0
2017-09-10 13:40:11 W3SVC1793847829 192.168.254.133 GET /images/index.css - 80 -192.168.254.133 Mozilla/4.0+(compatible;+MSIE+6.0;+Windows+NT
+5.2;SV1;+.NET+CLR+1.1.4322) 200 2 0
2017-09-10 13:40:11 W3SVC1793847829 192.168.254.133 GET /images/cloud.jpg - 80 -192.168.254.133 Mozilla/4.0+(compatible;+MSIE+6.0;+Windows+NT
+5.2;SV1;+.NET+CLR+1.1.4322) 200 2 0
2017-09-10 13:40:15 W3SVC1793847829 192.168.254.133 GET /images/logo.png - 80 -192.168.254.133 Mozilla/4.0+(compatible;+MSIE+6.0;+Windows+NT
+5.2;SV1;+.NET+CLR+1.1.4322) 200 2 0
```

图 6-22 IIS 日志内容

### 6.5.4 电子邮件分析

当前 E-mail 侦查分析主要是分析电子邮件的来源和内容，确定真正的发送者和接收者以及发送的时间。使用技术手段和方法，从嫌疑设备中查找并提取电子邮件来证明其犯罪事实。电子邮件由邮件正文、附件内容、电子邮件头组成，其中由正文可以直接分析出案件线索；由附件内容可间接分析出案件线索；邮件头作为电子邮件原始信息中的一个重要组成部分，能够描述出邮件在网络中的传输情况，包含邮件传输路径和起始位置，对侦查分析有重要意义。

#### 1. 邮件头

邮件头也称邮件信头，由电子邮件系统软件生成。一般情况下，邮件信头不易伪造篡改，侦查人员可以通过信头来检索电子邮件的传输路线，定位发送者的 IP 地址。产生疑义时将其与电子邮件系统的日志记录(独立保存于邮件服务器上)进行对比，可以有效用于审查电子邮件的真实性和可靠性。

邮件信头包含用户代理的控制信息，有非常丰富的信息量，包括发件人、发件时间、收件人、收件时间、主题信息等。其中 Received 和 Message-ID 是追踪电子邮件的最有用的两种证据信息。

每封邮件从编辑、发送、接收到被阅读、储存，都会在服务器以及信头中留下踪迹。邮件头中的各字段具体含义如表 6-3 所示。

**表 6-3 邮件头文件字段解析**

| 字段名称 | 描　述 |
|---|---|
| Received | 信件 MTA 轨迹。MTA 为邮件传送代理，从各种来源接收邮件，再确定邮件要送到哪里以及如何传送。处理一个信件的所有 MTA 必须在邮件头的开始部分增加一个 Received 字段，该字段要求符合特定的顺序，以提供信件跟踪信息。一般都有一个或多个 Received 记录，每经过一个邮件服务器，邮件头便会增加一个 Received 记录。<br>假设某封邮件从发送到接收经过 4 个邮件服务器，则其邮件头应该是：<br>Received：from C by D<br>Received：from B by C<br>Received：from A by B<br>这串记录表明，该封邮件由 A 发送给 D |
| Message-ID | 信件的唯一标识符 |
| Date | 邮件新建时间<br>如 Wed,01 Mar 2017 16:09:18 +0800 (CST)，时区是北京时间 |
| From | 发信人电子邮箱 |
| To | 信件主收信人电子信箱 |
| Cc | 信件辅收信人(抄送)电子邮箱 |
| X-Originating-IP | 发件人 IP 地址 |

续表

| 字段名称 | 描 述 |
|---|---|
| References | 本邮件的相关邮件 ID 列表 |
| In-Reply-To | 邮件是针对哪个邮件所做的回复。在回复的时候可能存在,通常指向原邮件的 Message-ID |

## 2. 实例分析

电子邮件的 IP 地址。通过打开电子邮件源文件后可提取邮件发送服务器域名、IP 地址。此处以 QQ 邮箱网页版为例,打开网页版 QQ 邮箱后,选择“显示邮件原文”选项,具体操作如图 6-23 所示。

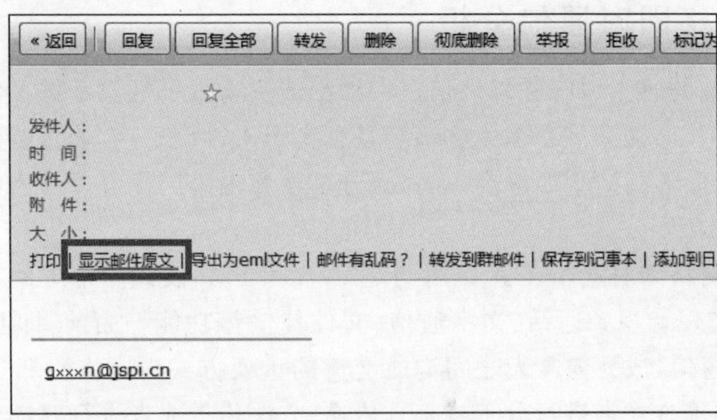


图 6-23 查看邮件源文件

单击该按钮后,显示如下:

```
Received: from j×××i.cn (unknown [218.×××.19])
    by newmx1.qq.com (NewMx) with SMTP id
    for <7×××0@qq.com>; Wed, 01 Mar 2017 16:09:20 +0800
X-QQ-FEAT:
AD4fFy4cpOWvpI8Y9b3YdCkt7Jj5xvg4nIQFwRqP6k9GPcXmg3557+1Ma/4Zu5Svi7psbg+j2
KJA4Cju8jPoMe7kQv0vPw+n7eJsHATSv2FhSBhGWg1+6
X-QQ-MAILINFO: NbUxUzKtP+7YEz3h/LSht4MPuh4uev5g/vibwwSYRhS5S/kⅢIjHbQvKdE1
cXMu5u7qFl8RBihZKWlW7bZ/6N0Tv9C0C87bgmWOHpcIQ4dxxA6PcRm4q/
7vx53TWstyc8y7JUUVnloB
X-QQ-mid: mx18t1488355761t169bo91x
X-QQ-ORGSender: g×××n@jspi.cn
Received: from jspi (unknown [172.×××.12])    by MailBackup (Coremail) with
SMTP id AQAAfwAX+mqugbZYyjRBAA--.40881S2; Wed, 01 Mar 2017 16:09:18 +0800 (CST)
Date: Wed, 1 Mar 2017 16:11:59 +0800
From: "g×××n@jspi.cn" <g×××n@jspi.cn>
To: =?GB18030?B?TVKhow==?=<7×××0@qq.com>
Subject: =?GB18030?B?u9i4tDogzfXV8iC/qszisai45g==?=
References:<tencent_05859DD82ABFE1AC12FC3698@qq.com>
X-Priority: 3
X-GUID: 2492796E-A6E5-49A7-A603-A731C654E287
```

```
X-Has-Attach: yes
X-Mailer: Foxmail 7, 2, 5, 140[cn]
Mime-Version: 1.0
Message-ID:<20×××56@jspi.cn>
Content-Type: multipart/mixed;
    boundary="----=_001_NextPart076613817546_=----"
```

根据邮件头文件字段解析表6-3,由“Received: from j×××i.cn (unknown [218.×××.19])”可提取到邮件服务器IP地址为218.×××.19;由“From: "g×××n@jspi.cn"”可知邮件发送者邮箱为g×××n@jspi.cn;由“Received: from jspi (unknown [172.×××.12])”可知邮件发送者网络IP地址为172.×××.12;由“To: =?GB18030?B?TVKhow==?= <7×××0@qq.com>”可知该收件人的电子邮箱为7×××0@qq.com。

## 6.5.5 网络即时通信分析

网络即时通信的聊天内容和邮件信息一样都能成为电子数据证据,区别在于,聊天工具虽然是实名登记,但聊天过程中无法确定是真实个人,所以只有通过特定的聊天内容才有实际证据价值,能够指向犯罪事实。另外,分享发布内容同样可以作为电子数据证据的有力参考。

目前大多数网络即时通信工具使用的是C/S和P2P模式。常见的有QQ、微信、飞信、YY等,可以实现音视频通话、文字通信、文件传输等功能。当前,即时通信工具已经基本代替了手机短信,成为人与人之间沟通交流的重要方式。网络犯罪过程中多数会组建QQ群、微信群等方式来进行分工或工具传递、方法传授或者进行互动。

在涉网案件中,警方一般从两个方面来取证:受害人和犯罪嫌疑人。

(1) 受害人QQ聊天记录。如果受害人在计算机操作QQ则可以将与嫌疑人的聊天记录导出到QQ消息管理器中。若诈骗是在受害者手机端登录时发生,受害人可以在计算机端登录,利用QQ的设备云同步的功能找出相关聊天记录。手机端聊天记录还可以使用手机取证设备提取、导出。

(2) 犯罪嫌疑人QQ聊天记录。一般来说,在犯罪嫌疑人不刻意删除的情况下,Windows电脑端登录的QQ聊天记录和接收文件都可以在“我的文档\Tencent Files”中找到,方便警方统一取证。但不排除有的犯罪嫌疑人具有较强的防范意识,甚至是反取证能力,会在实施犯罪行为之后,及时地将该文件夹内文件清空。在这种情况下,则需要通过数据恢复技术来恢复犯罪嫌疑人删除过的相关文件和记录。关于QQ聊天记录的提取工作,首先,如上文所述,特定的文件夹内可提取相关记录文件,包括犯罪嫌疑人使用的QQ账户。得知账户之后,执法人员可以搜索TXT格式或是Doc格式的文件,尝试寻找账号和密码的文本资料。若查找无果,可尝试以下3种建议方法:①核实犯罪嫌疑人在登录账号时,是否有“记住密码”的习惯,有则可直接登录;②利用取证软件破解登录密码;③在现有已搜集的密码、电话号码等资料的基础上,结合社会工程学的原理,进行人工破解。如果成功破解密码,执法人员则可以逐个登录,搜查证据。此处需要注意的是,因为犯罪嫌疑人往往会在得手后将对方加入黑名单,所以应特别关注“已删除/拉黑”名单中的聊天记录。如果QQ密码无法破解,即使聊天记录无法获得,但仍可以尝试在“文档管理文件夹”中直接提取不加密的接收文件和图片资料,如图 6-24 所示。

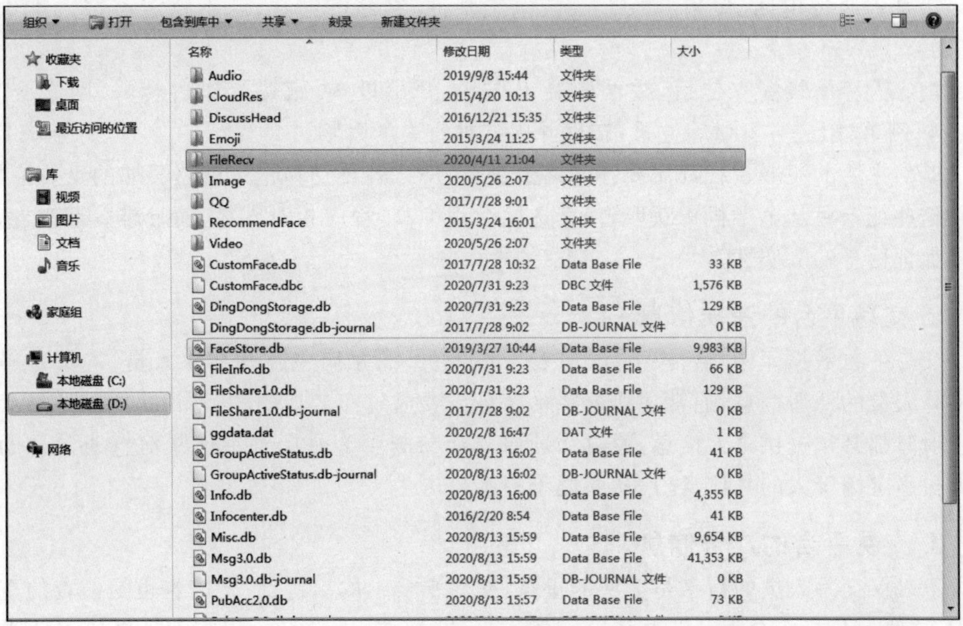

图 6-24　Tencent 文件夹中不加密的文件和图片资料

该文件夹主要包括下列文件。

Audio：存储音频文件,包括该账号上所有发送或是接收的录音信息。

FileRecv：好友关系账户的传输文件。

Image：聊天过程中发送的图片资料。其中,MarktingMsgCachePic 文件夹内为缓存的聊天图片,WBlog 下存储的为缓存的微博图片,Group 则用于群聊天图片的存储。需要注意的是,只有低版本的图片可在 Image 文件夹内找到,其他高版本的资料存储路径为 C2C 文件夹。

后缀为.db 的数据文件：QQ 好友列表、密码设置、界面设置等,其中 Photo 文件夹储存了视频聊天时用拍照记录功能留下的图片资料。

在对上述文件夹进行图片资料取证时,要特别注意犯罪嫌疑人从受害人方收到的图片,其中往往包含了受害人的个人信息,比如姓名、联系方式、联系地址等,进而尝试与受害人取得联系。

### 6.5.6　网络交易分析

网络金融模式下,传统的银行存贷、证券交易等业务都有了网络结算的方式,也发展出网银、U 盾、第三方支付平台、信用卡等各种网络支付工具,这些金融支付工具在为人们提供便利的同时,也成为了犯罪者用于网络洗钱、网银盗窃诈骗、信用卡网络套现等的工具。再加上第三方支付平台,让犯罪者的洗钱行为更加隐蔽。

#### 1. 主要思路

侦查办理此类案件的时候,主要按照“数据流向”和“财物流向”两条线,通过分析嫌疑人的行为过程，逆向溯源，寻找其犯罪的线索和证据，证据的主要表现形式如下。

嫌疑人通过电话、短信、聊天工具、电子邮件、网站等形式，向不特定被害人推送的信息。

被害人轻信投资宣传后，按照嫌疑人引导，开始投资，嫌疑人通过转账、网络交易、POS 机刷单、第三方支付等方式，转移并占有被害人的财物。

既然主要的犯罪过程都需要在网络上进行，那么各种交易记录就是犯罪的重要证据，而且这些记录可从金融机构获取，信息透明化程度高，程序相对容易，而且难以篡改，基本可以保证信息的真实性。

#### 2. 交易平台的注册信息

交易平台数据库中，通常存储了平台工作人员、商家店主及其客服人员、购买者等参与交易人员的注册信息，通常注册这些平台是需要通过实名认证的，不论是买家还是卖家在注册时都必须提供个人信息，通过认证后才能参与到交易中去。这些信息通常帮助侦查人员确定嫌疑人的具体身份，从而便于精准打击。

#### 3. 交易平台的广告信息

不仅仅交易人员的信息是关注的重点，交易平台上的出售、收购广告也是侦查的重要线索，这些信息可能会涉及一些盗窃转卖、钓鱼网站诈骗等案件，侦查人员在侦查此类案件时可以通过搜索浏览这些信息寻找有效线索。

#### 4. 交易信息

交易信息中会有交易双方的实时基本情况，在一些网络诈骗案件中，可以排查出诈骗获利者的信息，从而缩小调查范围。

此外，还要特别注意辨别真假，比如电话卡和银行卡，真卡不一定是真人，在黑产中专门有人到边远地区收购身份证，办理电话卡和银行卡，还有人在境外购买电话卡，到国内注册微信等账号用于作案，也给案件侦查增加困难。

总之，常见的网络犯罪案件中，犯罪攻击手段多是通过或借助于邮件服务、网站服务以及网络通信工具等途径实施。实施犯罪的过程都会留下不同的线索，因此针对不同的网络服务，使用相应的手段提取相关证据，对于高效侦办涉网案件具有非常重要的意义。

同时，网络侦查方法不是一成不变的，需要公安民警紧跟新技术的发展，不断学习，提高办案能力。

## 6.6 涉网案件侦查实例

网络盗窃案件是指通过计算机网络，采取黑客攻击、社会工程、植入木马等方式，控制计算机信息系统或账号，窃取公私财物的行为。

### 6.6.1 案例简介

2015 年 4 月至 8 月，浙江省绍兴市连续发生 3000 多起个人支付宝账户资金被盗案，案犯利用盗取所得的支付宝账户在网上购买充值点卡等虚拟商品的方式，将支付宝账户内资金盗走，总案值达 300 多万元。短时间内发生如此多支付宝盗刷案件，引起了当地网警部门的高度重视，随着案件调查的深入，一条涉及人数众多、作案手法新颖的黑色产业链浮出水面，公安部将该案件列为部级督办案件。2015 年 8 月 14 日，绍兴市公安局和下属高新分局成立了“8・14”非法获取计算机信息系统数据专案组，查获了一个包括数据、软件、扫号、盗窃、销赃等环节的地下黑色犯罪产业链条。

#### 1. 作案手法分析

正常的支付宝购物交易形式为：淘宝账号登录后浏览宝贝；利用淘宝聊天工具与店主聊天侃价；点击下单，调用支付宝账号输入支付密码完成付款；店家会按淘宝账号注册信息中的收货地址发送货物。

此案中，犯罪嫌疑人登录受害人的支付宝账户后，通过在网上购买充值点卡等虚拟商品卡卡号、密码，再低价变卖折现的方式，将受害人的账户资金变现转移。

#### 2. 侦查过程

侦查过程中，通过对被盗账户登录日志中大量 IP 进行筛选，发现多数使用被盗账户的 IP 地址为 118.92.22.163，专案组以该 IP 为起点，深挖网络服务提供商的数据。并通过由不同环境中的账户登录差异比较，以及通过设备特征码关联出同一平台的不同账号（设备特征码是指网络服务提供商对设备产生的唯一编号，通常用硬件序列号和软件授权号加密生成）。

#### 3. 发现嫌疑人

通过 UMID 关联犯罪分子生活淘宝账号，提取 UMID 设备特征码反向关联网络服务供应商数据，获取扫号证据，最终发现了 3 款用于非法短信验证、扫号（即通过批量化操作，获取登录账号及对应密码，并进而夺取账号的控制权）的软件平台。涉案的“红旗”平台，主要通过 QQ 群形式运作，群成员近 3000 人，号称数据量超 6600GB、40 亿条。

### 6.6.2　案件侦查注意点

对于常见的网络盗窃案件，侦查过程中对电子数据分析时需要注意如下几点。

#### 1. 利用系统正常授权输入非法数据

犯罪嫌疑人利用合法系统权限，输入虚假的或非法的数据，侵占公私财物。

电子数据分析要点：目标系统的账目流水备份、操作人员的代码和操作时间、系统的操作日志和安全日志、非法输入数据对应的受益人等。

#### 2. 非授权侵入目标系统

犯罪嫌疑人利用计算机非法侵入目标计算机系统，增加、删除、更改相应的财务信息，以此获利。

电子数据分析要点：目标系统的数据备份、系统的安全日志、防火墙日志、被修改的系统设置与参数设置、犯罪嫌疑人的技术特征、盗取的程序源代码、收费服务的 ID 或序列号（电子图书或游戏点卡等）以及被增加、删除、账目明细和对应受益人数据等。

### 3. 以欺诈手段实施盗窃

犯罪嫌疑人通过网页挂马、下载文件捆绑加壳等手段，对不特定被害人的系统植入木马、窥视程序或远程控制程序，目的在于取得特定的系统权限或特定账号和密码。

电子数据分析要点：被害人接收的可疑文件、上网访问的可疑记录，被害人计算机中的恶意程序、电子资金转移的网银记录、提现用的卡号和 ATM 附带信息、挂马网站或钓鱼网站的服务器或域名信息、网站页面的其他附带信息、虚拟财产交易信息等。

### 4. 盗用他人合法上网账号、付费用户账号、电信号码等

犯罪嫌疑人通过复制、推测、破解或利用初始密码等方式获取被害人的合法上网账号、付费用户账号、出售获利或者自己使用，致使被害人蒙受经济损失等。

电子数据分析要点：被盗用账号的经济损失发生时间、网络服务商提供的历史数据，盗用的 ID、IP 或 MAC 的在线情况，为获利而出售的交易信息等。

### 5. 假冒受害人身份

伪造相关证件开通网上银行或银证转账（银行与证券账户捆绑）业务实施盗窃。

电子数据分析要点：网银登录的 IP 时间及设备特征信息、转账目标账户、网上购物的交易信息等。

## 习题 6

1. 简述网络犯罪的类型。

2. 简述电子数据取证在网络犯罪侦查中的作用。

3. 简述利用用户名扩线的方法。

4. 根据《公安机关办理刑事案件电子数据取证规则》，简述封存存储媒介和电子设备的方法。

5. 互联网外围侦查过程中排查一可疑网址。

（1）简述侦查过程中针对网站的分析流程及内容。

（2）简述获取网站域名信息及其 IP 地址的几种方法。

# 参考文献

[1] 中国互联网络信息中心. 第 47 次《中国互联网络发展状况统计报告》[R/OL]. [2021-02-03]. http://www.cac.gov.cn/2021-02/03/c_1613923423079314.htm.

[2] 国家互联网信息办公室. 国家网络空间安全战略[R/OL]. [2016-12-28]. http://www.cac.gov.cn/2016-12/27/c_1120195926.htm.

[3] 沈昌祥. 网络空间安全战略思考与启示[R/OL]. [2015-06-01]. http://www.cac.gov.cn/2015-06/01/c_1115472703.htm.

[4] 方滨兴. 定义网络空间安全[J]. 网络与信息安全学报,2018,4(1): 1-5.

[5] 黄步根. 网络安全保卫[M]. 北京: 群众出版社,2010.

[6] 许云峰. 网络安全与执法导论[M]. 武汉: 武汉大学出版社,2013.

[7] 中国信息通信研究院. 互联网法律白皮书(2017 年)[R/OL]. [2018-04-30]. http://www.caict.ac.cn/kxyj/qwfb/bps/201804/t20180426_158466.htm.

[8] 惠志斌,覃庆玲. 中国网络空间安全发展报告(2016)[R]. 北京: 社会科学文献出版社,2016.

[9] 唐绪军,吴信训,黄楚新. 中国新媒体发展报告 No.10(2019)[R]. 北京: 社会科学文献出版社,2019.

[10] 程琳. 加强特色网络安全学科建设　培养高素质网安人才[J]. 中国信息安全,2017(11): 97-99.

[11] 沈雪石. 国家网络空间安全理论[M]. 长沙: 湖南教育出版社,2017.

[12] 袁猛. 筑牢网络安全屏障　守护清朗健康网络空间--新中国成立 70 年来网络安全保卫工作成就回眸[N/OL]. 人民公安报,2019-09-20(103 期)第 004 版. [2019-09-20]. https://baijiahao.baidu.com/s?id=1645176552815621895&wfr=spider&for=pc.

[13] 李佳,王京婕. 全球跨境电子取证法律冲突及应对思考[J]. 中国信息安全,2019(5): 38-40.

[14] ACM,IEEE-CS,AIS SIGSEC,IFIP WG 11.8. Cybersecurity Curricula 2017[R/OL]. [2018-03-01]. https://cybered.hosting.acm.org/wp/wp-content/uploads/2018/02/csec2017_web.pdf.

[15] 徐日丹.《关于办理侵犯公民个人信息刑事案件适用法律若干问题的解释》解读[N/OL]. 检察日报,2017-05-10. [2017-05-10]. https://www.spp.gov.cn/zdgz/201705/t20170510_190150.shtml.

[16] 缐杰,吴峤滨.《关于办理非法利用信息网络、帮助信息网络犯罪活动等刑事案件适用法律若干问题的解释》重点难点问题解读[N/OL]. 检察日报,2019-10-27. [2019-10-27]. https://www.spp.gov.cn/spp/zdgz/201910/t20191027_436313.shtml.

[17] 周加海,喻海松.《关于办理非法利用信息网络、帮助信息网络犯罪活动等刑事案件适用法律若干问题的解释》的理解与适用[J]. 人民司法(应用),2019(31): 25-29.

[18] 黄波,刘洋洋,纪芳. 信息网络安全管理[M]. 北京: 清华大学出版社,2013.

[19] 杜庆灵,李进. 信息网络安全监管[M]. 北京: 中国人民公安大学出版社,2015.

[20] 闫晓丽. 关键信息基础设施安全保护应把握几个要点[J]. 中国信息安全,2017(8): 39-40.

[21] 李旸照,沈昌祥,田楠. 用科学的网络安全观指导关键信息基础设施安全保护[J]. 物联网学报,2019(3): 1-4.

[22] 温丽云,高方华. 质监网络安全事件应急机制建立与实战演练[J]. 信息记录材料,2019,20(2): 33-35.

[23] 陈广勇,祝国邦,范春玲.《信息安全技术 网络安全等级保护测评要求》(GB/T 28448—2019)标准解读[J]. 信息网络安全,2019(7): 1-7.

[24] 马力,陈广勇,祝国邦. 网络安全等级保护2.0国家标准解读[J]. 保密科学技术,2019(7):14-19.

[25] 赵志远. 等保2.0的变化及各方职责解析[J]. 网络安全和信息化,2019(6):38-39.

[26] 左晓栋.《国家网络安全事件应急预案》的几点认识[J]. 中国信息安全,2017(7):35-36.

[27] 界小编.《互联网新闻信息服务管理规定》之专家解读[R/OL]. [2017-05-26]. https://mp.weixin.qq.com/s/qJtkVUuJC1C1EftUy3xvuw.

[28] 于海涛. 同绘中国舆情图谱 共建良好网络生态[R/OL]. [2016-11-28]. https://view.inews.qq.com/a/NEW2016112403770IN?openid=o04IBAHokI3be90nxZ7nl_x1ERww&key=&version=16031f20&devicetype=iOS10.1.1&from=timeline&isappinstalled=0.

[29] 邓晔,宋莉娜. 网络有害信息治理模式比较研究[J]. 湖南社会科学,2018(4):106-112.

[30] 曾子晋. 我国网络不良信息治理探究[J]. 法制与社会,2020(9):141-142.

[31] 马振飞. 网络舆情导控教程[M]. 北京:清华大学出版社,2014.

[32] 刘品新. 电子取证的法律规制[J]. 法学家,2010(3):73-82.

[33] 赵长江,王鸣远. 电子数据独立性对证据分类体系的冲击与应对[J]. 重庆邮电大学学报(社会科学版),2018,30(6):31-38.

[34] 谢登科. 电子数据网络在线提取规则反思与重构[J]. 东方法学,2020(3):89-100.

[35] 金波,杨涛,吴松洋,等. 电子数据取证与鉴定发展概述[J]. 中国司法鉴定,2016(1):62-74.

[36] 周加海,喻海松.《关于办理刑事案件收集提取和审查判断电子数据若干问题的规定》的理解与适用[J]. 人民司法(应用),2017(28):31-38.

[37] ACPO. Good Practice Guide for Digital Evidence[EB/OL]. [2014-04-24]. https://www.digital-detective.net/acpo-good-practice-guide-for-digital-evidence/.

[38] 田虹,翟晓飞,王艺筱.《公安机关办理刑事案件电子数据取证规则》的理解与适用[J]. 派出所工作,2019(3):8-11.

[39] 任飞,王政昱. 基层公安机关办理刑事案件电子数据收集提取工作的问题分析与对策研究[J]. 北京警察学院学报,2020(1):103-107.

[40] 百度,公安部第三研究所网络安全法律研究中心. 2019年网络犯罪防范治理研究报告[R/OL]. [2019-12-19]. http://www.cbdio.com/BigData/2019-12/19/content_6153569.htm.

[41] 国家计算机网络应急技术处理协调中心. 2019年中国互联网网络安全报告[R/OL]. [2020-08-11]. http://www.cac.gov.cn/2020-08/11/c_1598702053181221.htm.

[42] 张璇,姜吉国. 新形势下的网络侦查机制构建[J]. 中国安全防范技术与应用,2018(4):54-60.

[43] 刘浩阳. 网络犯罪侦查[M]. 北京:清华大学出版社,2016.

[44] 孙晓冬,秦玉海,刘晓丽,等. 网络犯罪侦查[M]. 北京:清华大学出版社,2014.